新时代大学生 职业生涯教育

XINSHIDAI DAXUESHENG
ZHIYE SHENGYA JIAOYU

朱钧陶 ◎ 著

版权所有　翻印必究

图书在版编目（CIP）数据

新时代大学生职业生涯教育/朱钧陶著.—广州：中山大学出版社，2021.11
ISBN 978-7-306-07280-1

Ⅰ.①新… Ⅱ.①朱… Ⅲ.①大学生—职业选择—高等学校—教材 Ⅳ.①G647.38

中国版本图书馆 CIP 数据核字（2021）第 159068 号

出　版　人：	王天琪
策划编辑：	嵇春霞　廖丽玲
责任编辑：	廖丽玲
封面设计：	曾　斌
责任校对：	赵　婷
责任技编：	靳晓虹
出版发行：	中山大学出版社
电　　话：	编辑部 020-84110283，84110776，84113349，84110779，84111996
	发行部 020-84111998，84111981，84111160
地　　址：	广州市新港西路 135 号
邮　　编：	510275　　　传　真：020-84036565
网　　址：	http://www.zsup.com.cn　E-mail:zdcbs@mail.sysu.edu.cn
印　刷　者：	广东虎彩云印刷有限公司
规　　格：	787mm×1092mm　1/16　15.5 印张　272 千字
版次印次：	2021 年 11 月第 1 版　2021 年 11 月第 1 次印刷
定　　价：	56.00 元

如发现本书因印装质量影响阅读，请与出版社发行部联系调换

引　言

　　想象一下，现在你所在的地方没有一丝光，你看不到眼前的这本书，看不到桌子、椅子。那书存在吗？桌子、椅子……这里的一切存在吗？认识和学习职业生涯发展好比打开一盏灯，帮助你找到自己独特的生涯道路。道路上的事物，对你有用吗？什么时候可以用上呢？这由你自己说了算。一盏一盏开着的灯，可以帮助你找到职业生涯发展的途径和方法，作为支撑你职业生涯发展的储备，成为推动你职业生涯发展的持续动力。

　　每个人都是独立的个体，拥有独特的职业生涯发展路径。学习职业生涯发展的目的不仅是简单地帮助你获得一份工作，更重要的是帮助你真正地了解自己，更好地挖掘自身潜能，在客观分析内部因素和外部因素的基础上科学规划生涯，实现自我价值，获得幸福人生，走好自己的生涯道路。

　　人生的意义是由内而发，而非向外寻求的。本书以进入大学为起点，根据每个阶段的差异性，剖析各阶段的职业生涯发展特点和方向，探究大学生职业生涯管理能力的递进式提升。全书主要划分为五章，分别讲述：认识新时代职业生涯教育，从新生到毕业生的探索与把握，从大学生到职业人的过渡与准备，从职场新人向精英迈进的准备与沉淀，从职业适应到担负时代责任的信念与自信。最后附上实用的生涯工具库，为你提供生涯探索的方法和工具。

　　新时代大学生职业生涯教育，就是在习近平新时代中国特色社会主义思想的指导下，以职业生涯课程为载体，结合其蕴含的思想政治教育元素，并将其贯穿于教育教学活动的全过程。作者自2004年开始在华南农业大学从事思想政治教育和职业生涯教育教学、辅导与咨询工作，获得高级职业指导师、全球职业规划师、国际生涯教练等资格认证，曾参与6部教材的编写，面向研究生和本科生讲授思想政治教育课和职业生涯课等多门课程，结合课程教学、团体辅导和个体咨询，引导学生探索职业生涯发展路径。听众累计超过 3 万人次，个体咨询超过 3000 人次。学生反馈"对生涯有了全新的定义""大学不再迷茫""拥有这样切合实际、深入浅出的课程，华南农业大学的学生是幸福、幸运的"。作者把多年教学和咨询的积累写入本书，力图和读者共同厘清进入大学后生涯各阶段的不同特点，分析探寻职业生涯发展方向，让读者在成长中学会与他人乃至世界相处，树立远大抱负和脚踏实地的人生态度，有力量地活出自己的样子，担负起新时代的使命。

本书是广东省教育科学"十三五"规划课题德育专项"从思政课程到课程思政——高校思想政治教育课程体系研究"（编号：2019JKDY007）和广东省高等教育教学研究和改革项目"基于课程思政的高校职业生涯教育研究与实践"（2019 年第 100 号）的阶段性研究成果。

本书得到华南农业大学马克思主义学院资助出版，衷心感谢马克思主义学院的领导和广大同仁的关心和支持。

目 录

第一章 新时代职业生涯教育 …………………………………………… 1
第一节 职业生涯教育概述 ………………………………………… 1
一、生涯及其管理 ……………………………………………… 1
二、职业生涯理论及其发展 …………………………………… 3
三、新时代职业生涯教育指向幸福生涯 …………………… 11
第二节 职业生涯教育的课程思政 ……………………………… 17
一、大学生思想政治教育 …………………………………… 17
二、大学生思想政治教育融入职业生涯教育 ……………… 26

第二章 从新生到毕业生 ………………………………………………… 32
第一节 自我认知 ………………………………………………… 32
一、性格与职业 ……………………………………………… 32
二、兴趣与职业 ……………………………………………… 39
三、价值观与职业 …………………………………………… 44
第二节 职业认知 ………………………………………………… 49
一、新时代国内外的工作世界 ……………………………… 49
二、认识职业环境 …………………………………………… 52
第三节 学涯规划 ………………………………………………… 59
一、大学生学涯发展目标设定 ……………………………… 59
二、大学学涯设计 …………………………………………… 65

第三章 从大学生到职业人 ... 72
第一节 就业形势、政策与信息搜集 ... 72
一、大学生就业形势 ... 72
二、高校毕业生就业政策与法规 ... 76
三、就业信息搜集与处理 ... 84
第二节 求职材料与面试准备 ... 91
一、求职材料准备 ... 91
二、面试准备 ... 94
第三节 职业形象与礼仪 ... 103
一、职业形象 ... 103
二、职业礼仪 ... 106

第四章 从职场新人到精英 ... 108
第一节 自我管理 ... 108
一、职业发展目标管理 ... 108
二、时间管理 ... 113
三、压力管理 ... 124
第二节 人际关系管理 ... 128
一、认识人际关系 ... 128
二、培养良好的人际关系 ... 132
第三节 创新与创业意识培养 ... 137
一、"双创"的时代背景 ... 137
二、创新意识的培养 ... 139
三、创业意识的培养 ... 144

第五章 从职业适应到使命担当 ... 158
第一节 职业心理调适 ... 158
一、职业心理素质与调适 ... 158
二、职业心理调适的途径与方法 ... 166

第二节　职业适应与发展 …………………………………… 170
　　　　一、在职业适应中成长 ………………………………… 170
　　　　二、提升职业素养，促进职业发展 …………………… 180
　　第三节　新时代大学生使命担当 …………………………… 189
　　　　一、培养职业道德修养 ………………………………… 189
　　　　二、担当青春使命，勇做时代新人 …………………… 199

附录　生涯工具库 …………………………………………… 205
　生涯工具一：我的生涯彩虹图 …………………………… 205
　生涯工具二：我的鱼骨生命图 …………………………… 207
　生涯工具三：幸福日记 …………………………………… 208
　生涯工具四：MBTI 职业性格探索 ……………………… 209
　生涯工具五：霍兰德的职业兴趣测试 …………………… 215
　生涯工具六：价值观探索 ………………………………… 219
　生涯工具七：职业探索 …………………………………… 221
　生涯工具八：职业生涯决策"PLACE 法" ……………… 222
　生涯工具九：决策平衡单 ………………………………… 224
　生涯工具十：核心竞争力探索 …………………………… 227
　生涯工具十一：我的学涯规划 …………………………… 230

参考文献 …………………………………………………… 232

第一章 新时代职业生涯教育

第一节 职业生涯教育概述

一、生涯及其管理

(一) 生涯的内涵

生涯,最早可追溯到《庄子·内篇·养生主第三》的"吾生也有涯"[①]。这里的"生"指的是生命,而"涯"指的是边界。正因为生命是有边界的,所以需要去探索有限生命的发展与意义。

生涯的英文为"career",字源来自罗马字"via carraria"及拉丁字"carrus",二者均指古代的战车。在希腊,"career"常用作动词,指疯狂竞赛。因此,在西方概念中,"career"隐含着未知、冒险、克服困难的精神。目前大多数学者所接受的生涯定义是唐纳德·E. 舒伯(Donald E. Super)在1976年提出的论点:"它是生活里各种事态的连续演进方向;它统合了人一生中依序发展的各种职业和生活的角色,由个人对工作的投入而流露出独特的自我发展形式;它也是人生自青春期至退休之后,一连串有酬无酬职位的综合,除了职业之外,还包括任何与工作有关的角色,如学生、受雇者、领退休金者,甚至也包含了副业、家庭、公民的角色。

---

① 郭庆藩、王孝鱼:《庄子集释》,中华书局2013年版,第108页。

生涯是以人为中心的,只有个人寻求它的时候,它才存在。"① 因此,生涯不等于工作、职业,也不等于生命、生活。"生涯具有方向性、时间性、空间性、独特性、现象性、主动性的特征。"②

综上所述,生涯是指生活里各种事态的演进方向和历程,它综合了人一生中的各种职业和生活角色,由此表现出个人独特的自我发展形态。生涯研究更多关注成年时期,这阶段的生命活动主要围绕职业展开,所以生涯也常被称为职业生涯。生涯探索的不单单是职业,还包括生活。"构建一段成功的职业生涯的目的并不仅在于找到你热爱的工作,而且是建立起你热爱的生活。"③ 每个人的生涯都是独特的,不同的人生阶段有不一样的发展。

(二) 生涯管理

生涯管理,根据主体的不同,有两重含义:一是个人为自己的生涯发展而实施的管理;二是组织针对个人和组织发展需要所实施的职业生涯管理。个人的生涯管理跨度更长,针对性更强,是获得幸福生涯的保障。每个人都是自己生涯的耕耘者、规划者和设计师。作为新时代的大学生,不仅要有短期、中期和长期的生涯规划,还要有终生的理想信念和目标。进入新时代,随着社会经济的发展、人民文化素质的提高,人们更致力于施展自己的才能,成就一番事业,成就自己的人生价值。当今世界正处于百年未有之大变局,社会快速变迁,经济竞争不断加剧,若个人不能体察时代和环境变迁,将在多变的时代中不知所措,迷失奋斗的方向。生涯之学,即应变之学。生涯管理能帮助个人根据时代和环境的变化及时做出合理的调整。

生涯管理的目的不仅是简单地帮助个人获得一份工作,更重要的是帮助个人真正地了解自己、更好地挖掘自身潜能,对职业和生涯环境有足够的适应能力和应对能力,走好自己的生涯道路,实现自我价值,获得幸福

---

① Super D E. "Career Education and the Meanings of Work". *Monographs on Career Education*. Washington D. C.: US Goverment Printing Office, 1976, p. 18.

② 金树人:《生涯咨询与辅导》,高等教育出版社2007年版,第2~3页。

③ [加] 布赖恩·费瑟斯通豪 (Brian Fetherstonhaugh):《远见》,北京联合出版公司2018年版,第18页。

生涯。同时，生涯管理对个体所在的组织来说，也具有重要意义。通过生涯规划，组织可以更好地了解员工，做到人尽其才，可以将个人生涯目标与组织发展目标有效联系起来，引导员工在实现组织目标的同时，实现个人目标，更好地激发潜能，增强组织凝聚力。

二、职业生涯理论及其发展

（一）"结构型"理论阶段

职业生涯研究起源于1908年的美国。有"职业指导之父"之称的弗兰克·帕森斯（Frank Parsons）针对大量年轻人失业的情况，成立了世界上第一个职业咨询机构——波士顿地方就业局，并在1909年首次提出了特质因素论（Trait-Factor Theory）。其基本思想是："个体差异是普遍存在的，每一个个体都有自己独特的人格特质；与之相对应，每一种职业也有自己独特的要求，一个人的能力、性格、气质、兴趣同所从事职业的工作性质和条件要求越接近，工作效率就越高，个人成功的可能性也越大，反之，则工作效率就越低，职业成功的可能性就越小；每个人进行职业决策时，要根据自己的个性特征来选择与之相对应的职业种类，进行合理的人职匹配。"①

心理类型理论的首次出现是在1913年。当时召开了国际精神分析大会。卡尔·荣格（Carl Jung）在该次会议上提出个性的两种态度类型：内倾和外倾。1921年，他在《心理类型学》一书中又做了详细的阐述，并提出了四种功能类型，即理性功能的相互对立的两种类型——思考（thinking）与情感（feeling），非理性功能的相互对立的两种类型——感觉（sensing）和直觉（intuition）。荣格将两种态度类型和四种功能类型组合起来，形成了八种个性类型：外倾思考型、外倾情感型、外倾感觉型、外倾直觉型、内倾思考型、内倾情感型、内倾感觉型、内倾直觉型。美国心理学家伊莎贝尔·布里格斯·迈尔斯（Isabel Briggs Myers）和她的母亲凯

---

① Savickas M L. "Helping People Choose Jobs: A History of the Guidance Profession". *International Handbook of Career Guidance*. Berlin: Springer Netherlands, 2008, pp. 97–113.

瑟琳·库克·布里格斯（Katharine Cook Briggs）在荣格的两种态度类型和四种功能类型的基础上，又增加了判断（judging）和知觉（perceiving）两种相互对立的类型，由此组成了个人性格的四个维度、八个倾向的特征，它们彼此结合就构成了16种性格类型。经过20多年的研究后，她们编制成了《迈尔斯-布里格斯类型指标》（简称MBTI），从而把卡尔·荣格的类型理论付诸实践。

美国约翰斯·霍普金斯大学心理学教授约翰·亨利·霍兰德（John Henry Holland）于1959年提出了人格类型理论，引起了社会的广泛关注。霍兰德的人格类型理论提出："在职业决策中最理想的是个体能够找到与其人格类型匹配的职业环境。一个人在与其人格类型相一致的环境中工作，容易得到乐趣和内在满足，最有可能充分发挥自己的才能。因此，在职业选拔与职业指导中，首先就要通过一定的测评手段与方法来确定个体的人格类型，然后寻找到与之相匹配的职业种类。"[1] 我国台湾生涯发展与咨询学会理事长黄素菲以其所在学校学生为研究对象，提出以"生涯兴趣小六码"建置多元生涯发展路径，使霍兰德的人格类型理论运用本土化。

以上的理论归为"结构型"理论，共同之处是通过对自身和职业的探索，寻找实现"人职匹配"的可行途径。但在现实中，我们往往无法找到完全匹配的职业，就算运气好找到了匹配的，也无法保证随着时间的推移能持续匹配。因此，舒伯在1953年提出生涯发展阶段理论后，生涯理论的研究更强调发展的过程。

（二）"过程型"理论阶段

舒伯是美国具有代表性的职业管理学家，著名职业生涯规划师。舒伯的职业生涯发展阶段理论是一种过程型职业指导理论，重在对个人的职业倾向和职业选择过程进行研究。为了综合阐述生涯发展阶段与角色彼此间的相互影响，舒伯从1957年到1990年间，拓宽和修改了他的终身职业生涯发展理论，创造性地描绘出一个综合多重角色生涯发展的图形——生涯彩虹图，见图1-1。

生涯彩虹图形象地展现了生涯发展的时空与角色的关系，更好地诠释

---

[1] 孟宪青：《大学生职业生涯规划》，国防科技大学出版社2009年版，第21～23页。

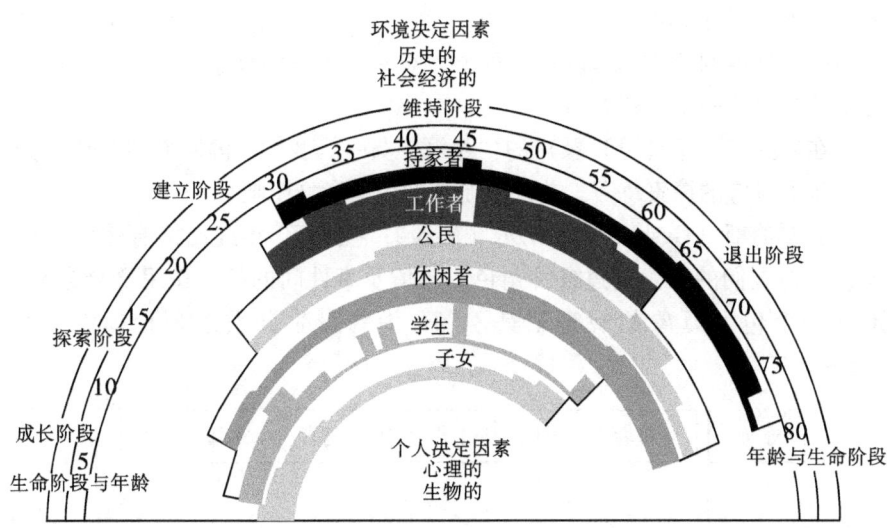

图 1 - 1　生涯彩虹图

了生涯的定义。在图中，纵向层面代表的是纵观上下的生活空间，由六个主要角色组成，分别是子女、学生、休闲者、公民、工作者、持家者六个不同的角色，它们交互影响交织出个人独特的生涯过程。舒伯认为，个人在生涯发展历程中，随年龄的增长而扮演不同的角色，图的外圈为生涯的五个主要发展阶段，内圈阴暗部分的范围长短不一，表示在该年龄阶段各种角色的分配；在同一年龄阶段可能同时扮演多个角色，因此彼此会有所重叠，但其所占比例分配有所不同。根据舒伯的观点，一个人一生中扮演的多个角色就像彩虹同时具有多个色带。舒伯将显著角色的概念引入生涯彩虹图。他认为角色除与年龄及社会分工有关外，与个人所付出的时间及精力程度都有关联，因此，每一阶段都有显著角色。

图 1 - 1 显示的是一个人的生涯彩虹图，请你猜猜"TA"是男的还是女的。为什么？在课堂上，学生根据工作者的角色到 65 岁来判断退休年龄，根据持家者、工作者的角色投入程度高等，猜测"TA"是男性。也有学生提出"TA"是女性，反驳持有前面观点的同学，认为女性也可以投入工作中，也可以是持家者。另一个问题是，你觉得这个人的一生幸福吗？为什么？大部分学生认为"TA"的一生是幸福的。学生们各抒己见，有的提出休闲者的角色投入程度高，说明这个人懂得劳逸结合；有的发现子女角色到 60 多岁，证明父母高寿；有的认为这个人能保持持续学习，退休后

还继续投入学生角色；有的从公民角度分析，认为这个人能持续服务社会……从学生的分析，可以看到每个人对幸福生涯的理解。那么，你的幸福生涯更关注的是哪些方面呢？

在生涯工具库（见附录）的"生涯工具一：我的生涯彩虹图"中，为你准备了对应的探索练习。前往绘制你的生涯彩虹图吧！

吉斯伯斯（Gysbers）和摩尔（Moore）在1973年提出终身生涯发展理论，将人们的一生通过各种角色、环境及事件间的相互作用整合起来，形成一个包罗万象的观察工具，整合为终身生涯发展理论模型，见图1-2。

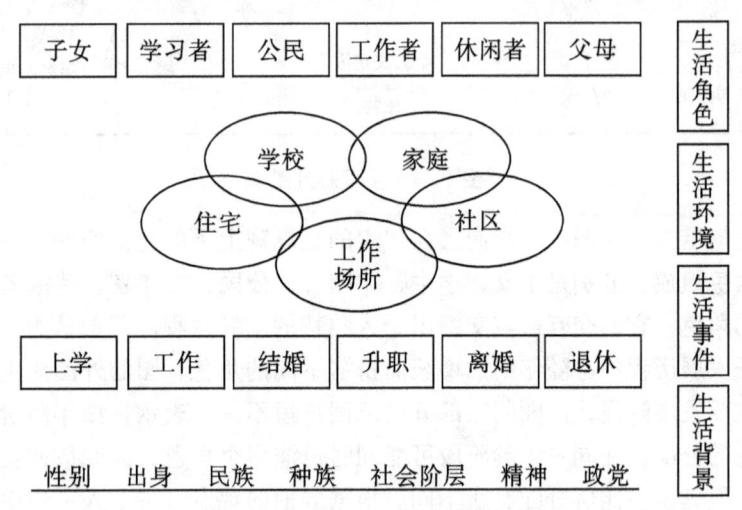

图1-2 终身生涯发展理论模型

图1-2描绘了我们在一定的生活背景之下，比如性别、出身、民族、种族、社会阶层、精神和政党等，所涉及的各种生活角色，比如子女、学习者、公民、工作者、休闲者、父母等，以及所处的各种生活环境，比如学校、家庭、社区、工作场所、住宅，以及社会、国家、世界、宇宙等，还有在我们的一生中所发生的各种有计划或非计划的生活事件，比如上学、工作、结婚、升职、离婚、退休等。我们独特的生涯正是这些生涯元素综合作用的结果。

关于职业生涯发展阶段的理论还有布赖恩·费瑟斯通豪（Brian Fetherstonhaugh）提出的"规划职业生涯三大阶段"。费瑟斯通豪在《远见：如何规划职业生涯三大阶段》中提出，职业生涯是一场至少长达45

年的马拉松。缺乏远见意识的人会把注意力放在近在眼前的下一步，从而做出非常局限的职业决策。当你能用"远见思维"，从职业生涯的整条路径着手，为自己制定出至少长达45年的"职业规划"，并且积攒足够的职场燃料，就能跳出眼前的困局。费瑟斯通豪将职业生涯划分成了三个阶段，每个阶段有15年的时间，不同的阶段对应着不同的发展策略。想要跑赢这场45年的马拉松，你还需要着重积累和经营三种职场燃料，以及时间投资的技巧。

我国生涯阶段思想最早见于《论语·为政》。子曰："吾十有五而志于学，三十而立，四十而不惑，五十而知天命，六十而耳顺，七十而从心所欲，不逾矩。"这是孔子在70岁时对自己一生的回顾，虽不是生涯规划，但关注到了在生涯不同阶段的发展特征。孔子活到了73岁，假如他能和孟子一样活到84岁，相信会有更高的境界。

以上的理论归为"过程型"理论阶段，共同之处是关注生涯发展的过程，以及在发展的不同阶段的影响因素，强调生涯发展过程是一种动态的平衡。由于科技的迅速发展，社会分工和国际分工的不断深化，生产的社会化和国际化程度不断提高，因此工作和职业生涯的特性发生了巨大的变化，人们也比历史上任何一个时期都更需要适应各种变化。而时代发展所带来的这种快速变化也必然会给当今人们的生涯发展带来诸多影响，其中影响最大的是如何提高生涯适应力，如何建构自身的生涯发展体系。

（三）"后现代－建构主义"理论阶段

意大利哲学家维科（Giambattista Vico）被尊奉为建构主义的先驱，德国哲学家康德（Immanuel Kant）具有明显的建构主义色彩。康德的批判主义强调个体在认识论中的主体地位，重视个体认知的主观能动性和对知识的建构功能。在当代，建构主义思想来自科学哲学家库恩（Thomas Samuel Kuhn）、拉卡托斯（Imre Lakatos）和费耶阿本德（Paul Karl Feyerabend）等人的科学哲学理论，让·皮亚杰（Jean Piaget）的发生认识论，维果茨基（Lev Vygotsky）的社会建构理论，以及心理学家凯利（G. A. Kelly）的个人建构理论。后现代强调的是人有许多非理性的冲动，而整个社会的表现也不见得是按照理性的规律在运作。法国的德里达（Jacques Derrida，1930—2004）反对在场的本体论和逻各斯中心主义的思想，成为后现代主义的主要理论。

"后现代-建构主义"对职业生涯的理论研究关注个体差异性和适应性，更注重生涯发展体系的自主构建。"后现代-建构主义"理论阶段的职业生涯，是个体在内部世界与外部环境的相互碰撞与适应中，构建适应性的应对策略和职业人格，通过调整和整合，创造有意义的生命故事，实现自我概念。"后现代-建构主义"将"生涯适应力"作为生涯理论的核心概念，提出个体生涯发展的驱动力是"适应"，而不是随着年龄日渐成熟的内在结构本身。生涯适应力，就是适应力在生涯领域内的应用。

部分学者在生涯成熟度的范围内来理解生涯适应力的概念。比如，普莱茨纳德（Pratzner）和阿什利（Ashley）在1985年提出将生涯适应力界定为适应工作需求及变换工作以适应个人需求的能力；古德曼（Goodman）在1994年提出生涯适应力是人们在不同生涯阶段间成功转换或在他们工作与其自身环境中寻求平衡的能力。对生涯成熟度研究最具代表性的是认知信息加工理论（Cognitive Information Processing Theory）。盖瑞·彼得森（Gary Peterson）、詹姆斯·桑普森（James Sampson）、罗伯特·里尔登（Robert Reardon）在1991年合著的《生涯发展和服务：一种认知的方法》中阐述了这一认知信息加工的方法。该理论认为个人解决生涯问题的能力，即生涯成熟度，取决于个人的自我知识、职业知识及认知操作的有效性。生涯发展就是看一个人如何做出生涯决策及在生涯问题解决和生涯决策过程中如何使用信息的。他们构建的认知信息加工理论模型见图1-3。

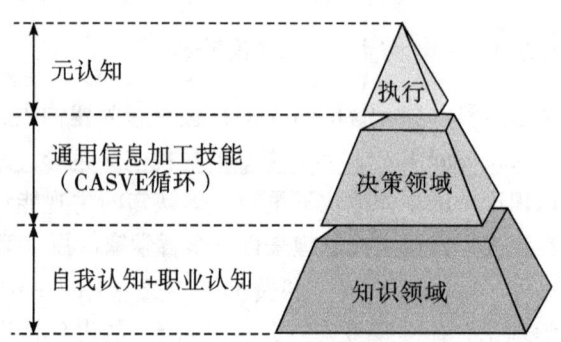

图1-3 认知信息加工理论模型

在认知信息加工理论模型中，上层的元认知就是个人对自己认知过程和结果的知识、体验、调节和控制，包括了自我言语、自我觉察、控制和监督；中层的决策领域，主要由沟通（communicate）、分析（analysis）、综合（synthesize）、评价（value）与执行（execute）构成，简称"CASVE循环"；底层是知识领域，包括自我认知，即对自己的兴趣、技能、价值观等的了解，以及职业认知，即对工作世界的认识。如果将整个模型比作一台电脑，那么执行领域可看作控制功能，对下面两个领域进行监控和调节；决策领域相当于应用软件，对信息进行加工处理；知识领域相当于数据文件。任何一个层次出现问题，都会影响职业规划决策的质量。

对适应力的动态平衡的研究，主要有明尼苏达工作适应论（The Minnesota Theory of Work Adjustment）。该理论起源于美国明尼苏达大学，即1964年由罗圭斯特（Lofquist）和戴维斯（Dawis）提出的强调人与环境符合的心理学理论。简单来说，就是只有当工作环境能满足个人的需求（内在满意），个人也能满足工作的技能要求（外在满意）时，个人在该工作领域才能够得到持久发展。该理论认为，选择职业或生涯发展固然重要，但就业后的适应问题更值得注意，尤其对遇到职业困境的人而言，在工作上能否持续稳定，对其生活、信心与未来发展具有重要的影响。戴维斯等人从工作适应的角度，分析适应良好与否的因素。他们认为每个人都会努力寻求个人与环境之间的适配性，当工作环境既能满足个人的需求（satisfaction），又能顺利完成工作上的要求（satisfactoriness）时，适配程度随之提高。此外，个人与工作之间存在互动的关系，适配与否是互动过程的产物，个人的需求会变，工作的要求也会随时间或外部环境而调整，如个人能努力维持其与工作环境之间的适配关系，则个人满意度高，在这个工作领域也能持久。明尼苏达工作适应论的理论框架见图1-4。

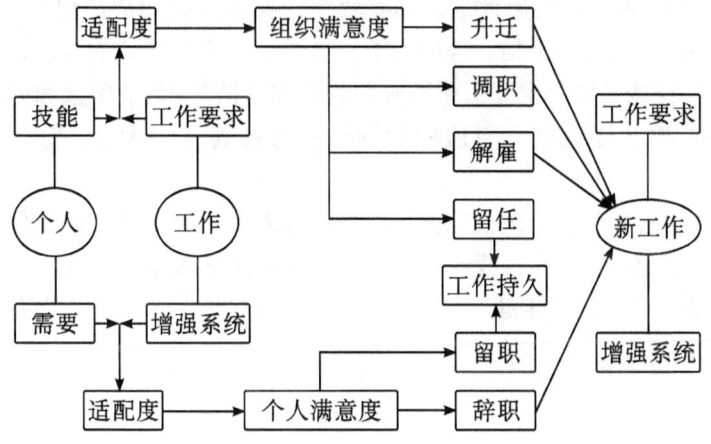

图1-4　明尼苏达工作适应论的理论框架

随着生涯适应力理论研究的发展，研究生涯适应力的代表人物马可·L. 萨维科斯（Mark L. Savickas）在他的老师舒伯提出的生涯发展理论的基础上，进一步研究生涯适应力概念。他认为生涯适应力是整合个体各种生涯角色的核心能力，即个体对于可预测的生涯任务、所参与的生涯角色，与面对生涯改变或生涯情境中不可预测之生涯问题的因应准备程度。萨维科斯在 2005 年提出的生涯适应力理论广受关注，他也因此成为生涯研究领域的领军人物。生涯适应力包括四个方面，其对应的四个英文单词的首字母都是"C"，因此也被称为"4C"结构，见图 1-5。

图 1-5　生涯适应力的"4C"结构

萨维科斯认为生涯适应力是适应动机转化为适应行为的关键路径，具有良好生涯适应力的人有四个方面的特征：生涯关注（concern），为明天做好准备，关注个人的职业前景；生涯控制（control），为自己的生涯做主，具有较强的对自身职业未来的掌控力；生涯好奇（curiosity），主动探索自我和环境，具有对可能自我和未来情景进行探索的好奇心；生涯自信（confident），有信心实施计划，具有较强的实现自我期望的信心。"4C"结构为生涯适应力的评估、咨询和干预提供了一个立体式的概念框架。使用"4C"结构的四个维度，萨维科斯的研究团队与 13 个国家和地区合作开发，在 2012 年编制了对应的生涯适应力量表（CAAS），把理论付诸实践。

如何对过去的你、现在的你、未来的你做评估和展望呢？如何明确自我定位，界定自我形象，找到个人职业生涯发展的根本方向呢？在生涯工具库（见附录）的"生涯工具二：我的鱼骨生命图"中，为你准备了生涯发展的探索练习。

三、新时代职业生涯教育指向幸福生涯

(一) 幸福的内涵

幸福,是一个人得到满足而产生的喜悦,并希望一直保持这种状态的情绪。对幸福的诠释涉及哲学、心理学、社会学、经济学、文化学等多个学科。"快乐"和"幸福"不容易分辨,可以理解为:快乐指向的是过程,幸福才是目的;快乐针对的是一时一地的当下情况,幸福是长久的,由于德行的修炼而显示的一种稳定的状态。

古今中外的哲学家对"幸福"有不同的定义。

在古希腊时代,人们对"幸福"的思考比较单纯,幸福的希腊文为"eudaimonia",eu 意为"优质的、好的东西",daimon 在希腊文里面意为"精灵",可以理解为"命运",可翻译为"一出生就有好的命运"。近代西方,理性主义方面,笛卡尔(René Descartes,1596—1650)提出幸福就是心灵的快乐与满足,幸福生活就是心灵满足的生活;经验主义方面,以洛克(Locke,1632—1704)的理论为代表的伦理思想认为追求幸福的需要就是一切自由的基础,以自由做基础才能追求幸福。马克思和恩格斯认为:"我们首先应当确定一切人类生存的第一个前提,也就是一切历史的第一个前提,这个前提是:人们为了能够'创造历史',必须能够生活。但是为了生活,首先就需要吃喝住穿以及其他一些东西。因此,第一个历史活动就是生产满足这些需要的资料,即生产物质生活本身。"[①] 他们还进一步提出:"精神生活是幸福不可缺少的重要因素。"马克思主义唯物史观不仅强调生产物质生活对人们幸福感的决定作用,而且认为人们的幸福感对生产物质生活也有能动的反作用。

在我国传统文化中,儒家对幸福的主要观点是,幸福不在于丰富的物质生活,不在于外部环境的得失,而在于内心的平静与充实,是一种内在的道德修养。道家认为幸福是自然无为,自由洒脱,自悟、自省、自修,也就是要超越功名利禄之上,做到天人合一,驰骋于天地,获得精神的愉

---

① 中共中央马克思恩格斯列宁斯大林著作编译局:《马克思恩格斯文集》,人民出版社 2009 版,第 531 页。

悦和博大的精神。墨家认为的幸福,是世界大同的幸福,也就是超越个人,全体的幸福才是幸福。中国共产党人把马克思主义基本原理和中国实践相结合,在邓小平同志引导中国人民从温饱到小康再到和谐幸福的改革开放进程中,物质生活和精神生活的内在和谐成为中国人新的幸福追求。在此基础上,"三个代表"重要思想、科学发展观的提出,使幸福观在和谐社会的理念中得到更充分的表达。习近平同志指出"幸福都是奋斗出来的"①,揭示了新时代大学生创造美好生活的正确路径。幸福都是奋斗出来的,奋斗本身就是一种幸福。对于新时代大学生来说,奋斗的青春最美丽,奋斗的青春才无悔。上述理论为职业生涯教育关注的问题,即探索科学的幸福观,提供了理论依据。

(二) 获得幸福的探索

1. 影响幸福的要素

心理学家卡尔·荣格认为,一个人有可能在身体健康、心理正常的情况下不快乐。那影响人类幸福的要素是什么呢?中外学者对此展开研究。

日本经济大学特任教授后藤俊夫在《家族企业》杂志2018年12月刊发表的一篇文章介绍了盖洛普咨询公司从20世纪50年代开始进行的一项全球性调查。这项调查花费了50多年时间,结果显示,决定人类幸福的要素有五个,并且这五个要素适用于任何国家。要获得幸福,这五个要素都需要成功,至少是不失败。如果只有其中某一个要素成功,而忽略其他要素,就很难每天都感受到幸福。这五个要素如下:

一是对工作充满热情。工作包括带来收入的工作,以及志愿者等公益活动。关键是个人是否对这件投入大量精力的事情有激情。五个要素中,工作带来的幸福感是最重要的。对工作充满热情的人,对比没有这种幸福感的人,更容易认为自己有着幸福的人生。

二是构建良好的人际关系。该调查报告指出:"人际关系幸福的人,平均每天花6小时在人际关系上。"换言之,多花一些时间进行人际交往,能提高人的幸福感。此外,"拥有挚友,也是提高人际关系幸福度的有效方法"。

三是经济稳定。报告强调经济稳定,并不一定是特别富裕。报告指

---

① 出自2017年12月31日国家主席习近平发表的二〇一八年新年贺词。

出:"能把负债控制在自己能偿还的范围内,并且能慢慢增加积蓄的人,经济上的安全感和幸福度都会很高。"此外,调查发现,经济幸福度高的人,更喜欢各种体验性的花销,不仅仅是为了自己消费,也会为他人消费,为了让对方高兴而花钱。

四是身心健康,充满活力。报告强调:"健康的饮食、定期的运动和睡眠很重要。"在运动方面,举了具体的例子:"每天只做20分钟的运动,一天的心情都会变好,每周运动2天以上的人和没有运动的人相比,压力会小一些。"此外,有运动习惯的人也更有自信。

五是为社区做贡献。这里的社区主要是指"community",和我国的"街道""居委会"的社区概念不同。"社区幸福度高的人,一般会为自己的社区而自豪,反过来,他们也会给社区做更多的贡献。"这种对他人的付出,大学生可以通过参与志愿者活动、社团活动、党团活动等方式来实现。这种对组织的付出,会提高自身的幸福度,而且做贡献之后,成果很容易被体验到,这也会增加个人的幸福感。

此外,生活榜研发团队在我国32个城市随机抽取1万人作为样本,就健康、幸福和生活方式的关系进行了数据采集、调研和分析,发布了《2016年度中国幸福报告》。报告显示对幸福影响最大的五个因素是乐观程度、健康状况、休闲满意度、是否有伴侣、医疗服务满意度,并没有和钱挂钩。报告还指出,低学历群体比高学历群体更容易获得幸福,有房群体比没房群体更容易获得幸福,有伴侣群体比没伴侣群体更容易获得幸福。女性在日常生活中感受到的快乐、生活满意度、幸福明显高于男性,感受到的压力明显低于男性。

2. 进入"心流"状态

心理学家米哈里·契克森米哈赖(Mihaly Csíkszentmihályi)提出"心流"(flow)是幸福的一种可能途径。"心流"指的是"当人们沉浸在当下着手的某件事情或某个目标中时,全神贯注、全情投入并享受其中而体验到的一种精神状态"[①]。米哈里·契克森米哈赖构建的"心流"理论模型见图1-6。

---

① [美]米哈里·契克森米哈赖:《心流:最优体验心理学》,张定绮译,中信出版社2017年版,第61页。

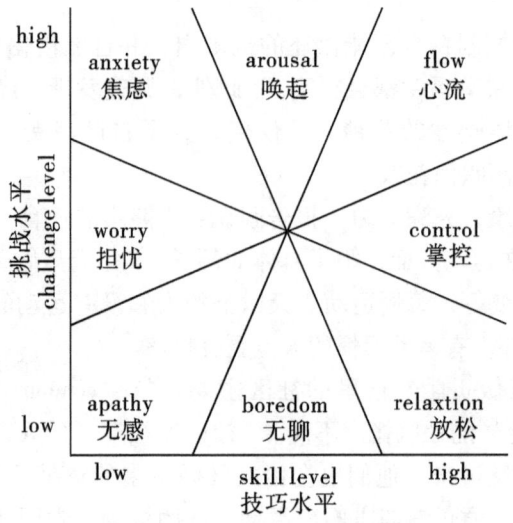

图1-6 "心流"理论模型

从"心流"理论模型中可以看到，纵坐标是事件的挑战水平，横坐标是个人的技巧水平。当一件事情具有挑战性，而你有相应的能力应对，以及这件事情让你感觉有意义时，这个过程就可以达到"心流"。若挑战过高而能力不足，则会让人产生焦虑，而人们往往更愿意停留在无感的状态。这个无感的状态好比诺埃尔·蒂奇（Noel Tichy）三圈理论中的舒适区（comfort zone）。诺埃尔·蒂奇把人的知识和技能层次构建为三个区域，称为三圈理论，见图1-7。

图1-7 诺埃尔·蒂奇的三圈理论

三圈理论认为，在舒适区中，你得心应手，处于熟悉的环境中，做在行的事情，和熟悉的人交际，感觉很舒适，但是学到的东西很少，进步缓慢，一旦跳出这个领域，面对不熟悉的环境及变化，你可能会觉得有压力，无所适从，好比温水煮青蛙。人在恐慌区（panic zone）中会感到忧虑，恐惧，不堪重负。因此，需要把自己拉到学习区（learning zone），这个区域具有挑战性，在这里可以充分锻炼自我，体验"心流"。扩大舒适区的前提是能够主动跨入新的学习区，并把学习区转化为你的舒适区。跨出舒适区需要勇气，需要自信，需要做出改变。

3. 跨越界限状况

哲学家卡尔·西奥多·雅斯贝尔斯（Karl Theodor Jaspers）研究了历史上各大文明的重要思想家后，选出了四位典范：释迦牟尼、孔子、苏格拉底和耶稣。他们的共同特点是面对人生负面情况，如烦恼、痛苦、灾难等，能够坦然以对，并通过这些困局让自己内在的精神得到淬炼。他提出人生有三种界限状况，即身体界限、心理界限、灵魂（精神）界限。当这三种界限出现时，便是人必须思考、做出抉择的时候。人生的意义是一个人决定去做某件事，在这个过程中产生一种自我肯定的力量。跨越界限状况的过程，是通向幸福生涯的可行路径之一。

（三）幸福生涯教育

泰勒·本-沙哈尔（Tal Ben-Shahar）自 2006 年起在哈佛大学开设了基于积极心理学的"幸福课"，成为哈佛大学史上最受欢迎的课程。积极心理学认为，幸福是"快乐与意义的结合"[1]。意义，指的是目标感和使命感。快乐和幸福，都是一种喜悦和满足感，不同的是，快乐是短期的，是一种积极情绪，而幸福是持久并相对稳定的，保有积极情绪的一个状态。

清华大学在 2014 年举办了一个以"清华幸福课"为题的五讲系列讲座，主讲人曹丽清老师提出，"幸福"不是一个概念，而是"敞开自己，允许一切发生的生命体验"[2]。系列讲座循序渐进地引导大家站在生命的立场上看待幸福。第一讲给出了人类固有的三类生存模式，是要我们在这种生命的常态中，看淡阻碍幸福的根源并使之脱落。第二讲把人的每个生命

---

[1] ［美］泰勒·本-沙哈尔：《幸福的方法》，汪冰、刘骏杰译，当代中国出版社 2009 年版，第 33 页。

[2] 曹丽清：《生命成长教育系列：清华幸福课》，中国纺织出版社 2015 年版，第 4 页。

成长阶段都看作对自然演化的全息再现,是一种全然客观的历程,让生命活出原来应该有的样子才是真正的幸福。第三讲提出人的生命与自然生命相互呼应,在超越中感受幸福。第四讲回到人的关系中,提出生命的本质是爱,爱的发生就是幸福。第五讲回归现实生活,把生命成长要素直接还原到生活、工作、学习当中,在脚踏实地的实践中体验生命的成长。

华南农业大学自 2007 年起开设职业生涯教育课程,近年以"绽放幸福生涯之花"为主线,结合"育德与育才相统一、思政课程与课程思政相统一、普遍要求与分类指导相统一"的理念,开设职业生涯教育课程。课程构建了"幸福生涯之花"教学模型,见图 1-8。

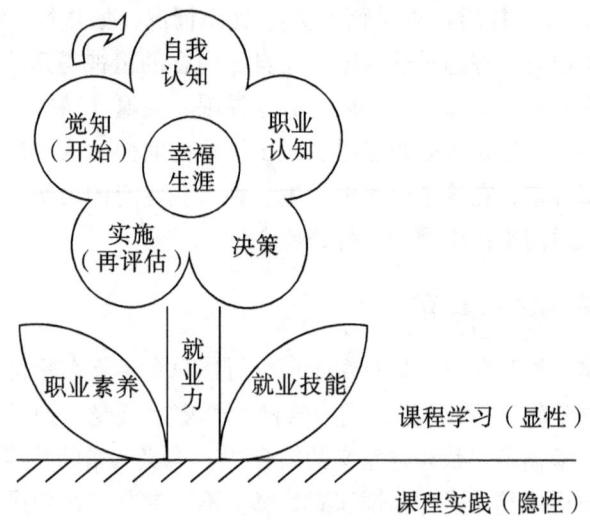

图 1-8 "幸福生涯之花"教学模型
(朱钧陶,2018)

幸福生涯教学模型以"绽放幸福生涯之花"为主线,激发大学生职业生涯发展的自主意识,让学生树立正确的世界观、人生观和价值观,促使大学生理性地规划自身未来的发展,并努力在学习过程中自觉地提高就业力和生涯管理能力。幸福生涯教学模型的五个花瓣分别对应生涯规划的流程。教学从"觉知"花瓣开始,到"自我认知""职业认知""决策""实施"循序渐进地引导学生掌握拥有幸福生涯的途径与方法。实施后再评估将到达新的起点,也就是新的"觉知"花瓣,这是一个螺旋式上升的过程。花瓣转动起来,将使幸福之花绽放。支撑幸福之花的是"就业力",

包括了职业素养和就业技能两个维度。职业素养的学习内容涵盖了职业道德、创新意识、效能管理、情绪与压力管理、人际沟通、团队合作等，就业技能的学习内容涵盖了中华优秀传统文化与商务礼仪、简历、面试、职场适应等。幸福生涯教学通过两个维度提升学生的就业力，让他们为幸福生涯的发展做好储备。花、茎、叶是可以看到的"显性"部分，也就是学生学到了什么；而地下的根是"隐性"的，需要通过实践锻炼来吸收养分，支持幸福之花的成长。每个人的幸福之花都不一样，每位学生都拥有独特的职业生涯发展路径。

2019年由华南农业大学就业创业教育教研室组织开展的教学评价数据显示，学生对这门课程的整体满意度高达98.87%。有75.08%的学生"学习本课程后，有信心实现自己的幸福生涯"。此外，99.3%的学生对"在课程中，任课老师能做到立德树人，成为你的引路人"表示同意。麦可思—华南农业大学2018应届毕业生培养质量评价报告数据指出，"职业发展规划服务"是影响就业现状满意度的首要因素，同年的睿新中科—华南农业大学就业质量年度报告数据显示，毕业生对学校职业生涯教育的认可度高，满意度达96.22%。

在生涯工具库（见附录）的"生涯工具三：幸福日记"中，为你提供了获得幸福感的方法，请你前往参与体验吧！

第二节 职业生涯教育的课程思政

一、大学生思想政治教育

（一）大学生思想政治教育的内涵

大学生思想政治教育，是指高校思想政治教育工作者（包括思政课教师、辅导员、相关部门的行政人员等）通过思想观念、政治观点、道德规范，对大学生实施有目的、有计划、有组织的教育，使他们形成符合中国特色社会主义建设所需要的思想品德的教育活动。

事物的本质属性是指事物固有的，决定事物性质、面貌和发展的根本属性。因此，大学生思想政治教育的本质属性也应当是大学生思想政治教育固有的，决定其性质、面貌和发展的质的规定性。由此可得，大学生思想政治教育的本质属性应包括两个方面：一方面是贯穿大学生思想政治教育活动的始终，是大学生思想政治教育活动中最普遍、最一般的固有属性；另一方面是大学生思想政治教育变化发展体现其政治性与科学性的有机统一。因此，要完整、准确地认识大学生思想政治教育的内涵，就必须坚持大学生思想政治教育政治性与科学性在理论与实践上的有机统一。在这个问题上，目前存在两种误区：一种是强调大学生思想政治教育的政治性，而忽略大学生思想政治教育的科学性，从而使大学生思想政治教育变得空洞，表现为泛政治化，缺乏系统的科学理论支撑，在一定程度上使大学生思想政治教育的效果流于形式；另一种是强调大学生思想政治教育的科学性，忽略其政治性，从而使大学生思想政治教育变得苍白无力。

（二）大学生思想政治教育的主要内容

大学生思想政治教育是一项复杂的工作，具有广泛的内容和多方面的任务：既要对大学生进行政治、法律教育，又要对他们进行理想信念、道德规范教育；既要使学生具有正确的政治观点和法律观点，又要培养学生树立正确的世界观、人生观、价值观和科学的历史观。总的来说，大学生思想政治教育主要包括以下几个方面。

1. 以理想信念教育为核心，深化正确的世界观、人生观、价值观和科学的历史观教育

大学生思想政治工作要牢牢抓住理想信念教育这个核心，培养中国特色社会主义事业的建设者和接班人。理想信念是人生的精神支柱和动力源泉。要积极引导大学生不断追求更高的目标，确立马克思主义的坚定信念。

世界观、人生观和价值观教育是大学生思想政治教育的重要组成部分，能够有效地引导大学生正确认识世界、认识自身。同时，要对大学生进行科学的历史观教育，使其了解党史、国史、国情。此外，还要对大学生进行党的基本理论、基本路线、基本纲领和基本经验教育，进行中国革命建设和改革开放的历史教育，进行基本国情、形势政策和科学发展观的教育，使大学生正确认识社会发展规律，认识国家的前途命运，认识自己的社会责任，确立在中国共产党领导下走中国特色社会主义道路，实现中华民族伟大复兴的坚定信念，引导大学生不断追求更高的目标。

2. 以爱国主义教育为重点，深化民族精神教育

中华民族是有爱国主义光荣传统的伟大民族。在中华民族悠久历史文化基础上建立和发展起来的爱国主义精神，从来就是推动历史前进的一种巨大力量，是动员和鼓舞人民团结奋斗的一面旗帜，是人民共同的精神支柱。"以热爱祖国为荣，以危害祖国为耻"，做一个忠诚的爱国者，是对当代大学生的基本要求。中华民族是富有爱国主义光荣传统的伟大民族，在五千多年的历史发展中，形成了以爱国主义为核心的团结统一、爱好和平、勤劳勇敢、自强不息的伟大民族精神。培育大学生的爱国主义精神，就是要让大学生加深对祖国历史文化和优良传统的了解，认识国史、国情，明确自身应承担的社会责任。马克思、恩格斯在《共产党宣言》中指出："工人阶级只有推翻资产阶级国家，取得政治统治，上升为民族的阶级，把自身组织成民族，这时的无产阶级才能称得上有国可爱，才能真正举起爱国主义的旗帜。"可见，爱国主义教育不能仅仅停留在个人与国家的层面，还需深入对政治制度和执政党方针政策的认同领域。离开对社会主义制度和中国共产党领导的认同，孤立地谈爱国，是脱离中国现阶段发展实际的，是不能体现爱国主义内涵的。因此，大学生要了解党史、国史、国情，深刻理解爱国主义的内涵，形成对人类社会发展规律、祖国前途命运及个人社会责任的科学认识，将爱国情怀自觉转化为爱祖国、爱人民、爱党和爱社会主义的现实行动中。

3. 以基本道德规范为基础，深化公民道德教育

在我国的教育传统中，对学生进行思想品德教育一向占有重要的位置。1957年，毛泽东同志在《关于正确处理人民内部矛盾的问题》中提出："我们的教育方针，应该使受教育者在德育、智育、体育几方面都得到发展，成为有社会主义觉悟的有文化的劳动者。"毛泽东对学生德智体全面发展的论述，奠定了社会主义大学思想政治教育的理论基础。2001年，我国颁发了第一个专门探讨公民道德建设的重要文件《公民道德建设实施纲要》，概括出二十字公民基本道德规范："爱国守法、明礼诚信、团结友善、勤俭自强、敬业奉献。"2019年颁发的《新时代公民道德建设实施纲要》进一步提出："不断提升公民道德素质，促进人的全面发展，培养和造就担当民族复兴大任的时代新人。"两份文件体现了从为公民基本

道德提供重要规范向以理想信念和核心价值观培育时代新人的深化。

大学时期是人生道德意识形成、发展和成熟的一个重要阶段,在这个时期形成的思想道德观念对大学生一生的影响很大。大学生要继承中华民族优良道德传统,恪守公民基本道德规范,努力培育自身良好的道德素质。大学生应了解道德及其历史发展,坚持以为人民服务为核心、以集体主义为原则,树立社会主义荣辱观,学习社会公德、职业道德和家庭美德,自觉遵守基本道德规范,努力提高思想道德素质。

4. 以大学生全面发展为目标,深化素质教育

党的十九大报告强调:"要全面贯彻党的教育方针,落实立德树人根本任务,发展素质教育,推进教育公平,培养德智体美全面发展的社会主义建设者和接班人。"提高大学生的科学文化素质和健康素质,实现大学生健康全面的发展,是面对当今世界高新技术、尖端科学飞速发展挑战的需要,是我们全面进入小康社会,实现社会主义现代化的需要,是实现中华民族伟大复兴的需要。我们要有全局观念和战略眼光,求真务实、与时俱进、开拓创新。在"两个一百年"奋斗目标的历史交汇期,党和国家事业发展、实现国家长治久安的大背景下,我们应充分认识新形势,进一步加强和改进大学生思想政治教育,开创大学生思想政治素质教育的新局面。要以素质教育为依托,拓展大学生思想政治教育的内容,促进大学生思想道德素质、科学文化素质和身心素质的协调发展,全面贯彻德育、智育、体育、美育等的有机结合,促进受教育者全面发展。

(三) 大学生思想政治教育内涵的延伸

在实践中,大学生思想政治教育还向许多相关领域延伸。这些延伸的内容,也是大学生思想政治教育内涵的重要组成部分。例如,大学生思想政治教育与历史教育、文化传承教育、国际政治学教育相结合,延伸出认识基本国情与基本世情的问题;与党史教育、革命史教育、法学教育相结合,延伸出培养民主意识与法治精神的问题;与时事相结合,延伸出认识形势与政策的问题。

1. 引导大学生认识基本国情与基本世情

过去的社会十年如一日,新时代的社会一年一潮流。人们受各种思想观念影响的渠道日益增多,程度不断加深,思想活动的独立性、选择性、多变性、差异性进一步增强。新时代大学生更是思想敏锐、勇于进取、思想观念趋于多元化，在各种社会思潮的影响下，往往表现出较强的事业心、责任感，但有时也会表现出良莠不分、社会责任感不强的弱点。针对这些复杂的现象，教育工作者不能简单地肯定或否定，而应结合我国社会主义初级阶段的基本国情和当前国际形势，对大学生开展国情与世情教育，让他们认识到，只有社会主义才能使中国强大起来，激发学生树立为建设社会主义现代化强国，为人类做贡献的紧迫感、使命感和责任感。

在国情教育方面，除了要让学生了解近代以来中国争取民族独立、人民解放和实现国家富强、人民幸福的历史外，更要着重结合改革开放的历史进程，帮助学生了解党史、国史、国情，深刻领会历史和人民选择马克思主义、选择中国共产党、选择社会主义道路、选择改革开放的必然性。改革开放40多年，我国经济社会发生了天翻地覆的历史性巨变，取得的成绩举世瞩目。在巨变面前，我们仍需保持清醒的头脑，必须认识到我国仍处于并将长期处于社会主义初级阶段。

在世情教育方面，除了要让学生了解国内外形势及其热点难点问题外，更要着重帮助学生准确理解当代中国马克思主义，深刻领会党和国家事业取得的历史性成就、面临的历史性机遇和挑战，引导大学生正确认识世界和中国发展大势，正确认识中国特色和国际比较，正确认识时代责任和历史使命，正确认识远大抱负和脚踏实地。随着我国综合国力和国际影响力显著增强，党的十九大闭幕不久，美国破天荒地在《时代》周刊封面上用中英文印上"中国赢了"的字样；德国《明镜》周刊封面上也印了两个大大的汉语拼音："XING LAI！"（醒来），还打了一个惊叹号。党的十九大以来，习近平总书记多次强调世界正处于百年未有之大变局。这是洞察时代和世界发展大势做出的重大战略判断。习近平总书记在深圳经济特区建立40周年庆祝大会上提到："当今世界正经历百年未有之大变局，新冠肺炎疫情全球大流行使这个大变局加速演进，经济全球化遭遇逆流，保护主义、单边主义上升，世界经济低迷，国际贸易和投资大幅萎缩，国际经济、科技、文化、安全、政治等格局都在发生深刻调整，世界进入动荡变革期。"他还强调："当前，世界大变局加速深刻演变，全球动荡源和风险点增多，我国外部环境复杂严峻。我们要统筹国内国际两个大局、发展安全两件大事，既聚焦重点，又统揽全局，有效防范各类风险连锁联动。要加强海外利益保护，确保海外重大项目和人员机构安全。要完善共建'一带一路'安全保障体系，坚决维护主权、安全、发展利益，为我国改革发展稳定营造良好外部环境。"① "只有顺应历史潮流，积极应变，主动求变，才能与时代同行。"②

2. 培养大学生的民主意识与法治精神

民主与法治是现代国家的基本特征，也是新时代中国特色社会主义的本质属性之一。培养大学生的民主意识与法治精神，是大学生思想政治教育的主要任务之一，也是新时代大学生思想政治教育的重要内涵。

（1）培养大学生健康的社会主义民主观念

民主观念是指"一定社会的人们对于当时社会生活的民主状况的认识、评价和民主要求"③。我国是社会主义国家，高校培养的人才更应当具有社会主义民主观念。社会主义民主观念应主要包括马克思列宁主义信念、毛泽东思想信念、科学社会主义信念、社会主义组织纪律观念、社会主义文化观念等。大学生作为青年群体的一部分，思想活跃、向往民主，且爱国热情高、参与国家政治生活的愿望强烈。这种热情和愿望，如果引导到社会主义法治的轨道上，就会成为推进民主政治建设的一种积极因素；相反，如果缺乏正确的民主观念，不懂得参与民主政治必须依照法律的规定和法定的途径，对社会主义民主观念认识不清，将违背高校的人才培养目标，容易给社会带来不稳定因素。培养大学生健康的民主观念，可通过法治教育，使大学生学习到法律基本知识，增强法律意识，形成正确的民主观念，从而通过正确的途径和方法表达爱国热情，实现政治愿望。

（2）培养大学生的社会主义法治精神

法律不是从来就有的，是随着私有制、阶级和国家的出现而逐步产生的。④ 我国的社会主义法律是根据国家的政治、经济和社会需要，依据我国历史发展规律和经济运行规律来制定，保证社会稳定和发展的重要武器。法律作为广大人民群众管理国家、建设国家的重要武器，指导和规范着人们的社会行为及其方向，赋予人们所享有的权利和应当承担的义务，为大学生投身社会实践、行使主人翁权利提供了可靠的保障。新时代大学生应清醒地认识到，只有维护国家法律的尊严，才能赢得自己的尊严，才

---

① 习近平：《习近平谈治国理政（第三卷）》，外文出版社 2020 年版，第 222 页。
② 习近平：《习近平谈治国理政（第三卷）》，外文出版社 2020 年版，第 181 页。
③ 王孝哲：《哲学原理新论》，安徽大学出版社 2006 年版，第 230 页。
④ 蔡兴臣：《思想道德修养与法律基础知识读本》，中国矿业大学出版社 2012 年版，第 111 页。

能在社会上得以成长和发展。大学生作为社会主义的建设者和接班人，是否具有法治精神，在很大程度上影响着新时代中国特色社会主义全面依法治国的法治进程。培养大学生的社会主义法治精神，是大学生思想政治教育的重要任务。

（3）提高大学生的民主意识、法治意识和政治素质

当代中国政治形态转型的本质就是社会主义民主政治的发展。提高大学生的民主意识、法治意识和政治素质，使之无论是在校期间，还是毕业以后，都能够有序、有效地参与社会主义政治事务，做到尊重和维护宪法法律权威，识大局、尊法治、修美德。大学生思想政治教育应发挥强大的政治引导功能，强化对大学生的民主与法治教育，提高大学生的民主意识和法治意识。

3. 认识形势与政策

形势与政策教育是大学生思想政治教育的重要内容和重要形式。形势与政策教育有助于大学生正确认识国内外形势，掌握党和国家的路线、方针和政策，培养学生正确运用马克思主义的思想观点分析问题、解决问题，开阔学生视野，拓宽学生知识面，弘扬科学精神。

《新时代学校思想政治理论课改革创新实施方案》（教材〔2020〕6号）指出，"形势与政策"主要讲授党的理论创新最新成果，新时代坚持和发展中国特色社会主义的生动实践，马克思主义形势观政策观、党的路线方针政策、基本国情、国内外形势及其热点难点问题，帮助学生准确理解当代中国马克思主义，深刻领会党和国家事业取得的历史性成就、面临的历史性机遇和挑战，引导大学生正确认识世界和中国发展大势，正确认识中国特色和国际比较，正确认识时代责任和历史使命，正确认识远大抱负和脚踏实地。

在形势与政策教育中，高校要着重进行改革开放和现代化建设成就教育。改革开放以来，中国共产党带领全国各族人民，高举中国特色社会主义伟大旗帜，战胜各种困难和风险，开创了改革开放和现代化建设的新局面，深刻地改变了中国的面貌。党的十九大报告指出，我国经济建设取得重大成就，全面深化改革取得重大突破，民主法治建设迈出重大步伐，思想文化建设取得重大进展，人民生活不断改善，生态文明建设成效显著，强军兴军开创新局面，港澳台工作取得新进展，全方位外交布局深入展开，全面从严治党成效卓著。经过长期努力，中国特色社会主义进入了新

时代，这是我国发展新的历史方位。通过形势与政策教育，新时代大学生不仅要充分认识我国发展的成就，更要深刻懂得改革开放以来我们取得一切成绩和进步的根本原因，归结起来就是开辟了中国特色社会主义道路，形成了中国特色社会主义理论体系，从而坚定在中国共产党领导下走中国特色社会主义道路的信心和决心，凝聚起同心共筑中国梦的磅礴力量。

（四）大学生思想政治教育的时代特点

1. 开放式教育

新时代的高等教育日益倾向开放式教育。大学生思想政治教育无论是环境、过程，还是内容的开放性都越来越突显，主要表现在以下四个方面：

第一，全球政治、经济和文化交流活动日益频繁，不同国家的大学生思想政治教育可以求同存异和相互借鉴。

第二，高等教育和社会之间的界限逐渐模糊，大学生思想政治教育更加贴近社会实际生活。

第三，大学生主动把自己融入社会中，各种社会思潮在当代大学生身上都有不同程度的表现。

第四，高校的改革和发展必须接受市场的检验和选择，形成了高校和社会共生互动的新格局。

开放式高等教育使大学生的思想意识受到国内外和社会上的各种思想的冲击，呈现多样化的特点，这势必影响到主流意识形态的稳定性，因此，必须正确处理主导性与多样性的关系。如果只讲主导性而忽视多样性，将脱离实际、流于形式，使主导性难以真正实现；如果只讲多样性而忽视主导性，将偏离正确的发展方向。大学生思想政治教育要坚持以习近平新时代中国特色社会主义思想为指导，加强"四个自信"教育，从而实现主流意识的主导性和多样性的统一。大学生思想政治教育只有与全球教育发展趋势相适应，与社会主义市场经济建设进程相协调，与当代大学生全面发展相结合，才能站在时代前列，把握时代潮流，顺应形势和任务的变化，不断开拓创新，与时俱进，永葆生机和活力。

2. 社会化

社会化是高校适应市场经济发展的时代取向，也是高校适应社会发展的重要途径，主要表现在以下三个方面：

第一，社会与高校之间的交叉渗透与交流合作。各种教育教学基地、爱国主义教育基地、社会实践基地等教育资源建立起来并发挥着积极作用。

第二，社会实践成为大学生思想政治教育的重要组织形式，也是大学生思想政治教育实现内容、方法、途径和体制创新的有效载体。

第三，社会性和阶级性是一致的。只有保持阶级的先进性，才能确保社会性的正确方向；只有回归到社会生活中去，才能使阶级性落到实处。

高校的社会化结果是高等教育培养了社会所需要的、与社会需要相适应的合格人才。大学生思想政治教育社会化要从大学生的思想实际出发，积极探索大学生思想政治教育的新内容、新方法和新机制，始终保持正确的政治方向，增强大学生的政治意识、大局意识和战略意识，把新时代大学生培养成合格的社会建设者和接班人。

3. 以人为本

以人为本的科学发展观的提出，标志着我们党对人类社会发展规律的认识更加自觉。马克思主义理论认为，人的全面发展思想占据着核心地位。实现人的自由而全面的发展是马克思主义追求的根本价值目标。高校思想政治教育树立以人为本的观念，紧密围绕大学生的成长和成才，关注大学生的全面发展，主要表现在以下三个方面：

第一，从当代大学生的思想实际出发，深入细致地研究新时代大学生思想中的热点难点问题。

第二，把大学生看作发展过程中的客观存在，用发展的眼光去看待他们。人生每个阶段对于个体发展来说，不仅具有本阶段的意义，而且具有人生全过程的意义。

第三，不断延伸大学生思想政治教育的覆盖面，通过各种形式的校园文化活动营造健康、文明、向上的生活氛围，使思想政治教育工作进公寓、进社团、进网络。

坚持以人为本的核心是解决好培养什么人、怎样培养人的问题，重点是促进大学生的全面发展，一切为了学生、为了学生一切，努力提高新时代大学生服务国家、服务人民的社会责任感，培养勇于探索的创新精神，以及善于解决问题的实践能力。

二、大学生思想政治教育融入职业生涯教育

《国家中长期教育改革和发展规划纲要（2010—2020年）》明确提出："创新德育形式，丰富德育内容，不断提高德育工作的吸引力和感染力，增强德育工作的针对性和实效性。"习近平总书记在全国高校思想政治工作会议中指出："要用好课堂教学这个主渠道，思想政治理论课要坚持在改进中加强，提升思想政治教育亲和力和针对性，满足学生成长发展需求和期待，其他各门课都要守好一段渠、种好责任田，使各类课程与思想政治理论课同向同行，形成协同效应。""课程思政"是一种落实把思想政治工作贯穿教育教学全过程，使各类课程与思想政治理论课同向同行，形成协同效应的重要体现的课程观。高校职业生涯课程是理想信念教育的有效载体，是大学生完成从学生向职业人的顺利过渡，实现职业目标的重要保障。职业生涯课程挖掘蕴含的思想政治教育元素，并将其渗透于教育教学活动的全过程。

（一）职业生涯教育与思想政治教育的内在契合与研究现状

思想政治教育和职业生涯教育在教育理念上具有一致性和关联性，教育方法存在互补性，教学内容存在相承性，但两者发展不一致，思想政治教育的研究已经比较充分细致，而职业生涯教育处于起步阶段，因此两者互为角度的研究较少。

目前，国内关于高校职业生涯"课程思政"的研究主要从受教育者主体、教育的途径和方法等方面对两者的融合进行了探索。如通过拓展教学内容、拓宽实施载体、创新教育形式、强化师资队伍建设、加强机制建设、以核心价值观引导提出对策。[①] 但在教学理念、课程目标上未形成系统的教学大纲，未有课程设计模式范例。此外，目前职业生涯课程的考核方式只注重理论知识考核，而缺乏对大学生实践能力的考核。[②] 部分学者

---

① 王伟：《思想政治教育对大学生职业生涯规划的影响及对策研究》（学位论文），山东师范大学2014年。
② 李祺：《基于"五育"融合教育理念的〈大学生职业生涯规划与就业指导〉课程教育教学改革研究》，载《创新创业理论研究与实践》2021年第4期，第33页。

对考核方式提出众多改革意见,如加大对学生平时表现的考核力度,调动学生参与课堂活动与学习的积极性,[①]但对考核标准尚无探索。借鉴国外研究,体系评价可从个体发展动因的外烁强化转向内驱转化,从理论讲授转向理论结合实践,从章节教育模块转向教育体系构建。

思想政治教育融入职业生涯课程,就是在新时代中国特色社会主义思想的指导下,以职业生涯课程为载体,挖掘蕴含的思想政治教育元素,并将其渗透于教育教学活动的全过程。在教育理念上,把立德树人的成效作为根本标准,着力于培养社会主义建设者和接班人,为社会源源不断地输出德才兼备的优秀大学生。

职业生涯课程通过引导学生充分认识自我、探索职业定位、决策发展路径,提高学生的生涯管理能力和就业力,完成从学生向职业人的顺利过渡。课程教学方法注重实践探索,而思想政治教育课程以理论讲授为主,两者的结合具有互补性。

职业生涯教育从职业发展的角度入手,注重培养学生的职业素养和能力;思想政治教育从思想角度入手,注重培养学生的思想。一名大学生如果只有适应社会生存的职业素养和能力,缺乏理想信念,就很有可能走向歧途;相反,若只着重于世界观、人生观和价值观的建立,但缺乏职业素养和能力的培养,则难以在社会上生存。职业生涯教育为大学生的思想政治教育奠定了教育基础,后者为前者指明前进的方向,两者融合能使知识传导与价值引导同频共振合力育人,实现立德树人润物无声。

(二) 大学生职业生涯教育"课程思政"体系构建

大学生职业生涯教育"课程思政"的教学体系,以解决教育的根本问题为目标,围绕立德树人、学生需求、社会需求三个要素,从教学设计、实施和考核三个方面进行教育教学改革,优化体系评价。笔者在教学探索中不断优化教学体系,于 2018 年构建了高校职业生涯"课程思政"教学体系模型,见图 1-9。

[①] 张喜盈:《基于体验式教学实践的〈大学生职业发展与就业指导〉课程考核方式改革》,载《开封教育学院学报》2018 年第 38 期,第 131~132 页。

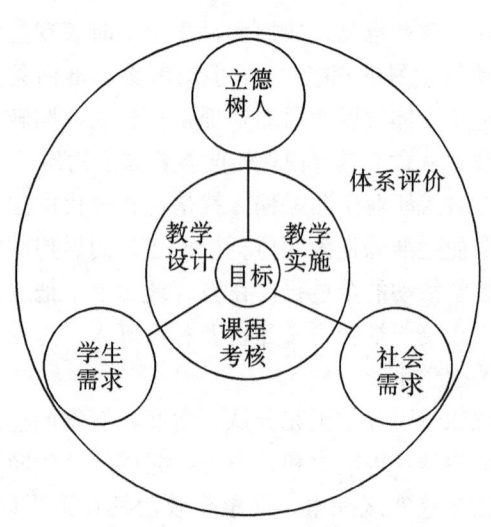

图1-9 高校职业生涯"课程思政"教学体系模型
（朱钧陶，2018）

1. 课程建设任务和目标

教育的根本问题是"培养什么人、怎样培养人、为谁培养人"。为解决好"培养什么人"的问题，必须"把培养社会主义建设者和接班人作为根本任务"；为解决好"怎样培养人"的问题，必须"坚持把立德树人作为根本任务"；为解决好"为谁培养人"的问题，必须把"加强党对教育工作的全面领导"作为根本保证。

应该把"立德树人"成效作为课程评价的根本标准，充分挖掘与合理融入思想政治教育元素，遵循"金课"的标准，即以高阶性、创新性和挑战性为建设目标，通过引导学生提高自我认知、职业认知，从而提升大学生的生涯管理能力，使他们正确认识世界与中国的发展，正确认识中国特色与人类命运共同体，正确认识马克思主义中国化进程与青年学生使命担当，正确认识仰望星空与脚踏实地，实现铸魂育人。

2. 教学设计

职业生涯课程的"课程思政"融入点通过理想信念指引、学生职业发展、社会价值反馈三个维度进行设计。以系统性的革新，促进职业生涯课程与思政课程同向同行；以融入点的深挖，把握教学目标的育人方向；以协同效应，实现中国特色社会主义教育的德育使命。笔者对教学内容蕴含的"课程思政"融入点和对应的教学目标进行了教学设计，见表1-1。

表 1-1 教学设计

模块	教学内容	课程思政融入点	对应教学目标
职业生涯发展	职业探索	国家发展战略、就业形势与政策、基层就业、国内外职业环境的变迁	了解国家政策、国际环境、就业形势,把个人发展与国家需要、社会发展、就业形势相结合,正确认识时代责任和历史使命,树立远大抱负和脚踏实地的人生态度
	自我探索	志业①与立德、个人价值观与社会主义核心价值观的融合、生涯素质	较为清晰地认知专业对应的志业选择,树立积极正确的世界观、人生观和价值观
	职业决策	职业生涯决策、目标实施与修正	掌握职业决策、目标设定及计划实施等知识储备,树立起职业生涯发展的自主意识,完成学涯设计与职业生涯规划
就业力提升	自我管理	职业道德、创新意识	认识职业道德与创新意识对职业生涯发展的重要性,建立和培养职业道德意识和创新意识,做到知行合一
	人际管理	情绪与压力管理、人际沟通、团队合作	掌握人际管理的方法,学会用情绪管理和人际沟通的方法处理日常问题,积极参与团队项目,培养团队合作精神
	求职技巧	中华优秀传统文化与商务礼仪、简历、面试、职场适应	了解中华优秀传统文化,掌握职场礼仪与服饰、撰写简历技巧,以及不同类型面试的基本要求,为求职和未来职业发展做好准备

3. 教学实施

笔者结合近年来的教学探索,认为在教学实施环节中,主要应关注以

---

① 志业:志向与事业。

下三个方面。

(1) 渐进式的教学过程

通过生涯唤起、生涯体验、生涯学习和生涯发展四个阶段，渐进式地实施教学。一是生涯唤起阶段，面向新生开展入学教育讲座，从宏观上引导学生形成正确的世界观、人生观和价值观，激励学生坚定"四个自信"；二是生涯体验阶段，开展丰富的职业生涯实践体验活动，帮助学生在体验中建立职业生涯发展的自主意识，树立远大抱负和形成脚踏实地的人生态度；三是生涯学习阶段，通过必修课系统学习职业生涯理论和提升就业力的方法和工具，进一步把个人发展与国家需要、社会发展、就业形势相结合；四是生涯发展阶段，面向准毕业生，以讲座、沙龙、训练营等形式帮助学生提升就业竞争力，引导大学生关注就业形势与政策，树立服务国家发展战略和基层工作的意识。

(2) 多维度的教学方法与工具

一是注重理论联系实际，依托校内和校外的实训基地、校友资源、合作企业等，组织学生亲临企业参观学习，以及开展职场人士访谈等，把理论学习转化为实践认知；二是注重线上线下结合和教辅工具的使用，如开展翻转课堂、混合式教学等；三是课堂内外结合，课后把学习强国 APP 里的相关内容推送给学生自主学习，把时政热点通过教辅工具"雨课堂"布置给学生课后讨论、投票等。

(3) 全程化的校内外师资配备

一是实行校内外生涯导师模式，除任课教师外，还可聘请名企的高管精英担任校外生涯导师。学生可以向生涯导师进行职业咨询，参加团队辅导，以及参与简历修改、面试准备等针对性辅导。二是实行协同育人模式，实现思政教师和专业教师职能互补、优势叠加，做到教育与教学的有机统一。

4. 课程考核

目前，课程考核的改革与探索取得了较好的效果，创新之处主要包括两个方面。

(1) 个性化考核

个性化考核，即采取必选和自选结合的方式，满足学生的个性化发展。由学生自主参与生涯体验节、团队辅导工作坊、"过来人"沙龙（优秀毕业生职场经验分享）、"名企行"（到本专业对口的知名企业调研），以及观摩供需见面活动、行业招聘会、宣讲会等。学生可以在上百个项目中自选参与并获得相应的分数，自选项目总分占职业生涯课程总评的10%。

（2）项目式考核

项目式考核采取团队与个人相结合的方式进行。团队任务开展采取PBL（Problem-based Learning，问题式学习）模式，即鼓励和支持学习者积极探究、合作解决问题、发展人际沟通等，改变学习者消极被动的学习方式，强调学习者知识和技能的形成过程，发展学习者的综合素养[①]。团队在课堂上取得的成绩占课程总评的10%；团队共同完成课外任务的成绩占课程总评的40%；课后练习汇编为"我的生涯档案"，完成后获得个人成绩，占课程总评的40%。

大学生职业生涯教育"课程思政"教学改革探索，需要以解决教育的根本问题为目标，围绕立德树人、学生需求、社会需求三个要素，深挖教学内容蕴含的思想政治教育元素，从教学设计、实施教学过程和课程考核三个方面创新课程思政，实现职业生涯教育与思想政治教育同向同行，形成协同效应。

---

① 丁晓蔚、顾红：《"基于问题的学习（PBL）"实施模型述评》，载《高等教育研究学报》2011年第34期，第66～69页。

第二章　从新生到毕业生

第一节　自我认知

我是谁，我真的了解自己吗？为什么我试图改变，却总是徒劳无功呢？为什么我努力实现了那个目标，感受却一点也不好呢？成长的路上烦恼各不相同，背后的"理儿"却惊人地相似。我们在成长的过程中听到了太多的声音：亲人对我们的期望、外人眼里的成功标准、老师的要求、校园的氛围、别人家的孩子做出的榜样……可是，却忘了听一个最重要的声音——自己内心的声音。然而，是我们真的忘了吗？多数情况下，是我们根本不知道如何倾听内心。

一、性格与职业

（一）性格的内涵

1. 性格

性格，也称为人格特质，是个体对人、对事、对自己、对外在环境所表现出来的一致性因应方式。

性格的英文是"nature"，有"本质"的意思。性格是一种稳定的态度，习惯化的行为方式。性格有别于人格。人格的英文是"personality"，拉丁文原意是"面具"。人格是相对稳定、具有社会范畴的。可以用"性格+环境+表演=人格"来理解，就是说，我们会根据不同的环境来更换"面具"，呈现出人格。性格探索指向的是面具背后的我们。人们需要了解自己和他人的性格，憧憬着一眼就能看穿对方的心思。在心理学不发达的时代，艺术就寄托着人们的这些心愿，如京剧脸谱。但事实上，没有人会在胸前挂一个牌子。

2. 性格的分类

最早提出人的性格划分为内向与外向的是著名心理学家卡尔·荣格。他认为，"内向"与"外向"即人的心理倾向性，是从人的心理活动指向角度来划分的。现代心理学界一般将性格分为内向型、外向型和中间型三类。

（1）内向型

内向型性格的人把自己的心理能量指向内心世界，他们的兴趣所在不是外部世界，而是自己内心世界的思想、情感和行为。这种类型的人多数有计划、求稳妥、守规则。

（2）外向型

外向型性格的人把自己的心理能量指向外部环境，他们往往热情好客，在为人处世上灵活多变。外向的人对环境的变化比内向的人要更敏感和迅速一些，但这并不能证明外向比内向好。值得注意的是，内向与外向并无优劣之分。

（3）中间型

中间型性格的人具有外向型和内向型的一些特征。中间型性格的人在职业适应方面更广泛。

（二）MBTI 职业性格理论

MBTI（Myers-Briggs Type Indicator）是测量性格倾向的心理学工具。MBTI 是以卡尔·荣格有关知觉、判断和人格态度的观点为基础发展而来，起源是卡尔·荣格在 1921 年写的《心理类型》。荣格提出大脑的四大功能，随后，布里格斯和她的女儿迈尔斯增加了两个维度，变成四个维度八个倾向。"MB"就是她们名字的缩写。

1. 区分四个维度和八个倾向

（1）外向与内向的区别

第一个维度是根据获取能量的方式分为外向（extroversion）和内向（introversion）两个倾向，主要的区别见表 2-1。

表2-1 外向与内向的区别

外向 E	内向 I
● 适应外部环境 ● 喜欢以说话的方式和别人沟通 ● 通过"说出来"的方法来想出主意 ● 通过实践讨论，达到最佳学习效果 ● 有广泛的兴趣 ● 社交活跃，善于表达 ● 在工作和人际关系上，往往积极主动 ● "嗨，最近怎么样！"	● 被自己的内心世界所吸引 ● 喜欢以书写的方式和别人沟通 ● 通过思考的方法来想出主意 ● 通过思考，达到最佳的学习效果 ● 有深入的兴趣 ● 喜欢独处，自我克制 ● 当情况或事情对自己非常重要时会主动 ● "嗯。呵呵……"

（2）感觉和直觉的区别

第二个维度是根据获取信息的方式分为感觉（sensing）和直觉（intuition）两个倾向，主要的区别见表2-2。

表2-2 感觉和直觉的区别

感觉 S	直觉 N
● 注重当下的事实 ● 注重事实和细节 ● 专注于真实和实在的东西 ● 留意和记得具体细节 ● 小心深入地逐步得出理论 ● 通过实际应用去了解意念和理论 ● 相信经验 ● "这件事该怎么做？我第一步先做什么？"	● 注重将来的可能性 ● 富想象力，言谈饱含创意 ● 专注信息中包含的模式和意义 ● 只记得与模式相关的细节 ● 凭直觉迅速得出结论 ● 先要清楚了解，才付诸实行 ● 相信灵感 ● "我们来讨论一下……对，我突然想到……"

（3）思考和情感的区别

第三个维度是根据决策判断的方式分为思考（thinking）和情感（feeling）两个倾向，主要的区别见表2-3。

表2-3 思考和情感的区别

思考 T	情感 F
• 善于分析 • 运用因果推理方式 • 运用逻辑解决问题 • 追求客观真理标准 • 讲道理 • 能够"硬心肠" • 公平可以视为：让每一个人获得同等的待遇 • "我觉得你这样是不对的"	• 站在别人的角度考虑问题 • 以个人的价值观作为准则 • 估量所做决定对人的影响 • 追求和谐共处和积极的互动 • 有同情心 • 可能会被认为"心肠软" • 公平意味着：把每一个人视为独一无二的个体 • "我很能理解你的感受"

（4）判断和知觉的区别

第四个维度是根据采取行动的方式分为判断（judging）和知觉（perceiving）两个倾向，主要的区别见表2-4。

表2-4 判断和知觉的区别

判断 J	知觉 P
• 有计划 • 生活有条理 • 有系统 • 讲求方法 • 制订短期和长期的计划 • 喜欢把事情决定下来 • 试图避免"燃眉之急"的压力 • "我要先列个时间表"	• 即兴 • 生活中灵活处事 • 随意 • 留有余地 • 行事随机应变 • 喜欢让事情不受约束和可以改变 • 从最后关头的压力之中得到动力 • "人生需要一场说走就走的旅行"

以上四个维度好比四把标尺，每个人的性格都会落在标尺的某个点上，这个点靠近哪个端点，就意味着这个人就有哪方面的偏好。四个维度的八个倾向，可以组合为十六组 MBTI 代码，见图2-1。

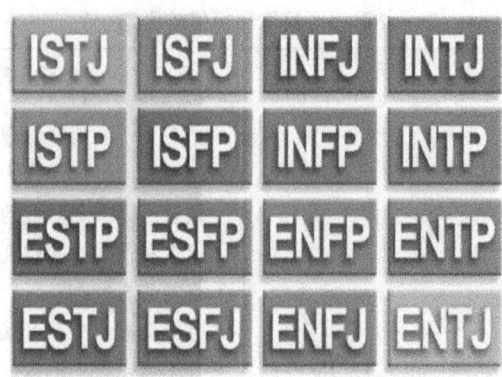

图 2-1　MBTI 代码

2. 理解维度的组合

当四个维度两两相遇时，能够更立体地看到人的不同方面。

（1）精力取向与生活方式的组合

精力取向（E-I）与生活方式（J-P）的组合，体现了应对改变的状态。

当机立断的内向型（IJ）：根据客观事实冷静分析，较少有情绪干扰。

顺应环境的内向型（IP）：不会直接拒绝变化，对变化充满好奇，但并不一定会按照外界的规定时间做出变化。

顺应环境的外向型（EP）：向外部寻求参考，来决定是否改变。

当机立断的外向型（EJ）：根据自己的思想提出疑问并从外界获得可信服的答案，可以立即接受变化。

（2）获取信息与决策风格的组合

获取信息（N-S）与决策风格（F-T）的组合会对我们事业的选择产生影响。

逻辑的现实主义者（ST）：适合于按部就班、有步骤有可依据的对象的工作。

直觉的现实主义者（SF）：适合于与人际互动多，且对人有实际帮助的工作。

直觉的创新者（NF）：适合于注重人文关怀、帮助人成长的工作。

逻辑的创新者（NT）：适合于理论框架研究性工作。

(3) 精力取向与信息获取组合

精力取向（E-I）与信息获取（S-N）的组合，决定了我们运用信息的方式。

偏好思考的现实主义者（IS）：知识很重要，因为它能确定什么是真的。

偏好思考的创新者（IN）：知识本身很重要。

行动至上的现实主义者（ES）：知识很重要，因为它有实际用途。

行动至上的创新者（EN）：知识很重要，因为要用它来面对不断改变的事实。

(4) 决策方式与生活方式的组合

决策方式（F-T）与生活方式（J-P）的组合，会影响我们的领导风格和愿意追随的领导风格。

逻辑性的决策者（TJ）：有分析力、当机立断的领导者，执行决定时可以非常强硬。如果追随的领导者是他们所尊敬的人，他们会成为成效显著的政策执行者。

适应力强的问题分析解决者（TP）：领导时以身作则，重视和表现出技术性的专长，并为工作创造出连贯、有序的结构，有好奇心，会随着信息的收集和判断来改变调整方向，在符合兴趣的环境中，会成为显著的问题解决者。

提供支持的指导者（FP）：亲切灵活和富鼓励性的领导，支持个人化的工作风格，喜欢大家一起做决定，如果受到尊重，他们会干劲十足。

根据价值观做决定的人（FJ）：亲切和当机立断的领导者，以他们自己的价值观和对他人的同理心作为做决定的基础，如果领导者尊重他们的价值观，他们会成为忠心耿耿的追随者。

3. 性格测评分析的注意事项

1）测评工具不是"科学算命"，准或不准不是我们的唯一目的，它是一个用来开启一段对话的工具，也许是你和他人的对话，也有可能是自己与自己的对话。

2）MBTI 理论并不认为测评报告给你的类型就是你应该接受的类型，而是让你充分了解各类型倾向的区别内涵后，通过对自己的了解、观察，通过在事件中的体会，通过报告的反馈来综合理解和发现自己的类型，因此，你应该尽可能在介绍每种类型的时候思考：我是这样吗？我什么情况下会这样？

3）MBTI 测量的是性格而不是行为，性格是你的天然的倾向，也就是不受外力情况下的第一反应，在绝大多数情况下这是你最舒适的选择。因此，你尽量在评估自己时放松心态，不要让压力左右自己。

（三）性格与职业的关系

性格是人格中具有核心意义的部分，涉及个体心理过程及行为特征的各个方面，与职业密切相关。由于性格的不同，个体在对不同环境的认知过程中，会表现出不同的处事风格。

性格使一个人更加倾向某一种而不是另一种环境或行动。通过以下这个体验，你可以更好地感受这种"倾向"。

步骤一：请你在一张纸上签上自己的姓名。

步骤二：现在换一只手再签一次。

步骤三：对比两次签名的感受。

大多数人在第一次签名后会说"很自然""很舒适""毫不费劲"。当你换另一只手时，经典的回答有"很别扭""要花更多精力"。用手的习惯可以很好地说明找到与性格匹配的职业的重要性。使用你惯用的那只手，你会感到舒适和自信；强迫使用另一只手不再灵活自如，效果也不那么令人满意。这就是探索性格倾向对选择职业方向的有效性。

从事与自己的性格不匹配的工作，个人的才能发挥会受到阻碍。在某种职业中获得成功的性格可能会让你在另一种职业中受挫。比如，开朗、热情的性格，比较适合于从事涉外工作、文体工作、教育工作、销售工作、服务工作及其他与人打交道的工作；爱思考、严谨的性格，比较适合于从事研究、研发方面的工作；稳重、认真的性格，比较适合做人力资源、行政管理、党务工作；果敢、沉着的性格，比较适合创业或做管理者。

因此，在职业选择时，尽可能地充分考虑自己的性格与职业要求是否适应，这样才能在工作中发挥特有的能力，通过自己的性格倾向，体验事业带来的快乐和愉悦。

你的职业性格类型是什么呢？通过生涯工具库（见附录）中的"生涯工具四：MBTI 职业性格探索"寻找你的 MBTI 代码吧！

二、兴趣与职业

(一) 兴趣和职业兴趣的内涵

兴趣是个体主动探究某种事物的心理倾向。兴趣的英文是"interesting",如果把单词进行拆分,"inter"是拉丁文词根,表示"在……之间","est"代表"最高级","ing"是进行时,代表"当下"。把这三部分结合起来理解,兴趣就是"你以最高级(est)的形式投入当下(ing)的事情之中(inter)。"① 兴趣是一切行为的基础。一个人如果对自己的职业有浓厚的兴趣,就会在学习和工作中积极探索、刻苦钻研,最大限度地发挥自己的聪明才智,使自己的职业生涯得到更好的发展。

职业兴趣是兴趣在职业方面的表现,是指个体对某种职业活动具有的比较稳定而持久的心理倾向。职业兴趣就是一个人对待工作的积极态度,对工作的适应能力。其表现为有从事该职业的愿望和兴趣。拥有职业兴趣将增加个人的职业满意度、稳定性和成就感。

我们都希望工作能匹配自己的兴趣,是自己喜欢做的事情,那是不是匹配兴趣就能轻松工作呢?兴趣往往不是那件让你舒舒服服就成功获得结果的事,兴趣是那件让你白天痛苦地想,晚上睡不好,早上五点爬起来,一边苦笑着一边咧着嘴干完的事情。那才是兴趣本来的样子。子曰"知之者不如好之者,好之者不如乐知者",有办法让工作实现乐在其中吗?如果一个人对某一工作有兴趣,那么他在工作中就能发挥大部分的才能,并且能长时间地保持高效率而不感到疲劳;相反,如果一个人对某工作不感兴趣,那么他在工作中便难以发挥全部才能,也容易感到疲劳、厌倦。因此,大学生在考虑自己未来发展方向时,要尽可能地在与所学专业对应的职业群中,选择自己感兴趣的职业作为自己的发展方向。

(二) 职业兴趣的培养方法

虽然职业兴趣在职业生涯中具有一定的稳定性,但还是可以通过多种

---

① 古典:《拆掉思维里的墙:原来我还可以这样活》,北方妇女儿童出版社2011年版,第32页。

途径和自己的努力去规划、培养和发展的。职业兴趣可以从以下几个方面培养：

1. 培养广泛兴趣

具有广泛兴趣的人，眼界比较开阔，经常注意新问题，主动探索和创造。培养广泛的兴趣有利于应付多变的环境，在职业的选择上有较大的余地。

2. 培养中心兴趣

除了广泛的兴趣，还需要拥有持久、稳定的中心兴趣。兴趣既广泛又专注，才是成功的关键。培养中心兴趣可以结合所学的专业，发挥所长，从而促进自己的职业发展。

3. 培养间接兴趣

间接兴趣是对事物或活动未来的结果产生的兴趣，直接兴趣是对事物或活动本身感兴趣。直接兴趣更容易让人接受，但并非一切事情和活动都会让你感到有兴趣进而充满激情地投身其中，这时候就需要间接兴趣了。培养间接兴趣，可以通过想象事物和活动令人向往的结果，从而形成持久的内驱力。

4. 参加职业实践

大学生职业实践的内容有很多，包括专业实习、社会调查、参观访谈等。大学生可以根据社会和自我需要，参加各种职业实践激发和培养兴趣，为职业发展创造条件。只有通过职业实践亲身经历，才能对职业有深刻的认识，从而激发职业兴趣。

5. 切合实际调整兴趣

兴趣和职业的匹配是一个渐进和艰难的过程，在成功的道路上，更多的时候不得不暂时放弃自己的兴趣。比如，有的人崇尚自由，但是职业对自由有很多约束；有的人渴望管理，但是初级岗位往往是被管；有的人喜欢创意，但有的企业文化需要员工循规蹈矩。要知道，兴趣是可以培养的，也是可以管理的。根据实际情况，可以选择放弃一种旧兴趣来焕发一种新兴趣。

（三）霍兰德职业兴趣理论

职业兴趣测试有多种方法，其中比较有代表性的是约翰·亨利·霍兰德（John Henry Holland）的职业兴趣理论，也称为人格类型理论。

约翰·亨利·霍兰德的职业兴趣理论认为，人的兴趣类型与职业密切相关，兴趣是人们行动的巨大动力。兴趣与职业匹配可以提高个体积极性，促使其积极地、愉快地从事该职业。职业兴趣可分为现实型、研究型、艺术型、社会型、企业型、常规型六种类型。

1. 兴趣类型与典型职业

（1）现实型（realistic），也叫技术型

共同特征：更喜欢与物打交道。喜欢具体的任务，通常喜欢独立做事。愿意使用工具从事操作性工作，动手能力强。喜欢做体力工作、户外活动。

典型职业：使用工具、机器，需要基本操作技能的工作，包括技术性和技能性职业。技术性职业，比如计算机硬件人员、摄影师、制图员、机械装配工等；技能性职业，比如农业工作者、木匠、厨师、修理工等。

（2）研究型（investigative），也叫调研型

共同特征：更喜欢探索和理解事物。爱分析，考虑问题理性，做事喜欢精确。善思考，抽象思维能力强，求知欲强。崇尚独立，喜欢独立完成定向任务。

典型职业：具备智力分析才能，并将其用于观察、估测、形成理论并最终解决问题的工作，且具备相应的能力。比如科学研究人员、教师、工程师、电脑编程人员、医生、系统分析员等。

（3）艺术型（artistic）

共同特征：喜欢自我表达，渴望表现自己的个性。富有想象力、创造力，乐于创造新颖、与众不同的成果。崇尚自由，喜欢多样性与变化性。追求美，具有一定的艺术才能和审美能力。

典型职业：具备艺术修养、创造力、表达能力和直觉，并将其用于语言、行为、颜色和形式的审美、思索和感受，具备相应的能力。艺术方面，比如演员、导演、艺术设计师、雕刻家、建筑师、摄影家、广告制作人等；音乐方面，比如歌唱家、作曲家、乐队指挥等；文学方面，比如小说家、诗人、剧作家等。

（4）社会型（social）

共同特征：对人感兴趣，喜欢与人交往，具有良好的人际交往技能。愿意教导他人，服务他人，帮助别人解决问题。关心社会问题，渴望发挥自己的社会作用，比较看重社会义务和社会道德。

典型职业：喜欢与人打交道的工作，从事提供信息、启迪、帮助、培训、开发或治疗等事务，并具备相应能力。比如教育工作者、社会工作者等。

(5) 企业型（enterprising）

共同特征：愿意向人推销自己的产品或观点，追寻领导力与社会影响，言语说服能力强，具有领导才能。有抱负，雄心勃勃，喜欢竞争，敢冒风险。习惯以利益得失、权力、地位、金钱等来衡量做事的价值，做事有较强的目的性。

典型职业：具备经营、管理、劝服、监督和领导才能，以实现机构、政治、社会及经济目标的工作，并具备相应的能力。比如项目经理、销售人员、营销管理人员、法官、律师等。

(6) 常规型（conventional）

共同特征：喜欢有条理、程序化的工作。愿意听从指示，尊重权威和规章制度。喜欢按计划办事，办事细致、准确、有条理。不喜欢冒险和竞争，富有自我牺牲精神。

典型职业：喜欢注意细节、精确度，有系统有条理，具有记录、归档特定要求或程序组织数据和文字信息的职业，并具备相应能力。比如秘书、办公室人员、记事员、会计、行政助理、出纳员、图书馆管理员等。

2. 六种类型的相互关系

霍兰德所划分的六大类型，并不是并列的、有着明晰边界的，他以六边形标示出了六种类型的关系。这六种类型的相互关系见图2-2。

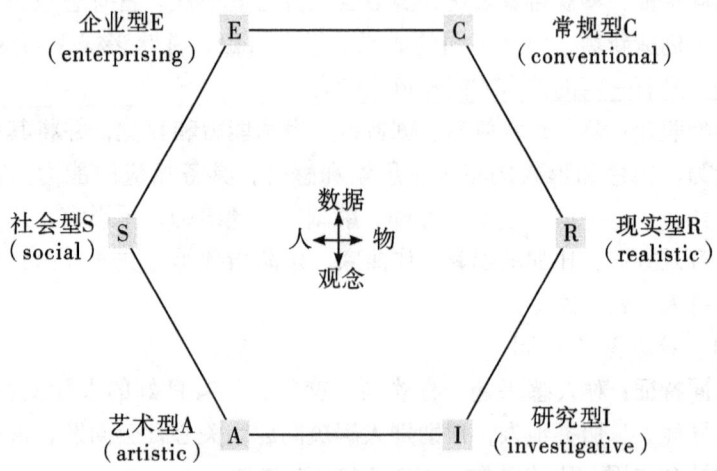

图2-2 六种类型的相互关系

（1）相邻关系

RI、IR、IA、AI、AS、SA、SE、ES、EC、CE、RC、CR 属于相邻关系。相邻的两种类型对应的个体，两者之间共同点较多。比如，现实型（R）和研究型（I）类人都不太偏好与人打交道，这两种职业环境中与人接触的机会也较少。又如，企业型（E）和常规型（C）类人在职业环境中都更倾向于处理具体的数据，而不善于处理抽象的观念。

（2）相隔关系

RA、RE、IC、IS、AR、AE、SI、SC、EA、ER、CI、CS 属于相隔关系。这种关系的两种类型个体之间的共同点较相邻关系少。

（3）相对关系

在六边形上处于对角位置的类型之间即为相对关系，如 RS、IE、AC、SR、EI、CA。相对关系的人格类型共同点少，因此，个人对相对关系的类型很有兴趣的情况较为少见，需要同时处于相对关系的职业环境的情况也较少。

3. 霍兰德理论与职业选择

人们通常倾向选择与自我兴趣类型匹配的职业环境，如具有现实型兴趣的人会希望在现实型的职业环境中工作，从而发挥个人的潜能。但在职业选择中，个体并非一定要选择与自己兴趣完全匹配的职业环境。需要注意兴趣类型的多样性，以及兴趣类型与职业在现实中无法完全匹配的情况。

（1）兴趣类型的多样性

个体是多种兴趣类型的综合体，其一类型特征显著突出的情况不多。因此，评价个体的兴趣类型时也时常以其在六大类型中得分居前三位的类型组合而成，组合时根据分数的高低依次排列字母，构成其兴趣组型，如 ESA、RIC 等。这三个字母的组合称为"霍兰德代码"。在网页的搜索栏输入"霍兰德职业索引"可以查到代码对应的职业建议。这些职业建议可以作为参考，但不是选择职业的答案，尤其需要注意这些职业建议并未结合我国新时代职业的实际情况做本土化的修订。

（2）兴趣类型与职业无法完全匹配

影响职业选择的因素是多方面的，不完全依据兴趣类型，还要结合社会需求及获得与兴趣匹配的职业的从业条件。因此，个体在做职业选择时会不断妥协，寻求霍兰德职业兴趣类型相邻，甚至相隔的职业环境。在这种环境中，个体需要逐渐适应工作环境。但如果个体寻找的是相对关系的职业环境，也就是进入的是与兴趣完全不同的职业环境，则可能会难以适应该工作。

你的职业兴趣类型是什么呢？通过生涯工具库（见附录）中的"生涯工具五：霍兰德的职业兴趣测试"寻找你的霍兰德代码吧！

三、价值观与职业

从事自己喜欢的工作固然重要，但多数情况由于环境等因素无法实现。因此，发现职业的价值和意义，是获得职业幸福感的重要方法。

（一）价值观和职业价值观的内涵

价值观是面对人生选择的时候，做出某个选择的原因，有时是一种需要的缺乏，更多时候，是我们在生活和工作中所看重的原则、标准或品质。因此，价值观被"看见"，往往是个体必须做出取舍的时候，或者感到缺失的时候，或者被持续激励的时候。唐纳德·E. 舒伯认为："职业价值观是个人追求的与工作有关的目标，即个人的内在需求及在从事活动时所追求的工作特质或属性。"[①]

价值观是具有层次性的。美国人本主义心理学家马斯洛（Abraham H. Maslow）曾指出"人是永远不能满足的动物"，并提出了著名的"需求层次理论"（A Theory of Human Motivation）。马斯洛指出，人的需求由低级向高级层次推进，依次为生理需求、安全需求、归属需求、自我尊重、自我实现五个层次，只有低层次的需求得到满足才能致力于高层次的需求。他在去世的前一年，就是1969年发表了一篇新的论文，特别提到一种"Z"理论，在自我实现之上提出一种说法叫作"自我超越"，见图2-3。

[①] 曾林、赵荣：《大学生职业生涯规划教程》，北京航空航天大学出版社2016年版，第72页。

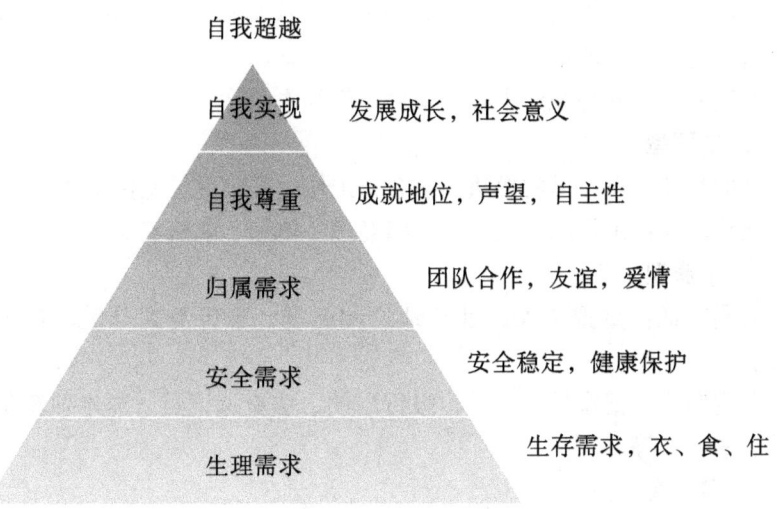

图 2-3 需求层次理论与"Z"理论

站在人生大舞台，每个人都渴望实现自己的价值。因此，学习知识、培养能力，绝不是仅仅为了就业获得一个职位，满足低层次需求。通过上大学，不仅可以获得较高的职业发展起点，而且在未来的职业生涯发展过程中，还可以将所学到的知识应用到所从事的工作中去，为满足社会公众和他人的需求创造物质财富和精神财富，从而最终实现自己高层次的自我实现、自我超越的需求。

（二）职业价值观的类型

从职业选择的角度来看，职业价值观是一种具有明确的目的性、自觉性和坚定性的职业选择态度和行为，对一个人的职业目标和择业动机起着决定性作用。依据价值观的不同可以将职业进行分类，使用最为广泛的是从人们的理想、信念和世界观角度把职业分为九类。

1. **自由型**

共同特征：不受别人指使，凭自己的能力拥有自己的职业领域，不愿受人干涉，想充分施展本领和才华。

典型职业：设计师、图书管理员、摄影师、音乐家、作家、演员、记者、诗人、作曲家、编剧、雕刻家、漫画家等。

2. **经济型**

共同特征：认为世界上的各种关系都建立在金钱的基础上，包括人与事物之间的关系，以及人与人之间的关系。这种类型的人确信，金钱可以买到世界上所有的幸福。

典型职业：各种职业中都有这种类型的人。

3. 支配型

共同特征：有自己的想法和理念，工作过程中更愿意控制他人。

典型职业：组织的一把手、部门经理、律师、政治家等。

4. 小康型

共同特征：重视个人的社会地位和名誉，希望受到尊敬，自我意识较强。

典型职业：记账员、会计、银行出纳、法庭速记员、成本估算员、税务员、核算员等。

5. 自我实现型

共同特征：注重个性的发挥，追求真理。不考虑财富、地位及他人对自己的看法，尽力挖掘自己的潜力，施展自己的本领，并视此为有意义的生活。

典型职业：气象学者、生物学者、天文学家、药剂师、动物学者、化学家、科学报刊编辑、地质学家、植物学者、物理学者、数学家、实验员、科研人员等。

6. 志愿型

共同特征：富于同情心，把他人的痛苦视为自己的痛苦，不愿做表面上哗众取宠的事，从对他人的付出中获得幸福感。

典型职业：福利机构工作者、非政府组织工作者、社会工作者、教师、护士等。

7. 技术型

共同特征：沉稳，做事严谨，井井有条，并且对未来充满平常心态。

典型职业：木匠、工程师、野生动物专家、文物修复师、地铁司机、机械制图员等。

8. 合作型

共同特征：人际关系较好，认为人脉是最大的财富。

典型职业：销售员、秘书等。

9. 享受型

共同特征：喜欢安逸的生活，不愿从事任何有挑战性的工作。

典型职业：无固定职业类型。

职业价值观并不是单一的，而是各种类型组合的综合呈现，且随着外部环境和内在需求的变化而改变。

(三) 职业价值观与职业发展

1. 职业发展三阶段的需求层次

职业价值观是一个复杂的多维度的心理因素。在职业选择和衡量时，职业价值观有多种要素的参与，但各要素起的作用是不同的。在职业价值分析和测定的过程中，必须处理好职业价值观不同要素之间的关系，并根据不同时期、不同情况，明确个体的职业核心需求，以便合理制订个体的职业生涯规划和相关策略。

基于美国积极心理学家马丁·塞利格曼（Martin E. P. Seligman）的职业三阶段理论，以及马斯洛的需求层次理论，可以构建出职业发展三阶段的需求层次结构，见图2-4。

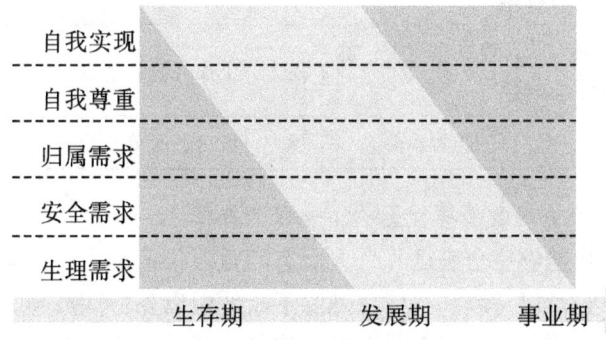

图2-4 职业发展三阶段的需求层次

横坐标是塞利格曼提出的职业发展三个阶段，分别是生存期、发展期和事业期。纵坐标是马斯洛提出的需求的五个层次，从低层次到高层次分别是生理需求、安全需求、归属需求、自我尊重和自我实现。在生存期的三角形中，可以看到这一阶段对需求的比例以低层次需求为主，如吃饱饭、有地方住、有收入。到了发展期，是一个平行四边形，需求的比例发生变化，高层次的需求比例增加，比如对被尊重、被认可等的需求增加。到事业期，是一个和生存期相反的倒三角形，这一阶段的需求以高层次的需求为主，但仍然有低层次的需求，更重视自我实现与超越，注重个人对社会的意义。

2. 职业价值观对职业发展的作用

（1）在职业决策中，使用职业价值观作为评判的标准之一

职业价值观是人们在考虑职业发展问题时所看重的原则和标准，是人们内在的驱动力。当我们有矛盾冲突，或妥协与放弃时，常常也是受价值观的影响。因此，职业价值观在职业生涯发展中起到决定方向的作用，往往超过了性格和兴趣对职业生涯发展的影响。不同的职业对价值观的满足是不一样的，见表2-5。

表2-5 不同的职业满足不同的价值需求

职业	能满足的价值需求	不能满足的价值需求
教师	影响力、创造力、稳定性、帮助他人、简单人际	财富、权力、升迁、广泛社会交往
公务员	稳定、社会地位、权力、升迁、适度休闲	财富、自由、创造力、变化性
创业者	独立性、人际交往、声誉、挑战性、多样性	权力、工作环境、稳定、规律生活
设计师	自由、财富、创造力、美感	稳定、权力、简单人际

（2）职业价值观的多样性影响个人职业选择

很少有工作能够完全满足一个人所有的重要价值观，就算满足了，随着时间的推移也难以持续。我们总是要不断地做出妥协和放弃，这是不可避免的，也是必要的。我们需要对自己的价值观进行思考和排序，才能知道如何取舍。

值得注意的是，由于所处的生涯发展阶段、社会环境的不同，个人的需求会发生改变，从而可能导致价值观的变化；在当今多元社会中，多种价值观的冲击也会导致原有价值观体系的混乱乃至改变。因此，需要不断审视澄清真实的价值观。

在生涯工具库（见附录）的"生涯工具六：价值观探索"中，为你准备了对应的探索练习。请前往探索你的价值观吧！

第二节 职业认知

一、新时代国内外的工作世界

(一) 了解新时代工作世界的意义

在中华人民共和国成立70周年之际,国务院新闻办公室发布了《新时代的中国与世界》白皮书,总结我国发展历程,展望新时代下中国与世界的关系。文中指出:"当今世界正处于百年未有之大变局,人类社会既充满希望,又充满挑战。世界多极化、经济全球化、文化多样化、社会信息化深入发展,和平与发展仍是时代主题,同时,全球深层次矛盾突出,不稳定性不确定性增多。"[①] 大学生是青年群体中的中坚力量,肩负着实现国家富强、民族复兴、人民幸福的时代重任。把握新时代国内外的工作世界的发展态势,在个人职业生涯发展和承担时代重任中起到举足轻重的作用。

国内外的工作世界紧密相连,《新时代的中国与世界》白皮书数据显示:"2001年至2018年,中国货物贸易进口额从2436亿美元增至21358亿美元,年均增长13.6%,高于全球平均水平6.8个百分点;服务贸易进口额从393亿美元增至5250亿美元,年均增长16.5%,占全球服务贸易进口总额的9.4%。"既要请进来,也要走出去。"2018年,中国对外直接投资1430.4亿美元,是2002年的53倍,年均增长28.2%。"我国的开放发展,以及与世界良好互动,是新时代大学生的时代机遇。大学生只有深刻认识国内外的工作世界,了解社会需求,结合自我认知,才能做出正确的生涯决策。

个人能力的培养和提升是把握时代机遇的前提,是职业生涯发展的坚

---

① 国务院新闻办公室:《新时代的中国与世界》,见中华人民共和国中央人民政府网(http://www.gov.cn/zhengce/2019-09/27/content_5433889.htm)。

实基础。在探索工作世界的过程中，大学生可以培养和提升自己的综合能力，比如自我管理能力中的责任感、自控力等，以及可迁移技能中的人际沟通、信息搜集、辨析等。

（二）职业分类

1. 国外对职业的分类

根据国外（主要是西方国家）的学者提出的理论，主要将职业分为以下三种类型。

（1）按脑力劳动和体力劳动的性质、层次进行分类

按脑力劳动和体力劳动的性质、层次进行分类，可以把工作人员划分为白领和蓝领两大类。以美国的职业分类为例，白领工作人员包括专业性和技术性的工作，农场以外的经理和行政管理人员、销售人员、办公室人员等。蓝领工作人员包括手工艺及类似的工人、非运输性的技工、运输装置工人、农场工人、服务性行业工人等。这种分类具有明显的职业等级性。

（2）按心理的个别差异进行分类

根据美国著名的职业指导专家约翰·亨利·霍兰德创立的职业兴趣理论，也称为人格类型理论，把人格类型划分为现实型、研究型、艺术型、社会型、企业型和常规型六种。与其相对应的是六种职业类型，并以六边形标示出六种类型的关系。（见图2-2）

（3）依据各个职业的主要职责或从事的工作进行分类

这种分类方法较为普遍。比如，国际标准职业分类把职业由粗至细分为4个层次，即8个大类、83个小类、284个细类、1506个职业项目，总共列出职业1881个。其中，8个大类是：专家、技术人员及有关工作者；政府官员和企业经理；事务工作者和有关工作者；销售工作者；服务工作者；农业、牧业、林业工作者及渔民、猎人；生产和有关工作者、运输设备操作者和劳动者；不能按职业分类的劳动者。这种分类方法便于提高国际职业统计资料的可比性和方便国际交流。

2. 职业分类情况

我国对于职业分类的开展起源于20世纪80年代，几经变迁和调整，反映出社会职业结构的发展变化。1999年，在广泛借鉴国际经验和深入分析我国社会职业构成的基础上，国家职业分类大典和职业资格工作委员会

编制完成了《中华人民共和国职业分类大典》，对我国当前的职业状况做了科学、客观、全面的分析与总结。之后，随着时代的发展变化，做出了多次调整。2015年7月29日，国家职业分类大典修订工作委员会审议并颁布了2015年版《中华人民共和国职业分类大典》，其中把职业分为4个层次，包括8个大类、75个中类、434个小类、1481个"细类"。其中，"细类"为最小类别，即职业。

3. 新职业

新职业，是指经济社会发展中已经存在一定规模的从业人员，具有相对独立成熟的职业技能，但在《中华人民共和国职业分类大典》中未收录的职业。

2015年版《中华人民共和国职业分类大典》颁布以来，随着经济社会发展、科学技术进步和产业结构调整，新产业、新业态、新模式滋生孕育出新职业。新职业的认定程序是先向社会公开征集，再由申报单位填写、提交新职业建议书，经职业分类专家严格评审，再经公示及广泛征求相关行业主管部门意见，按一定程序审批，最后以国家正式文件形式发布，并在《中华人民共和国职业分类大典》中补充完善。

2019年以来国家发布的新职业，截至2021年3月，共有4批。

2019年4月发布的新职业：人工智能工程技术人员、物联网工程技术人员、大数据工程技术人员、云计算工程技术人员、建筑信息模型技术员、电子竞技运营师、电子竞技员、无人机驾驶员、数字化管理师、农业经理人、工业机器人系统操作员、工业机器人系统运维员、物联网安装调试员。

2020年2月发布的新职业：智能制造工程技术人员、工业互联网工程技术员、虚拟现实工程技术人员、连锁经营管理师、供应链管理师、网约配送员、人工智能训练师、电气电子产品环保检测员、全媒体运营师、健康照护师、呼吸治疗师、出生缺陷防控咨询师、康复辅助技术咨询师、无人机装调工、高铁线路综合维修工、装配式建筑施工员。

2020年6月发布的新职业：区块链工程技术人员、城市管理网格员、互联网营销师、信息安全测试员、区块链应用操作员、在线学习服务师、社群健康助理员、老年人能力评估师、增材制造设备操作员。

2021年3月发布的新职业：集成电路工程技术人员、企业合规师、公司金融顾问、易货师、二手车经纪人、汽车救援员、调饮师、食品安全管理师、服务机器人应用技术员、电子数据取证分析师、职业培训师、密码技术应用员、建筑幕墙设计师、碳排放管理员、管廊运维员、酒体设计师、智能硬件装调员、工业视觉系统运维员。

二、认识职业环境

认识职业环境是大学生职业生涯规划的重要一环。大学生通过正确认识社会发展，客观分析职业环境，从而结合实际、认识自我，进行职业生涯的规划。认识职业环境主要分为四个层面，即社会环境、行业环境、企业环境、岗位环境。这四个层面从宏观到微观，帮助大学生深入地、立体地了解所处的环境，为职业选择打下扎实的基础。

（一）社会环境

职业的社会环境主要包括政治法律、经济、文化、人口、价值观念等各方面的发展环境，属于宏观层面的职业环境探索。社会环境探索能让大学生认识到社会环境对个人职业发展的重要性，从而善于顺应环境，规划自己的职业生涯发展。

大学生进行职业规划和职业选择时，必须充分认识到社会环境对职业生涯的影响，注意分析社会环境的基本特点，了解社会环境的发展变化，还要认识社会环境中哪些条件是自己今后走向职业岗位的有利条件。此外，让自己保持开放的状态，随时发现社会环境的变化和动态。

1. 政治法律环境

我们生活在一个有政治和法律制度的社会里，政治法律环境对个人职业选择和职业发展有着重要的影响。

（1）政治环境

政治环境主要涉及国家的方针、政策，影响职业的政治因素包括政治体制、经济体制、就业政策、人才流动政策等。

（2）法律环境

法律环境是指国家和地方的有关法律法规和规定，如政府有关人员招聘、工时制、最低工资等强制性法规，现行的户籍制度、人事制度和社会保障制度等。

2. 经济环境

经济环境对职业选择和职业发展的重要影响，主要体现在经济形势与发展水平和劳动力市场供求状况两个方面。

（1）经济形势与发展水平

经济形势的发展与变化对职业的影响最为显著且纷繁复杂。当前，我国经济发展从高速向中高速转换，产业结构升级，社会人才需求在结构和人才素质上发生新变化。在经济发达地区，因产业结构升级对大学生就业的吸纳能力更强，更能促进大学生就业。我国经济的发展与变化急需技术创新人才、高端制造人才和现代化服务人才。大学生是打好我国产业基础高级化、产业链现代化攻坚战的生力军。

（2）劳动力市场供求状况

劳动力市场的供求状况对大学生职业选择和职业发展具有重要影响。智联招聘平台数据显示，2020年2月至6月，应届生岗位需求同比发生变化，从城市等级来看，一线和新一线城市岗位需求同比降幅较大，分别下降了25.0%和20.8%，降幅远大于二三线城市和四五线城市；从行业来看，快速消费品销售、中介服务、软件信息服务、金融、互联网/电子商务是岗位需求同比下降最大的五个行业；从地域来看，东部地区大学生就业市场竞争激烈，中部地区成吸引大学生的洼地。具体数据显示，东部地区为大学毕业生提供了51.3%的就业岗位，而6月份大学生往东部地区投递简历的比重达到57.0%；中部地区提供了22.6%的大学生就业岗位，但6月份只有18.0%的大学生简历投递到中部地区；而西部和东北地区的岗位需求和求职者意愿基本保持平衡。

3. 文化环境

社会文化环境包括教育条件和社会文化设施等。在良好的社会文化环境中，个人能受到良好的教育和熏陶，从而为职业发展打下更好的基础。社会文化环境还会影响人们的行为、道德等，潜移默化地塑造个人的理想、信念和价值观。我国是一个文化大国，社会文化的复杂性也决定了个人职业选择和职业发展要考虑所在企业的文化因素。

4. 人口环境

人口环境，尤其是个人所在地区的人口因素，对职业选择和职业发展也有重要影响，其主要包括人口规模、年龄结构、劳动力质量与专业结构、人口的城市化与人口老龄化等。目前我国的人口流动情况，可以参考经济学家任泽平联合"智联招聘"发布的《2020年中国城市人才吸引力排名》，该报告显示："从中心城市的角度来看，一、二线城市，人才在持续流入，流入率在3.5%左右，而三、四线城市，人才在流出，分别为-1.0%、-5.8%。""长三角、珠三角地区，人才在持续流入，流入率分别是6.4%、3.8%；成渝地区，也就是成都和重庆人口基本稳定；而京津冀和长江中游地区，人才在小幅流出。"

5. 价值观念

一个人生活在社会环境中，必然会受到社会价值观念影响，大多数人的价值取向，是被社会主体价值取向所左右的。一个人的思想发展、成熟的过程，其实就是认可、接受社会主体价值观念的过程。社会价值观念正是通过影响个人价值观而影响个人的职业选择。比如，杭州是《2020年中国城市人才吸引力排名》中"中国城市吸引力第二名"的城市，主要原因在于杭州正在成为全国"数字治理第一城"。该报告举例："杭州在全国首先提出用大数据精准治堵，联合阿里巴巴研发了杭州'城市大脑'，也就是城市智能中枢。2016年，杭州的城市拥堵指数排名全国第二，但是到2020年，已经降到第29名。再比如，在杭州停车场停车，在离开时不用排队交费，停车费会在你绑定的支付账户里自动扣除。""在杭州西湖等各大景区，景区管理处都有人流分布的热力图，如果过于拥挤、有踩踏风险，会立即发出警报，组织疏散人群。"可见，数字治理的价值观念正在让杭州变得越来越宜居、越来越有吸引力。

（二）行业环境

行业环境属于中观层面的职业环境，是在社会环境分析的基础上进一步从比较具体的行业层面进行认知和探索，了解和分析行业环境对职业发展的影响。

1. 行业的属性

要对行业环境进行探索，首先就要了解清楚这个行业是什么，从事什么样的工作内容和范畴。

2. 作用及发展前景

明确行业对社会和生活的作用，每个行业在社会中都是具有特定的功能的，在知道行业对生活和社会的影响之后，就可以在一定程度上了解它的发展前景和趋势，从而可以在选择行业和确定发展方向时有长线的准备，这也是最大化行业的社会价值的一个方面。

3. 行业的细分领域

行业是大类，在行业内部还有不同的分类，了解不同行业的分类有利于全方位了解行业。分类的标准决定了具体的分类，可以选择政府、协会的分类标准。同学们可重点探索自己有意向的行业领域，厘清该行业的发展脉络。

4. **行业中的标志性企业**

在了解不同的行业细分领域以后，就可以找到此领域的标志性企业。标志性企业是此领域行业的代表，了解这些标志性企业，有助于大学生把握该行业的发展方向。同时，可以对比国内外不同标志性企业的差异，这有利于大学生了解行业核心竞争力。要注意的是，大学生要对每个行业标志性企业进行不同程度的企业探索，从而对自己的择业方向进行规划。

5. **从业资格证书**

每个行业都有一定的入行要求，从业证书是证明通用素质的一种手段。比如法律职业资格证书、教师资格证书。同学们在进行行业认知的过程中去了解和熟悉从事某行业需要的基本通用素质和从业资格，有助于提早做好行业的从业准备，提早通过掌握通用素质和考取从业资格，提高求职竞争力。

6. **标杆人物及其言论**

了解行业的标杆性人物也是了解行业的良好手段之一。每个行业都有自己的代表人物，通过资料查找和调研，了解标杆人物的奋斗轨迹、目前状态等，可以加深对行业的了解，也可为自己进入行业提供一个参考。

此外，整理标杆人物、行业负责人、人力资源总监等个人介绍、言论思想是职业探索的一种高端调研，对这些标志性人物的探访有助于通过个人了解企业、了解行业，从一个侧面掌握行业发展状态和人才状况，也可以进一步拓展行业知识。

7. **职业访谈**

一般和行业高端人物交流相对比较困难，对大学生而言，与行业普通部门职员沟通访谈相对要容易很多，访谈内容也更贴近大学生入职的初级岗位。这样的访谈，主要是帮助大学生去了解行业职员工作的基本状态，在交流中验证和拓展对行业的了解，尤其可以加强大学生对自己所希望入职的部门或岗位的了解，有助于大学生更有针对性地熟悉行业。

8. **校园招聘要求**

作为在校大学生，校园招聘是毕业生求职应聘的最重要途径之一。因此，详细了解企业校园招聘中所列的岗位需求，近三年来该行业、企业的招聘状况，整理这些信息，对学生了解行业的校园职位、明确未来的努力方向都是很有帮助的。从大一开始，同学们就可以有意识地观摩校园的供需见面活动、行业招聘会、企业宣讲会等，了解当前的人才需求。

9. **行业发展趋势**

各行业会定期在互联网发布该行业的发展趋势，这是大学生选择进入某一行业前需要了解的内容。

行业分析报告是普遍采用的行业分析方法，资深分析师通过对目前国家经济形势的走势及市场发展趋势和当前行业热点进行分析，预测行业未来的发展方向、新兴热点、市场空间、技术趋势及未来发展战略等。比如《2021年中国轨道交通行业分析报告》显示，"广东省以7651家远远领先；其次为江苏、湖南，共有5257家、4253家轨道交通相关产业企业"，并提供了2021—2026年中国轨道交通行业发展前景分析与预测。

各类排行榜也有一定的参考价值，比如在"2020年互联网人幸福感最高的城市"评选中，成都排名第一。报告指出："腾讯的王者荣耀就诞生在成都，此外，字节跳动、滴滴、阿里等互联网大厂都在成都建立了研发部。另外，成都的本土企业，像百词斩、货车帮、极米科技等都在快速地崛起。"俗话有云"少不入川"，说的是四川太安逸了，不适合年轻人。如今，成都互联网行业的快速发展带动了大量的年轻人才涌入。

（三）企业环境

企业环境属于微观层面的职业环境，是在社会环境、行业环境探索的基础上进一步深化。大学生了解企业环境可以帮助自己分析所要从事职业的组织环境、内部环境，使职业的选择建立在对企业充分了解的基础上。

1. **企业概况**

可以从企业简介、发展历程、注册资金、产品服务、经营业绩、组织机构、人力资源战略、公司地址等方面去了解企业。

2. **企业实力**

企业实力主要包括财力、生产能力、技术水平、管理水平、销售能力等。主要关注企业在本行业中是否具备竞争力，以及是否具有发展前景。可以从三个方面进行辨别：一是该企业目前的推广渠道有哪些；二是该企业目前有多少付费用户或核心客户；三是该企业的产品是不是大部分用户需要的，可亲身体验产品怎么样。

3. 企业文化

企业文化是一个企业或组织由其价值观、信念、仪式、符号、处事方式等组成的特有的文化形象，是企业或企业中的员工在从事经营活动时所秉持的价值观念。企业文化和管理风格与企业领导人的素质和价值观有直接的关系，企业经营哲学往往就是企业家的价值观。企业主要领导人的抱负及能力是企业发展的决定因素。入职后，个人的职业生涯发展将被企业文化所左右。如果一个人的价值观与企业文化格格不入，那么他在这个组织中将难以得到发展。所以，企业文化是个人的职业生涯发展需探索的一个重要因素。

（四）岗位环境

岗位环境也属于微观范畴，大学生要对企业内部某个具体岗位进行探索和分析，了解该岗位的基本职责及能力要求，为择业做好准备。岗位环境探索具体包括以下四个方面。

1. 岗位描述

岗位描述是对岗位的定义、工作内容及要具备的素质的概括，这是岗位的基本内容，是理解一个岗位的最直观方面。主要包括这个岗位是什么，这个岗位的职责是什么，从事这个岗位的人员要具备什么样的素质，等等。

2. 晋升通道

岗位是在职能的基础上根据具体需要分化产生的，所以在同一部门、同一职能上一定会有多个类似的岗位。了解这些岗位的晋升通道包括和这个岗位相关的岗位是什么、这个岗位的职业发展通路是什么两方面，从而为拓展发展方向及为轮岗、换岗做好准备。

3. 岗位要求

岗位的通用要求加上不同背景下的岗位理解构成了一个岗位的岗位要求。大学生在求职时特别要考虑三个方面的因素：不同行业对这个岗位的理解是什么，即行业背景下的岗位要求；不同类型企业及企业所处发展阶段对这个岗位的理解是什么，即企业背景下的岗位要求；不同领导和上司对这个岗位的理解和要求是什么，即人为背景下的岗位要求。这些因素是个人在企业发展的关键。

4. 人才素质要求

人才素质，是指个人在德、智、体、美、劳等方面表现出来的综合素质,主要是指人的道德素质、文化素质、科学素质、身体素质和心理素质等。当前的社会是一个比工业经济社会更为进步与发达的知识经济社会,企业对人才素质的要求是全方位的,不仅要求人才具备比较扎实的专业知识和技能,还要求人才具备职业道德素质;不仅要求人才具备一定的能力素质,还要求人才具有文化素质、科学素质、身心素质。

(1) 职业道德素质

作为影响企业未来的人才,首先应以诚信为本,这是对企业人才最基本的职业道德素质要求。在市场竞争激烈的今天,一个掌握着公司大量的技术或其他信息的人才,如果缺乏职业道德,会对公司造成极大的威胁。

(2) 专业技术素质

企业人才的专业技术素质是形成企业竞争力的源泉之一。因为一个企业不仅需要高精尖的人才,更离不开大批具有核心专长与技能的人才。

(3) 文化素质

企业人才如果具备良好的文化素质,可以加深对企业文化的认同感,可以增强企业员工对企业的向心力、凝聚力。良好的文化修养,有助于员工升华自己的人格,培养敬业精神、自律意识和责任感等。

(4) 科学素质

知识经济时代是知识爆炸的时代,知识更新的速度越来越快。通过批判性思维和积极的实践探索发展科学,是科学素质的核心。科学素质综合表现为学习科学的欲望、尊重科学的态度、探索科学的行为和创新科学的成效。

(5) 身心素质

人才的身体健康和心理健康,对企业来说都是非常重要的。面对繁重的工作、复杂的关系,善于调节自己的身体和心态的人,便能更好地应对工作中的各种挑战。对于当今的企业而言,经营风险重重。只有经历过磨炼,有头脑、有胆识的人,才能屹立于市场经济的浪潮中;也只有那些经得起失败,并能从中奋起的优秀人才,才能与企业共创大业。

在生涯工具库(见附录)中,为你准备了对应的探索练习,包括:"生涯工具七:职业探索""生涯工具八:职业生涯决策'PLACE 法'""生涯工具九:决策平衡单"。请前往探索你的目标职业吧!

第三节 学涯规划

一、大学生学涯发展目标设定

(一) 设立学业目标

1. 如何确立学业目标

大学生刚进入大学学习,需要主动适应新的学习环境,养成自主学习的习惯,这就需要科学的学涯规划。怎样确定学习目标,怎样实现学习目标,都是大学生经常会遇到的问题。确定学习目标要考虑以下三个方面的问题。

(1) 分析自己的兴趣爱好,思考自己想干什么

许多大学生都不清楚自己的兴趣,所以要认真审视自己,思考分析自己的兴趣爱好是什么,择己所爱,选择自己喜欢的研究领域进行学习和拓展。

(2) 分析自己的技能、特长,确定自己能干什么

任何职业都要求从业者掌握一定的技能,具备一定的条件,所以大学生要结合自己的兴趣爱好,在认定自己想干什么的基础上进行自我分析,最终确定目前自己已经具备了哪些技能,还应该培养哪些技能。

(3) 分析社会的未来与发展,计划自己未来干什么

着眼于将来的社会发展趋势,选择社会需要又最适合发挥自身优势的专业方向和研究领域,把自己的兴趣爱好、能力特长与社会需要结合起来,是大学生明确学习目标的关键所在。

2. 设立学业目标的步骤

大学生学习目标不是随便确定的,可以按以下步骤进行:首先,确定长期目标。长期目标一般是指大学生学习期间的总体目标,是自己经过努力可以接近或达到的目标。在确定目标的过程中要考虑自己的能力、水平、兴趣和所学专业的特点。目标可以自己确定,也可以与老师和同学交

流，了解大家的看法后确定。然后，确定阶段性目标。一般以时间为依据划分阶段，可以是一学年也可以是一学期。确定的目标要表达很明确，并且是可以量化的。确定后，每隔一定的时间要做一下自我检查，到学期或学年结束时，总结一下阶段性目标是否达到。如果没有达到，应该找出原因，想想是因为自己没有努力，还是目标定得太高了。

3. 不同阶段的学业目标

因为每个大学生的生涯都有其自身的特点与独特之处，所以不同的大学生在大学学涯规划里所实现的目标不同，而拥有不同最终期望的大学生，其设立学业目标的重点时期也不尽相同。就大学学涯总体来说，大学一年级是所有大学生设立学业目标的最初时期，也是打下学业基础的重要时期。

（1）大学一年级：打好基础，适应大学生活

初入大学，学校里可能会组织一些必要的测试，以期对不同学习基础的同学分类施教。比如，英语水平测试就是分班教学的常用工具。因此，相应的准备工作还是至关重要的，特别是外语口语、写作能力等，对于那些存在明显不足的同学来说，加强这方面的训练必不可少。在大一阶段，还要养成良好的学习习惯，有的同学不能有效掌握大学的学习方法，还是按照高中的学习方法进行学习，这样往往会感觉力不从心。要尽快熟悉大学学习规律，掌握大学学习方法，努力做到自觉学习、自主学习。

（2）大学二年级：拓展领域，提高学习质量

大二开始，学习任务逐渐加重，不但面临着英语四六级考试、计算机等级考试的压力，同时也开始接触专业基础知识，还要学习独立处理各种同学关系、参加各种课外活动、提高自己各方面素质等。部分学有余力的同学，还可以修读第二专业，拓宽专业领域。在经过大一的适应阶段后，同学们对各方面的学习应该可以驾轻就熟了，提高学习质量、拓宽知识范围就成为大二阶段的当务之急。

（3）大学三年级：自主学习，提升专业水平

进入大三学期，同学们面临的已不再是以前统一规划学习的公共基础课程，而是开始学习真正贴近自身专业的专业知识。以前的学习主要是从课堂和书本上学习一些"本本知识"，也就是所谓"大家都一样"的学业基础。到了大三，同学们真正站在了各自的专业学习道路上，这对所有同学来说，既是考验也是机遇。有的同学急于自主学习，继而偏离了原本正

确的道路；也有的同学很好地抓住了这一时机，勇于探索，奋力拼搏，进而迈向成功。很多同学认为自己已经完全适应并消化了大学学习与考试的规则，但其实大三才是个人奋斗的开始。即使前两年的学习并不怎么成功，只要现在开始努力，成功也并不遥远。大三是学习专业知识的黄金时期，对专业素养的提升至关重要。大三时的学业负担相对较轻，英语、思政、体育等课程也已经结束，仅仅剩下专业课的学习，课余时间充裕。因此，大学生可以好好利用这个时期，在专业上学习钻研相关的知识，了解专业前沿，提升专业技能水平。

(4) 大学四年级（部分专业五年级）：查遗补缺，全面弥补不足

大学生进入大学学习的最后阶段，进行反思和梳理总结是必不可少的。首先，要对自己进行全面审查，进一步认识、了解自己的世界观、人生观、价值观，把握自己的追求目标。其次，要对自己的学业进行梳理，看看自己的知识能力水平、相关学科学分绩点情况如何，必要的证书是否已经拿到，还要对已有的资源进行梳理，包括经济条件、人力资源、社会关系等。最后，还应对自己职业目标的准备情况进行检验，了解自己是否具备必要的求职技能和经验，并加深对企业的了解和行业发展前景的认知。如果发现哪些方面存在不足，要及时弥补。唯有做好万全之策，才能取得顺利毕业和就业的胜利。有的毕业生在毕业前夕才发现自己因绩点不足导致无法获得学位，有的毕业生因为缺少英语、计算机等资格证书而与目标职位失之交臂，种种教训值得警醒。应如奥斯特洛夫斯基在《钢铁是怎样炼成的》中所说："回首往事，不会因虚度年华懊悔，不会因碌碌无为羞愧。"

4. 设立学业目标的现实意义

对于在校的大学生来说，及早设计自己的学涯规划，明确自己的学业目标，在充分了解自身学什么、怎么学、什么时候学等问题的基础上提高综合素质，才有可能在将来激烈的竞争中把握住机会，获得事业上的成功。

(1) 有助于集中学习精力

如果没有设立科学正确的学业目标，大学生的时间和精力往往容易浪费在与学业无关的琐事中，虚度大学光阴。大学生设立学业目标有利于把握现在，将时间、精力和资源集中于自己选定的专业上；有利于把理想具体化，集中精力进行学习，做到对学业的顺利完成心中有数。要知道，现

在走的每一步、取得的每一个成绩，都是实现未来目标的一部分。

(2) 有助于增强学习积极性

设立详细合理的目标，有助于从入学开始就认清自己大学期间的学习目的和发展方向，并在大学期间朝着目标努力，养成积极学习和主动面对大学生活的良好习惯。培养学涯规划意识，可以激发大学生的学习动机，由"要我学"变为"我要学"，增强学习的积极性和主动性，从而提升学习效率。

(3) 有助于迎接社会挑战

从用人单位的发展和对人才的要求来看，企业越来越看重大学生的主动性和创造力。目前的大学生们普遍存在对市场需求不了解、职业发展方向不明确、职业生涯规划缺乏等问题，以至于影响大学期间的学涯规划。此外，扩招使高校毕业生数量大幅增加，使就业形势更加严峻。高校在临近毕业时的短期就业指导及培训，并不能够满足大学生就业和职业发展的需要。因此，大学新生进行有效的学涯规划，有助于增进自我认知和职业认知，提升从现在做起的紧迫感；有助于感受到自己对个人、对社会及国家的责任；有助于在大学期间更好地学习与发展，以便将来更好地适应社会，迎接时代的挑战。

(4) 有助于自我实现

设立学业目标，能够引导大学生认识自身的性格、兴趣、价值观、能力优势、潜在资源等，从而重新认识自身的价值并促使其持续增值；能够引导大学生对自己的优劣势进行对比分析，从而关注培养自己的核心竞争力；能够引导大学生树立明确的学习目标，并与职业生涯发展目标进行有机的结合，从而实现从大学生到职业人的顺利过渡，在未来的职业生涯中自我实现。

(二) 设立生活目标

1. 大学与大学生活

大学期间，是一个人世界观、人生观、价值观形成并逐渐成熟的重要时期，也是增长知识、提高技能、拓展阅历、强健体魄、锤炼意志的重要时期。学生进入大学，开始跟随学识渊博的学者遨游知识的海洋，开始有丰富多彩的课余生活，开始自主选择想要的学习和生活方式，开始独立思考人生。但是，时光不能倒流，正如毛主席说的："多少事，从来急；天地转,光阴迫。一万年太久,只争朝夕。"① 大学生应该用只争朝夕的精神努力学习,为未来的生涯发展打下坚实的基础。

2. 大学生活的目的

联合国教科文组织在《教育——财富蕴藏其中》中提出:"21世纪教育的四大支柱,即学会求知、学会做事、学会共处、学会做人"。

(1) 学会求知

大学校园是知识的海洋,为大学生的成长成才提供取之不竭的知识宝库。大学校园也是一个锻炼能力的舞台,为大学生提供了丰富的课外锻炼,如各类比赛、社会实践、学生社团和科技创新等。所有这些,都为学生的成长成才提供了良好的氛围。2013年5月4日,习近平总书记在同各界优秀青年代表座谈时的讲话中指出:"蓝图不可能一蹴而就,梦想不可能一夜成真。人间万事出艰辛。越是美好的未来,越需要我们付出艰辛努力。"对在校大学生来说,要珍惜来之不易的学习环境,学会读万卷书、行万里路,为今后的职业生涯发展做好准备。

(2) 学会做事

"天下难事,必作于易;天下大事,必作于细。"② 天下间的难事一定是由容易的事情演变而成的,天下的大事一定是从细小处开始累积的。大学的学习、生活和工作,本质就是由一件件或大或小的事情组成的。学会做事,就是遇到急事不慌乱,遇到繁杂事有条理,遇到难事有担当,一切井然有序,万事皆可成。

(3) 学会共处

成功学大师卡耐基(Dale Carnegie)曾说:"专业知识在一个人成功中的作用只占15%,而其余的85%则取决于人际关系。"③ 无论从事什么职业,学会与人共处,善于处理人际关系,按卡耐基的说法,就等于在成功路上走了85%的路程了。可见,学会共处对于个人事业发展是何等重要。在大学期间所建立起来的良好师生关系和同学关系,也会成为今后职业发展中的重要资源。大学聚集了很多优秀的、来自五湖四海的同学,在这

---

① 中央电视台《复兴之路》节目组:《复兴之路〈中〉》,中国民主法治出版社2008年版,第105页。

② 李耳:《道德经》,陕西旅游出版社2004年版,第175页。

③ 张思宏:《极简关系》,人民邮电出版社2018年版,第224页。

里，大学生可以通过社团活动或者班集体活动，与他人建立长期、稳定的人际关系，在人际交往中学会与人共处。

（4）学会做人

学会做人是四大支柱的关键和核心，也是教育的目的和根本。两千多年前，孔子就提出将是否有好的品行作为评价一个学生的标准，"齐家、治国、平天下"必须从"修身"做起。中国人民教育家、思想家陶行知先生曾说："学生不应该专读书，他的责任是学习人生之道"，即做人重于做事。一个人不管有多少知识、有多少财富，如果不懂得做人的道理，最终都不会获得真正的成功和幸福。

（三）明确主要任务

在人的一生中，有许多事情要做，其中最重要的两件事就是学做人、学做事。在大学阶段确立的目标会对今后的发展产生不可估量的影响，它与人的基本素质的完善有着密切的联系。因此，大学时期是大学生人生发展的一个非常重要的阶段，大学生在大学期间除了顺利完成自己学业的任务以外，还有更为广泛的人生任务。

1. **专业学习**

专业学习对于一个人的职业生涯有非常大的作用，它是将来从事职业所必需的准备。大学生在大学阶段一定要把自己的专业知识学深悟透，爱上自己的专业，为自己的职业生涯奠定良好的专业知识基础。

2. **社会活动**

大学的社会活动即大学生作为成人和公民尽义务、尽责任的过程，也是进一步认识社会、了解社会的过程。读万卷书，行万里路，社会活动使人获得很多书本以外的知识，是职业生涯中所必须做的准备。大学生在校期间要多参加校内外的各项社会实践活动，增长自己的见闻，有助于形成对自己的定位和对社会的定位。

3. **课外兼职**

课外兼职是指大学生在读书期间，以一个普通人的身份从事一种职业的行为。这其中既有积极的一面也有消极的一面，因此，在选择课外兼职时，要考虑到学习、实践两不误，选择合适的时机和合适的职业。

4. **考取证书**

大学期间要有步骤地取得各种职业证书和相关证书，比如教师资格证、会计从业资格证、法律职业资格证、导游资格证、CAD 工程师认证证书等，以及英语四六级证书、普通话水平测试等级证书、计算机等级证书、驾驶证等。需要注意的是，大学生应该结合自己的专业和职业目标发展来考取相关资格证书，不能盲目地考一些与职业发展无关的证书。

二、大学学涯设计

生命只有一次，学业也好，职业也罢，如果没有好好规划，很可能出现曲折甚至倒退。大学生是自己人生、学习、事业的规划者和耕耘者，应该科学设计自我发展蓝图，为实现自我价值做好准备并创造机会。

（一）专业、学业与就业

1. 了解自己的专业

现实的就业环境，提醒每位大学生必须认真思考应如何规划大学学习生活及未来的职业方向。大学生可以通过查看课程设置和专业培养目标、上网查询资料、咨询专业课教师及校友等各种方式了解自己的专业，最大限度地了解相关信息，掌握所学专业对于自己未来职业发展的影响，从而正确处理好所学专业与所选职业之间的关系。由于大学教育的专业定向性，有的同学入学后，对所学专业不感兴趣，常被气馁、自卑、抱怨、后悔等消极情绪拖累，学习十分被动；另外，出于种种原因，有些大学生进校后认为自己选错了专业，感到学习没劲。建议大学生一方面正确处理个人兴趣和社会需要之间的关系，另一方面努力培养新的专业兴趣，并扎扎实实打好基础，增强多方面的适应性。无论就读于哪个专业，都不能以"不喜欢"或"以后改行"等为由混日子。与其如此浪费光阴和金钱，不如选修一些自己感兴趣的其他专业课程。部分高校在大一下学期至大二期间允许申请转专业，大类招生到大二或大三再细分专业方向，给大学生更多熟悉和调整专业的机会。

2. 专业与就业的关系

在大学里所学的专业，是根据不同的学科发展特点与规律进行划分的。大学生所学的专业对自己的未来职业定向及职业发展具有很大影响。经过大学期间的系统学习，大学生会在各自的专业领域受到熏陶和训练，具有较高的专业修养。因此，在进行职业生涯规划时，能够根据自己的专业择业,学以致用的学生,就能使自己的专业知识积累得到发挥,可以较快、较好地适应工作岗位,有利于自己在未来的职业生涯发展中获得成功。

3. 专业、学业与职业、事业的关系

专业、学业与职业、事业,虽一字之差,意义却大有不同。当前高校的专业设置,既立足于人才的培养规律,更着眼于现实社会的需要。大学生如何看待自己所学的专业,既关系到今日的学业,也关系到未来职业选择和事业发展。

专业、学业是通向职业、事业的桥梁。专业包括专业知识的学习、专业技能的掌握和专业能力的训练。大学所设的专业一般面向一个岗位群,纵向可以涉及一个领域、一个行业,横向可涵盖社会各部门的某个层面。实用性人才培养,要求大学生在具备一个岗位群的理论知识和基本的、通用的、熟练的职业技能的同时,又能够掌握本专业有关的最新科技知识。从现实情况来看,学业只是事业的基础,事业却不一定是学业的继续。大学期间,关键是提高素质,为未来的事业发展奠定坚实的基础。专业只是学习的相对分工,而不是未来事业的必然。事实证明,一个素质高的人,会主动寻找发展的目标、空间,随时调整自己的发展方向,努力创新,正确处理各种人际关系,在事业中取得成功。

在高等教育大众化的当下,大学固然要进行必要的专业教育,但大学更应当进行人生的基础教育、事业的准备教育。因此,大学教育只是学生接受正规教育的一个阶段,要减少上大学本身的功利性;大学教育也不再是一个终结性的教育,要树立终身学习的观念。人的一生都有机会接受教育和再教育,不可有专业定终身的想法。现代社会,如果固守"专业对口"这一陈旧观念,将会使自己丧失众多的发展机会。

(二) 学涯规划内容与步骤

1. 学涯规划

进入大学不等于进了成才"保险箱"。考上大学只能说明你具备了成才的智力和知识基础,想要成才还要打通学科的藩篱,披沙拣金,付出不懈的努力,不再是"我注六经",而是"六经注我"。对于一个已进入大学学习的大学新生来说,需要思考和解决的关键问题是:

1) 该如何充分利用大学时光将自己培养成为社会所需人才?我的职

业发展目标是什么？

2）需要学习哪些理论知识，提高哪些实践能力？

3）社会需要什么样的人才？用人单位看重什么？

4）在大学学涯中，我的近期目标和长远目标是什么？如何逐步达到所设定的目标？

大学学涯规划，是指在校大学生对自己生涯发展做出的一个阶段性安排。简单地讲，就是在校大学生在指导教师的帮助下，在对自己大学生活的主客观条件进行分析、把握的基础上，确定自己大学阶段所要实现的目标，并为实现这些目标做出行之有效的安排。

大学阶段是人生的一个重要阶段，大学教育对一个人的未来发展具有重要意义。进入大学后，一些大学生对应该干什么感到十分迷惑。人生也许很长，但只有大学这几年是可以让人充分、自由地学习的时期。常常有毕业生发出这样的感慨："只有当一只脚踏出大学校门之时才知道大学应该怎样读。""如果能够重上一次大学，如果能够回到起点，我会做得更好……"对于未来的双向选择，许多学生心中充满困惑："最适合自己的职业发展机会在哪里？如何把握？""自己的学历背景和许多大学生相似，如何脱颖而出，备受青睐？"要解决这些困惑，为自己的将来赢得主动，正确的选择就是从大一开始，尽早规划自己的大学学涯。同学们要根据社会需要、社会发展趋势和个人的兴趣、特长及所学专业等确立自己大学期间努力的目标，根据目标，制订行动方案，并付诸行动，用今天的行动把握自己的未来，千万不要因为所学的东西暂时没有发挥作用，或者自己不喜欢这个专业而不去学习。

2. 学涯规划的内容与步骤

人本身是发展变化的，环境也是多变的。大学生要对自己的生涯发展做出具有前瞻性的规划与设计，减少在人生路上的徘徊与困惑，除了需要不断了解自己外，还要详细分析内外环境的优势与限制，进一步做到"衡外情、量己力"，最终走向成功。刚进入大学的新生，从入学起就应该给自己定个毕业时应该达到的目标，或是考研，或是工作，带着目的和兴趣去学习，结合自己独特的学习方法和学习习惯，摆脱高中的题海战术，不要死读书，一味地追求分数，而是要活读书。

（1）学涯规划的内容

常言道，机会总是给有准备的人。一个人的文化知识素质如何，将决定他在求职择业时的自由度和取得职业岗位的层次。大学是就业准备教育，毕业后，绝大多数人都将走向工作岗位，因此，大学生应该为几年后的就业做好知识、能力、素质等全方位的准备，珍惜大学时光，抓好学业，为未来的就业、创业、成功立业开山铺路。为此，根据社会发展和用人单位的需要，大学生应重点从以下三个方面抓好学业，做好就业准备。

1）构建合理的知识结构。培养宽厚扎实的基础知识、广博精深的专业知识，构建合理的知识结构。这一过程没有捷径可走，其基本途径只能是坚持不懈地学习和积累。这也绝非一劳永逸，必须持续不断地付出艰辛劳动，采取适合自己的科学方法，不断努力、辛苦耕耘，构建自己的知识结构。弗朗西斯·培根（Francis Bacon）曾把学习的过程生动地比喻为从"蚂蚁搬家"到"蜘蛛织网"再到"蜜蜂酿蜜"。构建自己的知识结构就好比蜘蛛织网，有了自己的知识体系后才能有所输出，好比蜜蜂酿蜜。

2）锻炼较强的实践能力。读有字之书，读无字之书。一名优秀的大学毕业生应把建构合理的知识结构、培养科学的思维方式和锻炼较强的实践能力统一起来，这样才能在择业、从业过程中立于不败之地。大学生应具备的基本能力包括表达能力、动手能力、适应能力、交际能力、管理能力、创造能力、决策能力等。

3）全面提高综合素质。知识、能力、素质是大学生社会化的三大要素。知识是素质形成和提高的基础，能力是素质的一种外在表现，没有相应的知识武装和能力展示，就不可能内化和升华为更高的心理品格。知识和能力往往只解决如何做事的问题，而提高素质可以解决如何做人的问题。综合素质主要包括思想道德素质、专业素质、文化素质、身心素质四个方面，四者相辅相成、不可分割。其中思想道德素质是综合素质的灵魂和根本，文化素质、专业素质和身心素质是基础。高素质的人才应该将做事与做人有机地结合，既把养成健全的人格放在第一位，又注重自身的全面发展。

4）制订合理的学习计划。对于任何一门课程，其目标都不是考试分数，而是厘清课程中哪些知识点是核心和重要的知识点，哪些是以后或将来有用的知识点。学生要把学习的重点放到以后有用的知识点和课程上，而且还要结合学科前沿及理解后的实践学以致用。因此，制订一份各学期的学习计划是非常必要的。大学期间，如果你找到了自己感兴趣的目标领域，你会发现学习并不枯燥，充实感油然而生，乐在其中。

(2) 学涯规划的步骤

大学生学涯规划通常涵盖评估自我、确定短期目标和长期目标、制订行动计划、选择需要采取的方式和途径几个步骤。

1) 学涯规划选定。首先，分析自己的性格、兴趣和价值取向，认定自己想干什么，选择自己喜欢的专业方向和研究领域进行钻研和学习。其次，分析自己的能力、特长，确定自己能干什么。能力是人的综合素质在现实行动中的表现，是正确驾驭某种活动的实际本领、能量和熟练水平。所以要结合自己的性格、兴趣和价值取向，在认定自己想干什么的基础上确定已经具备的能力和应该培养的能力。最后，分析未来，确定社会要求干什么。着眼将来、预测趋势，立足于社会不断发展变化的需求。避免盲目跟风，因为最热门的并不一定是最好的。选择社会需要又最适合发挥自身优势的专业方向和研究领域。要把自己的性格、兴趣、价值取向、能力、特长同社会需要结合起来，把想干什么、能干什么、社会要求干什么有机地结合起来。几方面的结合点和链接处是学涯规划的关键所在。

2) 强化学涯规划。当学涯规划选定以后，很多大学生或者束之高阁或者虎头蛇尾，结果导致学涯规划不能实施或实施后不能持久。这是因为大学生在制订学涯规划时缺少一个重要环节，即对学涯规划的强化。强化学涯规划就是规划执行者在执行之前充分运用想象，详细地罗列出达成学涯规划的利好，从而培养出积极的心态，进而增强动力，形成更大的执行力，确保学涯规划顺利完成。

3) 学涯规划的分解与行动。学涯规划总目标制定出以后，要能自上而下地分解，即制订学涯计划，并且要将目标分解到每个学期、每个学年，像剥洋葱一样，一层一层递推。可以按照以下的思路进行：

我的人生梦想是什么？

十年后我要实现的目标是什么？为了实现这个目标，我需要培养和发展的核心竞争力有哪些？

大学期间，我的目标是什么？PLAN B（方案二）是什么？

为了让自己保持进度，我需要制定的学期学习目标、月学习目标、周学习目标、日学习目标分别是什么？

别忘了，时刻保持警醒，把握新的机会和趋势哦！

4) 学涯规划的评估与反馈

在实施过程中，要及时地对环境和对自己的执行情况做出评估。评估,好比尼采在《查拉图斯特拉如是说》中讲到的,精神有三变,即"骆驼""狮子"和"婴儿"。"骆驼"犹如上大学前的你,必须听从他人的指挥、接受他人的命令,所听到的是"你应该如何";而"狮子"则是自己做决定,对自己负责,勇敢地说出"我要如何",成为大学生好比成为"狮子",要对自己负责;"婴儿"就是心灵重新回归原点,重新认识自己、成为自己。由于现实生活中种种不确定因素的存在,学涯规划的设计必须具有一定的弹性,因此,评估结果出来以后,应进行反馈,以便自己及时反省和修正学业目标,变更实施措施与计划。同时应做到定期评估与反馈:每年、每学期、每月、每日进行检查评估与反馈,进而分析原因与障碍,找出改进的方法。

5)激励与惩罚。激励措施能将人的潜能和积极性激发出来,惩罚可以防止惰性的产生。大学生一定要制定出对自己的奖励和惩罚措施:完成阶段性目标后怎样奖励自己,完不成将怎样惩罚自己。

6)监督与陪伴。你还可以和身边的同窗好友一起制定各自的学涯规划,互相监督,结伴同行。笔者的学生有过这样的成功实践:四位同学组建考研学习小组,列出每日任务并通过小程序打卡获得积分。学习小组商定了每月组织一次下午茶交流复习心得,积分最少的同学负责买下午茶。最后四位同学都考上了心仪学校的研究生。

3. 学涯规划的功能

对在校大学生来说,只有及早设计自己的学涯规划,明确自己的学业目标,提高核心竞争力,才有可能在将来激烈的竞争中把握住机会,获得成功。

(1)做好学涯规划能增强自我约束力和自我管理能力

没有学涯规划,大学生的时间、精力容易处于荒废和散乱之中,导致生活漫不经心,心态消极怠慢,很容易陷入跟学涯目标无关的琐事中,虚度大学美好光阴、浪费青春。学涯规划能让大学生明白现在做的每一点都是实现未来目标的一部分,从而注重当下的价值,积极探索未知,朝着既定目标奋斗。

(2)做好学涯规划能增强生活与学习的主动性

一份有效的学涯规划,能够引导个人认识自身的个性特质、现有的和潜在的资源优势,对自己的综合优势与劣势进行对比分析,树立明确的学业发展目标与未来职业理想,评估个人目标与现状之间的距离,学会运用科学有效的方法，采取切实可行的步骤和措施，不断增强自己的核心竞争力，实现学业目标与职业理想。从大一开始，同学们就应该认清自己的学习发展方向，并在大学期间为自己的目标努力，而不是到大四快毕业了，才开始思考自己到底想要干什么，要改变以往的被动局面，由"要我学"变为"我要学"。

（3）做好学涯规划能促使大学生积极向上和自我完善

学涯规划是个人努力的依据，也是对自我的鞭策。随着学涯规划的每一个具体目标的实现，个人会越来越有成就感，思维方式及心态就会向着更积极向上的方向转变。好的学涯规划能为个人提供完成学业的清晰路径，使自己对学业目标的实现过程有一个清晰透彻的认识，进而更有信心、勇气，从而达到自我完善。

（4）做好学涯规划有助于自我定位

大学生要不断地了解自己、发掘自己的特点，进而进行不断的调整与修正，找出自己感兴趣的领域，确定自己能干的工作及优势所在，明确进入社会的起点，其中最重要的是明确自我人生目标，即自我定位。而学涯规划确立的过程是一个有弹性的动态的规划过程，是一个认识自身优势与弱势、机会与挑战的过程，是一个自我定位、规划人生的过程，也就是一个明确"我能干什么""社会可以提供什么机会给我""我选择干什么"等问题的过程，它能使理想具有可操作性，为个人进入社会提供明确方向。

在生涯工具库（见附录）中为你准备了对应的探索练习，包括"生涯工具十：核心竞争力探索"和"生涯工具十一：我的学涯规划"。请前往探索你的核心竞争力，制订专属的学涯规划吧！

第三章　从大学生到职业人

第一节　就业形势、政策与信息搜集

一、大学生就业形势

"世界处于百年未有之大变局"是党的十八大以来,以习近平同志为核心的党中央洞察时代和世界发展大势做出的重大战略判断。"大变局"主要体现于世界在政治、经济、军事、科技、文化等领域发生的全球性、时代性、革命性变化。对大学毕业生来说,正确认识中国和世界发展大势,才能不断强化"世界在变化、时间不等人"的紧迫感、"为党分忧、为国争光"的使命感和"只争朝夕、不负韶华"的责任感。

(一) 大学生就业的有利形势

1. 我国经济发展整体表现出良好的态势

"中共十八大以来,中国贯彻创新、协调、绿色、开放、共享的新发展理念,适应、把握、引领经济发展新常态,加强供给侧结构性改革,经济保持持续健康发展,质量和效益不断提升。"① 新时代中国经济的发展亟须提高劳动者的素质、优化从业人员的知识技能、改善经营管理,这就为大学毕业生提供了一个广阔的就业空间。

---

① 国务院新闻办公室:《新时代的中国与世界》,见中华人民共和国中央人民政府网(http://www.gov.cn/zhengce/2019-09/27/content_5433889.htm)。

我国的高校毛入学率已超过了50%，高等教育迈向普及教育发展阶段。此时人均GDP突破1万美元，经济发展进入迈向高收入阶段之关键时期。随着行业的兴衰，我国社会对不同专业的高校毕业生需求量产生了不同的变化，国际化水平人才、高新科技人才等的社会需求量有所提高。

虽然新冠疫情对全球经济产生了影响，但从长期来看，我国经济长期向好的一个总体趋势不会改变，并迎来了新的机遇，比如物流、电商、通信、医疗、软件等产业前景可观，人工智能、直播网购、服务业自主化和无人化的趋势越来越明显。

2. 社会对人才的需求越来越大

随着社会的迅速进步、知识经济的崛起、各种经济成分的共同发展，社会对人才的需求越来越大。非公有制企业、乡镇企业、广大基层和欠发达地区为毕业生提供了施展才华的广阔天地。

"一带一路"倡议给经济发展提供了契机，我国中小型企业快速发展，基础建设日益增多，对人才的需求量加大。大学生是劳动力群体中的中坚力量，正面对新时代人才需求的全新变化。此外，西部大开发、粤港澳大湾区战略在为大学生就业提供新舞台的同时，也出台了一系列人才优惠政策，用以吸收有志之士。

3. 国家对大学毕业生就业高度重视

党的十九大报告提出"实现更高质量和更充分就业"新目标，要求就业注意"质"和"量"齐头并进。国务院印发的《"十三五"促进就业规划》明确提出"十三五"时期，继续把高校毕业生就业摆在就业工作首位。根据不同的就业形势，每年出台相应的就业政策和措施，为引导、协调、安排毕业生就业提供有力的保障；各级党委和政府，因势利导，拓宽就业领域，最大限度地保障毕业生优先就业。

4. 社会需求总体上仍属供不应求

中国目前仍属人才需求紧俏的国家。社会人才需求出现"假饱和"，主要在于产业转型不断升级，企业选择"机器换人"，迫使传统行业低端、重复性工作机会加速流失，低技能工作岗位劳动力供给过剩。这批劳动力主要流向了新职业，比如"骑手"受到了"80后""90后"的青睐。美团点评研究院发布的《2018年外卖骑手群体研究报告》数据显示，三分之一的骑手在送外卖之前的职业身份是产业工人。与此同时，随着技术的革新，企业对高层次、高技术人才需求量增大。因此，社会需求总体上仍属供不应求。

5. 各地人才政策越来越利于毕业生就业

一方面，严格职业资格准入制度，用人单位的新进人员以高素质的高校毕业生优先；另一方面，各地陆续推广使用电子就业协议书，贯彻落实十九大报告提出的"更高质量和更充分就业"。

6. 毕业生就业市场趋于信息化与制度化

毕业生就业逐渐实现信息化的新模式。毕业生找工作趋于线上线下同步开展，尤其在后疫情时代，线上投递简历、线上面试、线上签就业协议已成为常态。随着毕业生就业人才市场的建立和完善，有关的规章制度也相继出台，就业市场趋于规范化、制度化。例如，2020年，人社部、教育部等6部门启动了十大专项行动，包括明确开展升学扩招吸纳行动、充实基层专项计划行动、扩大毕业生参军入伍行动、开拓科研社区医疗基层岗位行动、推进企业稳岗扩就业行动、推进创业带动就业行动等多项措施，对提高毕业生就业率和就业质量有着十分重要的作用和意义。

7. 高校积极推进"三全育人"服务学生成长成才

高校积极推进全员、全过程、全方位育人综合改革，不断优化调整培养计划，推进教育教学改革，促进校企合作，积极为毕业生提供就业指导与服务工作，努力促进毕业生充分就业。比如高校定期邀请企业家、优秀校友、专业人士进课堂，与大学生沟通交流理想、事业、就业、择业等，用一个个案例厚植学生就业择业观念、融入职业生涯发展设计，为毕业生提供了良好的指导。

（二）大学生就业的不利形势

1. 高校毕业生就业形势依然复杂严峻

随着我国教育事业的发展和高校教育的普及，近年高校不断扩招，高校毕业生数量庞大，大学生就业形势依然复杂严峻。经济中高速增长成为我国新阶段的新常态，受疫情对就业的深层次影响，劳动力市场供给不足，就业压力不容乐观。

2. 大学毕业生就业结构性矛盾凸显

大学生就业出现结构性矛盾，包括地区结构、专业结构等。就业受到经济发展的影响，经济相对较发达的地区，就业形势好，人才充足；西部欠发达地区，就业情况不理想，缺乏人才或留不住人才，导致经济发展缓慢。《2019中国劳动力市场发展报告》指出："大学生就业结构性矛盾突出，具体表现为文科毕业生就业困难，理工科人才短缺。"

3. 大学毕业生就业市场建设任重道远

随着国家对高校毕业生就业制度的改革，毕业生择业主要经历了两个阶段的变化。第一阶段是在计划经济体制下，以国家负担培养费用、实行"统包统分"为标志的就业分配制度。第二阶段是伴随社会主义市场经济体制逐步建立的人事分配制度改革，毕业生择业方式逐步转变为"双向选择，自主择业"。"十四五"时期，围绕高质量发展主题，高校的就业市场建设工作任重道远。

4. 用人单位人才高消费

用人单位对人才高消费的错误观念，如"研究生多多益善，本科生等等再看，中专生靠一边站"，是造成当前大学生就业难的一个原因。一些用人单位不从实际出发，对本单位的用人标准盲目提高，追求人才高消费，追求高学历，本来专科生可以做的事一定要本科生做，本科生做的事要硕士生做。高学历毕业生成为用人单位摆设的"花瓶"，成为单位做年报或对外宣传时的一组光彩的统计数字。这种人才高消费妨碍了人才的合理使用，本质上是对人才资源的一种浪费。

5. 毕业生择业期望值过高

毕业生就业的"眼高手低"仍然是目前高校毕业生就业工作中的主要难题。新时代毕业生一般没有养家糊口的压力，"被动就业"不再成为他们实现人生价值的首选。有的毕业生入职后感觉工作与心理预期不一致，便会断然辞职；有的毕业生对薪水、福利待遇要求过高，不顾自身的条件，导致用人单位不敢接收；有的毕业生片面追求大城市，如北京、上海、广州、深圳等，不愿去小城市发展；有的大学生存在"学而优则仕"的观念，看重国家机关、事业单位、国有大型企业等，对一些小企业不感兴趣，致使高不成低不就。要知道，职业生涯的发展，要从基层做起，从基础做起，要靠不畏困苦的坚定决心，要靠久久为功的韧劲。

无论就业形势如何，机会总会青睐有准备的人。大学生只要能够认清形势，不断提高自身素质，增强自己就业竞争力，同时改变就业观念，调整择业心态，定能在激烈的竞争中找到适合自己的职业，进入生涯发展的新阶段。

二、高校毕业生就业政策与法规

（一）高校毕业生到基层就业的相关政策

1. 基层就业及其项目

基层就业就是到城乡基层工作。国家近几年出台了一系列优惠政策，鼓励高校毕业生积极参加社会主义新农村建设、城市社区建设和应征入伍。许多省市推出人性化举措，政府出钱出政策，支持大学生到基层就业。一般来讲，基层既包括广大农村，也包括城市街道社区，既涵盖县级以下党政机关、企事业单位，也包括社会团体、非公有制组织和中小企业，既包含单位就业，也包括自主创业、自谋职业。

近年来，中央各有关部门主要组织实施了五个引导高校毕业生到基层就业的专门项目，包括：团中央、教育部、财政部、人力资源社会保障部从 2003 年起联合实施的"大学生志愿服务西部计划"（简称"西部计划"）；中组部、人力资源社会保障部、教育部等八部门从 2006 年开始组织实施的"三支一扶"（支教、支农、支医和扶贫）计划；教育部等四部门从 2006 年开始组织实施的"农村义务教育阶段学校教师特设岗位计划"（简称"特岗计划"）；中组部、教育部等部门从 2008 年起组织实施的"选聘高校毕业生到村任职工作"（简称"大学生村官"）；农业部、人社部、教育部等三部门从 2013 年起组织实施的"农业技术推广服务特设岗位计划"。

2. 基层就业主要优惠政策

梳理《国务院办公厅关于做好全国普通高等学校毕业生就业工作的通知》（国办发〔2013〕35 号）和中共中央办公厅、国务院办公厅印发的《关于进一步引导和鼓励高校毕业生到基层工作的意见》（中办发〔2016〕79 号）等文件，对于基层就业主要的优惠政策有：

第一，各地要根据统筹城乡经济和加快基本公共服务发展的需要，大力开发社会管理和公共教育、医疗卫生、文化等领域服务岗位，增加高校毕业生就业机会。要进一步完善相关政策，重点解决好他们在工资待遇、社会保障、人员编制、户口档案、职称评定、教育培训、人员流动、资金支持等方面面临的实际问题，鼓励和引导高校毕业生到城乡基层特别是城市社区和农村教育、医疗卫生、文化、科技等基层岗位工作。

第二，对到农村基层和城市社区从事社会管理和公共服务工作的高校毕业生，符合公益性岗位就业条件并在公益性岗位就业的，按照国家现行促进就业政策的规定，给予社会保险补贴和公益性岗位补贴。

第三，对到农村基层和城市社区其他社会管理和公共服务岗位就业的，给予薪酬或生活补贴，同时按规定办理有关社会保险。

以广东省为例，根据《广东省人力资源和社会保障厅广东省财政厅关于扩大"三支一扶"计划招募规模及提高"三支一扶"人员补贴标准的通知》（粤人社发〔2019〕50号），"从2019年1月起，'三支一扶'人员工作生活补贴标准提高到每人每月不低于3600元"，"省财政按每人每月588元标准给予'三支一扶'人员社保补贴"，"由省财政承担的'三支一扶'人员每人每年1000元交通补贴、在岗服务满六个月的2000元一次性安家补贴及服务期间每人3000元能力提升专项计划补贴维持不变"。

第四，对到中西部地区和艰苦边远地区县以下基层单位就业并履行一定服务期限的高校毕业生，以及应征入伍服义务兵役的高校毕业生，按规定实施相应的学费补偿和国家助学贷款代偿。

第五，省级以上机关录用公务员，除部分特殊职位外，均应从具有两年以上基层工作经历的人员中录用。市（地）级以下机关特别是县乡机关招录公务员，应采取有效措施积极吸引优秀应届高校毕业生报考，录用计划应主要用于招收应届高校毕业生。

第六，对具有基层工作经历的高校毕业生，在研究生招录和事业单位选聘时实行优先。

此外，近年高校毕业生应征入伍的新政策有：2018年征兵政策放宽了身高、体重与视力的要求，入伍政策也向大学生做了很多倾斜政策；2019年各省大学生参军的福利待遇也有了很大的提升。以北京为例，服役两年期间，本科生最低可以获得21.4万元，专科生最低可以获得20.6万元，非京籍的还能帮助解决落户问题。

3. 基层就业主要岗位

（1）基层社会管理和公共服务岗位

基层社会管理和公共服务岗位包括大学生村官、支教、支农、支医、乡村扶贫，以及城市社区的法律援助、就业援助、社会保障协理、文化科技服务、养老服务、残疾人居家服务、廉租房配套服务等岗位。

人力资源社会保障部下发《关于公布第一批基层社会管理和公共服务岗位目录的通知》，向社会公布第一批基层社会管理和公共服务岗位目录，以指导各地做好鼓励和引导高校毕业生到基层就业的工作。这批发布的岗位目录共分为基层人力资源和社会保障管理，基层农业服务，基层医疗卫生服务，基层文化科技服务，基层法律服务，基层民政、托老托幼、助残服务，基层市政管理、基层公共环境与设施管理维护及其他等九大类领域，包括在街道（乡镇）、社区（村）等基层单位从事公共就业服务、社会保障、劳动关系协调、劳动监察、农业、扶贫开发、医疗、卫生、保健、防疫、文化、科技、体育、普法宣传、民事调解、托老、养老、托幼、助残、公共设施设备管理养护等相关事务管理服务工作的50种岗位。

(2) 公益性岗位

公益性岗位是指由政府开发、以满足社区及居民公共利益为目的的管理和服务岗位。对符合条件在公益性岗位安置就业的就业困难人员，按规定给予社会保险补贴和岗位补贴。符合公益性岗位安置条件且就业困难的高校毕业生，可按规定享受公益性岗位就业援助政策。

(3) 农村义务教育阶段学校教师特设岗位计划

教育部、财政部、原人事部、中央编办下发《关于实施农村义务教育阶段学校教师特设岗位计划的通知》，联合启动实施"特岗计划"，公开招聘高校毕业生到"两基"攻坚县农村义务教育阶段学校任教。特岗教师聘期三年。

"特岗计划"的实施范围以国家西部地区"两基"攻坚县为主（含新疆生产建设兵团的部分团场），包括纳入国家西部开发计划的部分中部省份的少数民族自治州，适当兼顾西部地区一些有特殊困难的边境县、少数民族自治县和少小民族县。实施范围扩大到中西部地区国家扶贫开发工作重点县。

(4) 选聘高校毕业生到村任职

中组部、教育部、财政部、人力资源和社会保障部出台了《关于印发〈关于选聘高校毕业生到村任职工作的意见（试行）〉的通知》（组通字〔2008〕18号），计划用五年时间选聘10万名高校毕业生到农村担任村党支部书记助理、村委会主任助理或团支部书记、副书记等职务。从2010年开始，扩大选聘规模，逐步实现"一村一名大学生村官"计划的目标。选聘的高校毕业生在村工作期限一般为2～3年。

(二) 高校毕业生参加就业见习的相关政策

1. 就业见习及其参与途径

就业见习,是指由各级政府有关部门组织对离校后未就业毕业生到企事业单位实践训练的就业扶持措施。

人力资源社会保障部门通过媒体、公共就业和人才服务机构及电视、网络、报纸等多种渠道,发布就业见习信息,公布见习单位名单、岗位数量、期限、人员要求等有关内容,或者组织开展见习单位和高校毕业生的双向选择活动,帮助离校未就业高校毕业生和见习单位对接。离校后未就业回到原籍的高校毕业生可与原籍所在地人力资源社会保障部门及当地团组织联系,主动申请参加就业见习。高校毕业生就业见习期限一般为3～12个月。高校毕业生就业见习活动结束后,见习单位对高校毕业生进行考核鉴定,出具见习证明,作为用人单位招聘和选用见习高校毕业生的依据之一。在见习期间,由见习单位正式录(聘)用的,在该单位的见习期可以作为工龄计算。

2. 就业见习的政策

(1) 高校毕业生参加就业见习的政策和服务

高校毕业生参加就业见习享受的政策和服务包括:获得基本生活补助(基本生活补助费用由见习单位和地方政府分担,各地要根据当地经济发展和物价水平,合理确定和及时调整基本生活补助标准);免费办理人事代理;办理人身意外伤害保险;见习期满未被录用可继续享受就业指导与服务。

以广东省为例,根据《关于印发〈广东省省级促进就业专项资金使用管理办法〉的通知》(粤财社〔2014〕188号),第七条(五)高校毕业生就业见习补贴:"离校未就业高校毕业生参加由县级以上人力资源社会保障部门认定的见习单位安排的见习活动,可享受就业见习补贴,补贴标准不低于当地最低工资标准的80%。见习补贴由见习单位和政府共同承担,其中政府按最低工资标准的50%承担,补贴期限最长为6个月。"

(2) 见习单位的优惠政策

单位吸纳离校未就业高校毕业生参加就业见习的,由见习单位先行垫付见习人员见习期间基本生活补助,再按规定向当地人力资源社会保障部门申请就业见习补贴。就业见习补贴申请材料应附:实际参加就业见习的人员名单、就业见习协议书、见习人员身份证及登记证复印件、见习人员大学毕业证复印件、企业（单位）发放基本生活补助明细账（单）、企业（单位）在银行开立的基本账户等凭证材料。经人力资源社会保障部门审核后，财政部门将资金支付到企业（单位）在银行开立的基本账户。见习单位支出的见习补贴相关费用，不计入社会保险缴费基数，但符合税收法律法规规定的，可以在计算企业所得税应纳税所得额时扣除。

（三）就业困难高校毕业生的相关帮扶政策

1. 就业困难高校毕业生的界定

就业困难高校毕业生包括派遣期内本市户籍城镇零就业家庭高校毕业生、农村零转移就业贫困家庭高校毕业生、持有《中华人民共和国残疾人证》高校毕业生、享受最低生活保障家庭的高校毕业生。此外，本市户籍超出派遣期一年内仍未实现初次就业且未办理失业登记的高校毕业生可认定为就业困难高校毕业生。

2. 就业困难高校毕业生的主要帮扶政策

国家历来重视就业困难高校毕业生就业情况，目前针对就业困难高校毕业生的就业政策主要包括经济补贴和就业帮扶。

教育部的相关政策规定："各级机关考录公务员、事业单位招聘工作人员时，免收困难家庭高校毕业生的报名费和体检费。为帮助困难家庭的高校毕业生求职就业，高校一般都会安排经费作为困难家庭毕业生的求职补助，或对已成功就业的困难家庭毕业生给予奖励。困难家庭的毕业生可向所在院系书面申请。学校也应根据平时掌握的情况，对困难家庭的毕业生给予主动帮助。从2013年起，对享受城乡居民最低生活保障家庭、获得国家助学贷款的毕业年度内高校毕业生，可给予一次性求职创业补贴，补贴标准由各省级财政、人力资源社会保障部门会同有关部门根据当地实际制定，所需资金按规定列入就业专项资金支出范围。"①

各省市出台了针对贫困毕业生就业的多项政策措施。以广东省为例，根据《关于印发〈广东省省级创业带动就业专项资金管理办法〉的通知》（粤财社〔2014〕188号），主要的帮扶政策包括以下九个方面：

---

① 《高校毕业生就业创业政策百问》，见教育部政府门户网站（http://www.moe.gov.cn/jyb_xwfb/xw_zt/moe_357/jyzt_2018n/2018_zt24/）。

一是普通高等学校毕业学年学生（毕业学年指毕业前一年7月1日起的12个月，含非广东生源）参加职业技能培训，经考核合格取得职业资格证书（含计算机信息高新技术考试合格证书），给予职业技能培训补贴。

二是用人单位招用就业困难人员，与其签订一年以上期限劳动合同并按规定缴纳社会保险费的，按其为就业困难人员实际缴纳的基本养老保险费、基本医疗保险费、失业保险费、工伤保险费、生育保险费给予补贴，补贴期限除对距法定退休年龄不足五年的人员可延长至退休外（以初次核定其享受社会保险补贴年龄为准，下同），其余人员最长不超过三年。

三是毕业五年内高校毕业生自主创业，本人及其招收的应届高校毕业生（包括毕业学年高校毕业生及按发证时间计算，获得毕业证书起12个月以内的高校毕业生，下同）可同等享受用人单位招收就业困难人员社会保险补贴政策。

四是就业困难人员和离校未就业高校毕业生灵活就业后，向公共就业人才服务机构申报就业并以个人身份缴纳社会保险费的，可给予不超过其实际缴费额2/3的社会保险补贴，补贴期限除对距法定退休年龄不足五年的人员可延长至退休外，其余人员最长不超过三年。劳务派遣单位招用的劳务派遣员工不享受社会保险补贴政策。

五是用人单位招用就业困难人员，与其签订一年以上期限劳动合同并按规定缴纳社会保险费的，按其实际招用人数给予岗位补贴。毕业五年内的高校毕业生到乡镇、街道、社区等基层岗位就业（含"三支一扶"和大学生村官等大学生服务基层项目），从事社会管理和公共服务工作，可同等享受用人单位招收就业困难人员岗位补贴政策。岗位补贴每人每月不得低于200元，不得高于当地最低工资标准的50%，补贴期限除对距法定退休年龄不足五年的人员可延长至退休外，其余人员最长不超过三年。劳务派遣单位招用的劳务派遣员工不享受岗位补贴政策。

六是应届高校毕业生到中小微企业就业，与企业签订一年以上期限劳动合同并按规定参加社会保险的，可由企业所在地给予毕业生本人一次性2000元的就业补贴。

七是在毕业年度（指毕业所在自然年，即1月1日至12月31日）内有就业意愿并积极求职的城乡困难家庭（指持有城乡低保证、五保供养证、特困职工证、扶贫卡和零就业家庭证明等的家庭，下同）高校毕业生和残疾高校毕业生，可申请求职补贴，补贴标准为每人1500元。

八是乡镇（街道）、社区人力资源社会保障、民政、文化、司法、青少年服务等社会公共管理和社会服务岗位，吸纳毕业三年内的"双困"（家庭困难和就业困难）高校毕业生就业，可给予最长不超过两年的工资补贴。补贴标准原则上参照当地同条件事业单位工作人员工资水平确定。

九是登记失业的困难家庭应届高校毕业生或登记失业满六个月的应届高校毕业生（办理失业登记时属应届毕业生），可申请最长不超过六个月的临时生活补贴，补贴标准按户籍所在统筹地区的失业保险金标准确定。

（四）大学生就业相关法律法规

大学生提高自我保护意识和维权意识，需要熟悉和掌握国家有关法律、法规，一旦在求职应聘、签订就业协议和劳动合同过程中遇到权益受到侵害的情况，需运用法律武器，争取和维护自身合法权益。

1.《中华人民共和国劳动法》

《中华人民共和国劳动法》于1994年7月5日由第八届全国人民代表大会常务委员会第八次会议通过。根据2009年8月27日第十一届全国人民代表大会常务委员会第十次会议《关于修改部分法律的决定》第一次修正。根据2018年12月29日第十三届全国人民代表大会常务委员会第七次会议《关于修改〈中华人民共和国劳动法〉等七部法律的决定》第二次修正。[1] 目的是"保护劳动者的合法权益，调整劳动关系，建立和维护适应社会主义市场经济的劳动制度，促进经济发展和社会进步"。适用的范围是："在中华人民共和国境内的企业、个体经济组织和与之形成劳动关系的劳动者，国家机关、事业组织、社会团体和与之建立劳动合同关系的劳动者。"其内容包括："劳动者的基本权利和义务、促进就业、劳动合同和集体合同、工作时间和休息休假、工资、劳动安全卫生、女职工和未成年职工特殊保护、职业培训、社会保险和福利、劳动争议、监督检查、法律责任。"

大学生应着重了解《中华人民共和国劳动法》中关于劳动者应享有的各项权利："平等就业和选择职业的权利、取得劳动报酬的权利、休息休假的权利、获得劳动安全卫生保护的权利、接受职业技能培训的权利、享

---

[1]《中华人民共和国劳动法》，见中国人大网（http://www.npc.gov.cn/npc/c30834/201901/ffad2d4ae4da4585a041abf66e74753c.shtml）。

受社会保险和福利的权利、提请劳动争议处理的权利以及法律规定的其他权利。"此外,还需明确:"劳动者应当完成劳动任务,提高职业技能,执行劳动安全卫生规程,遵守劳动纪律和职业道德。""用人单位应当依法建立和完善规章制度,保障劳动者享有劳动权利和履行劳动义务。"

2.《中华人民共和国劳动合同法》

《中华人民共和国劳动合同法》是为了完善劳动合同制度,明确劳动合同双方当事人的权利和义务,保护劳动者的合法权益,构建和发展和谐稳定的劳动关系而制定的。由第十届全国人民代表大会常务委员会第二十八次会议于2007年6月29日修订通过,自2008年1月1日起施行。《全国人民代表大会常务委员会关于修改〈中华人民共和国劳动合同法〉的决定》已由中华人民共和国第十一届全国人民代表大会常务委员会第三十次会议于2012年12月28日通过,自2013年7月1日起施行。[①]《中华人民共和国劳动合同法》被誉为劳动者的"保护伞",为构建与发展和谐稳定的劳动关系提供法律保障。作为我国劳动保障法治建设进程中的一个重要里程碑,劳动合同法的修改有着深远的意义。[②]《中华人民共和国劳动法》与《中华人民共和国劳动合同法》都是为了保护合法的劳动关系和双方的合法利益而制定的法律,《中华人民共和国劳动合同法》是《中华人民共和国劳动法》的特别法,在关于劳动合同的问题上,优先适用《中华人民共和国劳动合同法》。《中华人民共和国劳动合同法》:一方面,立法宗旨是为了保护劳动者的合法权益,强化、构建和发展和谐稳定的劳动关系;另一方面,解决用人单位与劳动者不订立劳动合同的问题,以及解决合同短期化问题。

3.《中华人民共和国就业促进法》

《中华人民共和国就业促进法》是为促进就业,促进经济发展与扩大就业相协调,促进社会和谐稳定而制定的法律。于2007年8月30日由第十届全国人民代表大会常务委员会第二十九次会议通过,自2008年1月

---

① 《中华人民共和国劳动法》,见中国人大网(http://www.npc.gov.cn/wxzl/wxzl/2000-12/05/content_4622.htm)。

② 全国人大常委会办公厅:《中华人民共和国劳动合同法(最新修正本)》,中国民主法治出版社2013年版,第2页。

1日起施行。①《中华人民共和国就业促进法》第一章总则明确说明："为了促进就业，促进经济发展与扩大就业相协调，促进社会和谐稳定，制定本法。""国家把扩大就业放在经济社会发展的突出位置，实施积极的就业政策，坚持劳动者自主择业、市场调节就业、政府促进就业的方针，多渠道扩大就业。""劳动者依法享有平等就业和自主择业的权利。劳动者就业，不因民族、种族、性别、宗教信仰等不同而受歧视。"

《中华人民共和国就业促进法》给大学生提供了明确的法律依据，尤其是毕业生应多加关注。《中华人民共和国就业促进法》第二十五条"各级人民政府创造公平就业的环境，消除就业歧视，制定政策并采取措施对就业困难人员给予扶持和援助"针对用人单位实施就业歧视的行为给予明确否定。第二十六条"用人单位招用人员、职业中介机构从事职业中介活动，应当向劳动者提供平等的就业机会和公平的就业条件，不得实施就业歧视"明确规范用人单位和职业中介机构的招聘行为。第二十七条"国家保障妇女享有与男子平等的劳动权利。用人单位招用人员，除国家规定的不适合妇女的工种或者岗位外，不得以性别为由拒绝录用妇女或者提高对妇女的录用标准。用人单位录用女职工，不得在劳动合同中规定限制女职工结婚、生育的内容"明确保障妇女、少数民族、残疾人、传染病患者等的劳动权利，招聘信息中不应出现对性别、民族的限制条件。

三、就业信息搜集与处理

与大学生择业密切相关的就业信息，主要包括行业的用人动态及用人单位提供的就业岗位。搜集一定数量的与自己择业目标和方向有关的人才需求信息，是毕业生职业选择的必要前提。同时，毕业生要善于处理搜集来的各种就业信息，去伪存真，取精弃糟。

（一）就业信息的搜集

就业信息搜集的渠道非常多，每种渠道都有各自的特点，毕业生要善于利用各种渠道搜集、整理信息。信息搜集渠道的选择并不重要，重要的

---

① 《中华人民共和国劳动法》，见中国人大网（http://www.npc.gov.cn/wxzl/wxzl/2000-12/05/content_4622.htm）。

是能搜集到真实可靠、确实对自己求职择业有帮助作用的就业信息。常见的就业信息搜集渠道主要有以下五种。

1. **学校就业指导机构**

就业指导中心是高校专门负责毕业生就业工作的机构，它既与毕业生就业工作所涉及的各级主管部门之间保持着密切联系，同时也是用人单位选择毕业生所依赖的一个主要部门。因此，毕业生通过就业指导中心可以得到许多用人单位的需求信息。

通过学校就业指导中心所获得的信息针对性较强，且有时效性。用人单位一般都是在掌握了各校的专业设置、生源情况和教学质量等信息后，才有目的地向学校发出需求信息，因此，这些信息完全是针对应届毕业生的，甚至是专门针对该校毕业生的用人信息。而为了对毕业生负责，在把用人单位的需求信息公布给毕业生之前，就业指导中心一般要先对信息进行审核，以保证信息的真实可靠性。

此外，就业指导中心还会根据上级有关部门的精神和指示，发布各种新的就业政策和规定，大学生可以通过本校的就业指导中心了解本年度当地就业的动态变化及各种就业信息资料。

需要注意的是，本校就业指导中心的就业信息多来自与本中心或本高校联系密切的用人单位，而对其他的用人单位或其他行业领域的信息则比较缺乏，导致这些信息具有一定的局限性与片面性。因此，毕业生除了这一主渠道外，还应该主动积极地寻找和开辟其他渠道去了解就业信息，赢得择业竞争中的主动权。

2. **人才中介机构**

各省、市、区建立的劳务市场或人才交流中心的主要任务是收集、发布人才供求信息，传递人才余缺信息，办理人才交流登记，为用人单位招聘人才，为个人求职做好中介服务和管理工作。中介机构属于横向收集信息的渠道，通过社会劳动力市场获得的信息量大，且行业范围涵盖很广。

需要注意的是，在与这些机构打交道时，一定要选择背景可靠、声誉好及专业性比较强的机构。因为有的机构名不副实，有的纯以经济利益为目的，还有的甚至专门利用毕业生求职心切同时又缺乏社会经验的弱点，设置招聘陷阱，使一些毕业生非但没找到工作还上当受骗。常见的风险主要有以下四种，需要引起大学生的高度警惕。

（1）冠冕堂皇

中介公司看上去像模像样，既有气派的写字间，还有先进设备装点门面,给人感觉很正派,但出示的经营许可证都是复印件,而这些复印件不是假的,就是已经过期作废的,或者是冒用的。

(2) 调虎离山

有些设在本地的中介机构,专门将求职者介绍到外地,尤其是治安较差的中小城市去面试,将求职者引到目的地后再行骗。

(3) 双簧勾结

有的中介机构纯粹是为了骗取中介费,他们与一些不法工厂或企业勾结起来,合伙坑害求职者。这些中介在收取了介绍费后,会将求职者介绍到这些工厂或企业面试,工厂或企业在面试后或试用后告知求职者不合录用要求,然后与中介分赃。

(4) 打游击

一些非法中介打一枪换一个地方,连检查部门也无法摸清他们的行踪,被骗的求职者更是投诉无门。同学们平时不妨多看一些报纸和电视,多关心一些社会新闻,增加自己的社会经验,在遇到事情时要多思考,以防止上当受骗。到人才中介机构求职,一定要多留个心眼,最好是到政府办的公益性职业介绍机构。若一定要到社会办的职业介绍机构,则要重点关注其合法标志,即劳动部门颁发的人才市场中介服务许可证和工商行政管理机关颁发的营业执照,而且许可证和营业执照必须是在有效期内的原件而非复印件,还需要看有无涂改的痕迹。特别要注意的是,当自己的合法权益受到侵害的时候,可以通过当地的举报电话向有关部门举报。

3. 各种媒体

在传媒业高度发展的今天,广播、电视、报纸、杂志等新闻媒体会以定期或不定期的形式发布人才供求信息。在广州,每天出版的各种报纸上都会发布大量的招聘信息,比如《广州日报》的"求职广场"、《南方都市报》的"英雄会"、《广州青年报》的"前程周刊"、《羊城晚报》的"求职易"等。还有中央电视台CCTV-7频道的"劳动就业"节目,每周星期一至星期五的13:05开始,分别介绍长三角、珠三角、西部地区、东北地区等地的招工用工情况。通过这些媒介,求职者可以掌握人才需求的动态,了解到用人单位的工作性质、所需人才的条件和工作待遇等。这种渠道发布的就业信息传播广、速度快、信息量大,求职者通过这些渠道能比较容易发现择业机会。

随着信息时代的来临,新媒体的应用越来越普遍,新媒体招聘也逐渐成为一种潮流。网络作为一个庞大的信息和服务资源基地，已在各个领域发挥了巨大的作用，越来越多的用人单位和职业介绍机构也开始选择在新媒体发布招聘广告或提供人才供求信息。这对用人单位和求职者来说是一个双赢的局面。

毕业生可通过各种媒体查找所需要的用人单位信息，并根据个人情况选用这些信息，发出求职信。这种方法简单易行，但要注意的是，虽然这种方式主动性强，但比较盲目，成功率较低。所以在缺乏信息的情况下，可以尝试使用这种方式，但不应该将它作为搜集就业信息的主渠道。同时，在收集信息时，注意应选看那些正规的招聘类报纸，而尽量少地看那些不太负责任的小报或免费的招聘广告。

4. 社会关系网络

人是生活在社会中的，所以每个人的社会关系网络对毕业生求职信息的搜集来说，也是非常重要的一种途径。通过自己的家庭成员、亲戚、朋友、熟人、邻居、老师及校友等社会关系，来了解自己感兴趣的或者专业对口的职业情况，获取信息并建立一个就业信息关系网络，这对于一个刚踏上求职门槛、对社会分工与职业状况不太了解的大学生来说，是非常有效的。

在对社会关系网络成员提供的职业信息感兴趣时，大学生需要着重了解关于该职业领域的以下几方面内容：

1）用人单位的现实情况，如技能要求、工作环境、工作日程等，并与自己的兴趣及能力做一番比较，检验自己能否与该用人单位和谐共处。

2）未来雇主所关心的一些话题及面试的方法。自己作为一个可能被聘用的人选的优点和缺点是什么，哪些经验可以协助自己做好准备或具备资格来从事这份职业，目前类似这种条件的人在该企业里的就业机会如何。

3）该职业领域可拥有的最具价值的技能是什么，自己该从哪方面去增强核心竞争力。

4）供职者的感受。如果信息提供者本人是该用人单位的职员，那么可以向其了解该职位的主要职责是什么，最喜欢这个领域里的什么东西，不喜欢的又是什么，所面临的最大挑战是什么，认为企业会向哪个方向发展，等等。

同学们还需要定期地跟自己关系网络中的朋友保持联系，甚至在自己找到了工作之后，还可以把就业信息网络转换成职业参考网络，并贯穿于自己职业生涯的始终，为自己的职业发展提供不间断的、有益的外部支持和帮助。

5. 社会实践与教学实习

高校组织的社会实践和教学实习等活动，与学生所学的专业知识紧密联系。教学实践活动的开展，有利于学生开阔视野，更有利于学生接触社会、体验职业，使大学生真正了解各种单位的情况、对人才的需求状况和具体的要求，而且信息准确可靠，是学生自我开发职业信息、推荐自我的一个很好的途径。

（二）就业信息的处理

在通过各种途径得到就业信息后，还需要进行筛选和排序，即结合自身的实际情况，有针对性地进行排列、整理和分析，去掉无效的、过时的甚至是虚假的信息，使之更好地、更有效地为自己的求职服务。因此，在充分获取信息之后，同学们不要急于求职，而应根据自身的情况，认真地分析这些信息，有选择地参加应聘。

大学生可以通过以下步骤对所获取的信息进行分析，以获得真正有利于自己、符合自己职业目标和方向的就业信息。

1. 信息的真伪辨识

目前关于人才需求的信息非常多，求职者搜集到就业信息后，首先要判别这些信息的真实可靠性。一般来说，真实可靠的招聘信息都是经人力资源与社会保障部门核准的，或通过高校就业指导中心向毕业生发布，或由人才市场电子信息及招聘信息橱窗公开发布，或在正规报刊、广播、电视、网站等媒体上发布。但也不能认为报纸上、网络上的信息就肯定是可靠的，朋友介绍的也不一定就没有可疑之处。遇到自己认为很重要的信息，在求职前一定要先打听清楚它的来龙去脉，证实它的真实性，以免上当受骗。常见的风险主要有以下五种，大学生要严加防范。

（1）虚假招聘

典型的虚假就业信息或招聘广告多数是四处张贴或派发的招聘小广告，这种广告绝大多数都是虚假的。还有，要防范基本资料不全的招聘信息。比如，某些用人单位在发布招聘广告时只公布电话号码或信箱，而没有单位地址；有的甚至只有手机号码，没有单位的名称。此外，有一些单位故意夸大招聘岗位的"头衔",比如把销售人员称为"销售经理",把杂工说成"办公室文秘"。

(2) 骗取财物

有些虚假招聘信息以考核或录用作为诱饵,骗大学生支付信息费、报名费、登记费、资料费、推荐费、注册费等名目繁多的各类费用。等大学生缴费后,就寻找借口将应聘学生拒之门外并以种种理由拒退财物。

(3) 高薪陷阱

高薪陷阱一般是通过开出极具诱惑力的薪水标准,或是针对薪水中的一些不确定收入进行虚假或模糊的承诺,诱使应聘者上当受骗。毕业生需防范招聘条件过于诱人的广告,遇到超出预期的高薪或高职位时务必分辨其是否高薪陷阱。

(4) 试用期陷阱

试用期,是指劳动关系当事人双方建立劳动关系时,依照法律规定,在平等自愿、协商一致的基础上订立劳动合同的同时,在劳动合同期限之内特别约定的一个供当事人双方互相考察的、合同解除条件亦无严格限制的期限。① 在现实中,试用期往往被认为是用人单位对劳动者的试用。这种认识偏差导致有些用人单位随意规定试用期的期限,或者试用期结束就找各种理由辞退员工,达到榨取廉价劳动力的目的。一些用人单位还通过超额招聘员工,进行所谓的试用期择优录取来榨取员工试用期内的工作成果。

(5) 传销陷阱

传销组织通常利用亲属、同学、朋友、老乡等身份,以职业介绍、招聘兼职等方式利诱、欺骗在校学生。如果突然接到素不相识且自己从未联系过的用人单位的招聘者打来的电话,毕业生要提高警惕,这是非法传销组织的惯用伎俩。学生一旦上门求职,就会被传销组织控制。传销组织往往使用暴力、胁迫等手段,切断学生与外界的一切联系,并胁迫学生诱骗亲友加入,严重损害学生的身心健康。

2. 信息的积累与筛选

招聘信息是相对独立的,当我们收集了一定数量的信息之后,需要通

---

① 谢炳城:《关于试用期,你可能存在这些误读》,载《人力资源》2018 年第 2 期,第 46～48 页。

过自己的分析，使这些信息能够客观地反映当前就业的趋势和市场的人才需求，对当前的就业状况有一个全面的了解，从而使这些信息成为自己择业的依据。当然，我们也要有目的地去收集信息，避免范围过大而浪费时间和消耗精力。

然后，将自己感兴趣的真实信息由重要至次要排序，从中选取出对自己来说最重要的信息并认真加以分析，而一般的信息则仅用来参考，这样有利于明晰求职的重点目标和具体方向。

3. 信息的价值分析

求职者在求职前还应该思考该信息传递出来的内在含义，比如这个信息所包含的要求到底是什么、用人单位到底要招聘什么样的人等。同时，应结合自身条件来考虑自己与该职业是否匹配，比如自己有什么优势、该职位是否符合自己的个性、要展示哪些方面去打动用人单位以取得职位等。只有充分考虑了这些因素，在求职时才能争取主动。

分析就业信息应当注意以下三个问题。

(1) 关注岗位要求

真实有效的信息不一定都对求职有用，如某用人单位要招一名本科以上学历、具有相关工作经验两年以上的会计人才，这个岗位对一个应届毕业的会计专业大专毕业生来说，就显然不合适了。若你是一名会计专业的本科毕业生，有会计的实习或兼职经历，则建议尝试投出简历。因为工作经验可以是非全职的工作。要知道，用人单位招聘的职位要求与自己的条件相符或相近时，应聘才会有较大的希望。

(2) 关注招聘人数

有的用人单位在所发布的招聘信息上明确表明只招一两个人。应聘者对这种情况应鉴别是否值得投入应聘。为提高求职的成功率，求职者可以选择那些招聘人数较多的用人单位。

(3) 关注发展前景

对一些夕阳行业的用人单位发布的招聘信息，应谨慎对待，不宜轻易应聘，因受到行业发展的限制，很可能会对自己的前途不利。而一些属于新经济领域的行业则正处于成长发展期，对这类用人单位发布的招聘信息，可以特别关注。在不同地区就业，也需要关注不同地区的经济发展走势，了解该地区的发展规划，以预测该地区未来发展所需要的人才类型，有利于自身的发展前景。

第二节　求职材料与面试准备

求职者确定了个人求职目标后，接下来要做的就是向用人单位递交求职材料以取得面试机会。求职材料是求职者向用人单位提交的与应聘岗位相关的说明性和证明性的材料，用于向用人单位介绍自己的基本情况、与岗位的匹配度以获得用人单位的认可。

一、求职材料准备

（一）求职材料的主要内容

求职材料主要包括自荐信、个人简历、毕业生就业推荐表、学习成绩单、资格证书、获奖证书复印件等。其中，个人简历是求职材料中最重要的部分。一般来说，在第一轮的筛选中，只需要递交个人简历部分。进入下一轮，或到面试时，才需要递交完整的求职材料。

毕业生就业推荐表、学业成绩单等材料，由于学校只提供一份，在递交时应提供复印件，与用人单位确立用人关系后再提供原件。此外，个人所取得的各类资格认证、获奖证书及相关成果证明，通常以复印件的形式附于求职材料最后，原件亦需妥善保管。

（二）简历制作

个人简历是对应聘者个人信息、学习经历、工作经历、相关技能及成果的简洁说明，主要展示应聘者与岗位相匹配。

简历制作的第一步是什么呢？找模板？写经历？列证书？……

"跳出思维定式"制作自己的简历是成功的第一步。跳出思维定式做简历的核心是从"3张清单"着手，用"1条公式"修改。这个方法笔者在高校运用于毕业生简历制作工作坊，带着参与者完成自己的简历，效果反馈很好，学生评教满意度为100%。下面，请你一起来体验吧！

1. 完成"3 张清单"

(1) 优势清单

第一张纸，对折四次后摊开，这就是你的第一张"16 格优势清单"啦！见表 3-1。

表 3-1　16 格优势清单

我的优势关键词			

首先在清单的左上第一格写"我的优势关键词"，然后将自己在就业力方面的优势每个词写一格，比如专业知识、沟通能力、勤奋等。当然，更建议你把优势写具体一些。

(2) 岗位分析清单

第二张纸，首先分析心仪岗位招聘信息的岗位需求，把招聘信息中涉及的能力分成专业知识、可迁移技能、才干品质三类，填入"岗位需求关键词"，见表 3-2。

表 3-2　岗位分析清单

	岗位需求关键词	对应的个人优势
专业知识		
可迁移技能		
才干品质		

在岗位分析清单中，专业知识是可以通过学习获得的，一般是名词；可迁移技能是那些工作内外、工作之间通用的技能，一般是动词；才干品质是求职者需要具有的特征和品质，一般是形容词或副词。

然后，对应第一张"16 格优势清单"，把匹配的个人优势填入"对应的个人优势"中。有的同学会说："原来我的核心优势是这些！"也会有同学说："我怎么都对应不上？"如果你是后者，可以从两方面考虑：一方面是我需要提升哪些能力才能达到岗位需求，这个时间需要多长？另一方面是这个岗位是否真的适合我呢？

(3) 材料整理清单

第三张纸,用事实说话,整理支撑材料,见表 3-3。

表 3-3 材料整理清单

	匹配岗位的核心优势			
支撑	知识(课程、业余……)			
	经历(细节、数据……)			
	能力(资格认证、等级证书、获取证书……)			

在材料整理清单中,把核心优势填写到第一排的空格中,3~5 个为宜,太多就不"核心"啦!针对"知识""经历"和"能力"写出你的支撑材料。每项核心优势未必都能有三方面的支撑,但应该至少有一项。

以上就是简历制作前帮助我们分析的"3 张清单"。有了这三张清单,就可以开始定制针对这一岗位的简历了。是的,你没有看错,这份简历做出来后只是针对"这一个目标岗位",如此类推,针对不同的岗位,还需要重复以上步骤量身打造不同简历。

2. 制作简历的要点

(1) 简历结构

开始制作简历之前,心中要有个结构框架。简历的内容主要由三个部分组成:

第一,"你是谁?如何联系你?"这部分需要写上姓名和手机号码,其他信息针对岗位需求选择性写。

第二,"你应聘什么岗位?"这里是把招聘信息中的公司及岗位写上,岗位代码如有提供也建议写上。

第三,"为什么胜任这个岗位?"结合第三张清单的核心优势排序,支撑材料要有细节和数据支撑,简洁表述、逻辑归类。

(2) 简历修改

做好简历之后,可以用"1 条公式"修改简历,公式为"简历修改 = 内容×措辞×模板 (n, t)"。在修改简历时需要考虑三个方面。

第一,内容。内容需要针对目标岗位,可以在简历中圈出和岗位相关的内容,判断针对目标岗位的内容比例。

第二，措辞。措辞方面，一是要具体，加入细节描述和数字支撑。二是要简洁，尽量用短句和词，果断删除无效信息。三是要有条理，分析信息点是否进行了逻辑分类，表达是否清楚。

第三，模板。模板应有利于阅读，可从网站下载，修改后使用。若你是应聘创意设计类的岗位，则最好由自己设计。

这条公式有两个重要的字母："n"代表次数，简历需要反复修改；"t"代表时间，简历需要与时俱进。

3. 其他注意事项

（1）字体和纸张

求职材料中字体应尽量统一，常用的中文字体是宋体，标题可以选择黑体或微软雅黑，英文字体是 Times New Roman。某些短语可以加粗或加下划线。字号选择小四，行距为 1.5 为宜。纸质材料打印时，纸张尺寸选择 A4。简历内容应简洁表述，尽量只用一张纸，如果内容超出一张纸，应删减内容、更换简洁的表述，而不是缩小字体或压缩行距。

（2）英文简历

是否使用英文简历应根据具体情况来确定，对于国内的用人单位，如无特殊要求应使用中文书写，以方便对方阅读。若招聘信息明确要求递交英文简历，则建议提供英文简历的同时另附一份中文简历。打印纸质版时，中文简历和英文简历在一张 A4 纸的正反面，双面打印为宜。

（3）电子简历

求职材料如要求网上投递，一般需将材料的电子版发送至用人单位邮箱。发送邮件时应注意，邮件主题写明自己的姓名、应聘的岗位和联系方式。如果招聘信息提供了岗位代码，也应写上。简历内容最好直接粘贴在邮件正文中，再以文档的形式连同其他证明材料作为附件一同发送。

二、面试准备

（一）面试的类型

1. 结构化面试

结构化面试是公务员、事业单位面试的基本类型，它是根据事先制定的评测标准，各考场使用统一的问题、评价方法和评价标准，严格遵循统一的程序，通过考官与考生面对面的交流，给予考生评价的标准化面试过程，因此也称为标准化面试。结构化面试的结构化主要体现在以下四个方面。

（1）测评要素的结构化

结构化面试以工作分析为基础，通过对工作内容、岗位职责分析，得到适用于招聘岗位的测评要素。不同的测评要素有不同的考核要点，也有不同的评价标准。

（2）测评标准的结构化

测评标准就是考官衡量考生综合评分的尺度。结构化面试测评标准的结构化是指每个测评要素都事先设定具体的评价指标，建立系统化评分程序。

（3）面试程序的结构化

同一岗位的同一批面试，在不同的考场、面对不同的考官，面试的程序是统一的。尤其要注意公务员和事业单位的面试通知是否有要求自我介绍部分不能透露个人和学校等信息。

（4）考官组成的结构化

在结构化面试中，考官的设置并不是随意的，而是根据用人岗位的需要设定，一般由用人单位的人事部门、具体的用人部门等共同组成考官小组。

2. 情景模拟面试

情景模拟面试也是应届毕业生面试中应用较广的一种方法，主要测试应试者在具体的情境中的各种实际操作能力。情景模拟面试会设置和招聘岗位相关的模拟情况，要求面试者扮演某一角色并进入角色情景中，去处理各种事务及各种问题。考官通过对考生在情景中所表现出来的行为进行观察、记录和打分，以测评其综合素质和技能，或看其是否能适应或胜任其应聘的工作岗位。

其中，文件筐（公文处理）面试是评价考生是否能胜任特定岗位的常用情景模拟面试。面试的主要目的是评价考生的综合素质是否与应聘岗位相匹配，尤其要检测考生处理公文的能力。情景模拟要求在限定角色、限定时间、限定背景、限定条件的前提下，通过处理文件、统计资料和报表等日常公务等，评价考生的计划、组织、预测、决策和沟通等能力。文件筐（公文处理）面试是针对公务员、事业单位考试中的申论不能充分检测考生处理公文能力的缺陷而设计的常用面试方式。

3. 无领导小组面试

无领导小组面试一般由5～12名应聘者组成一个小组，共同应对一个需要解决的问题。小组中每一位面试者都是平等的，需要通过自己的努力，争取到小组公认的角色，并为小组讨论结果贡献出自己的力量。在小组成员的讨论过程中，考官能够全方位考查应聘者的领导能力、语言能力及团队合作能力等。过程一般分为四个阶段，分别是提纲准备阶段、独立发言阶段、自由讨论阶段、总结陈词阶段。

4. 答辩式和演讲式面试

答辩式面试是指用人单位根据岗位需要，在面试前确定一些要考生回答的问题并制成题签，面试时安排考生以现场抽签的方式得到问题，然后对抽到的问题进行解答或辩论的一种面试形式。在考生回答问题的过程中，考官根据该题目的参考答案和评分标准，综合考生回答这一问题时的整体表现进行评分。

演讲式面试是指考生根据考官的提问，运用语言、动作、表情、姿态等向考官表达自己的意愿、观点的一种面试方式。在这种面试中，考生与考官有一个相互交流的过程，主要发言人是考生。

（二）面试试题的类型

1. 结构化面试的题型

结构化面试使用的是标准化的套题，即按面试事先设定的各项测评要素，编制一套问题，对报考同一岗位的考生进行提问和评价。套题中有多种试题题型，考官以此为基础，再加以追问来考查考生的素质。题型主要划为以下五类。

（1）人际交往类

人际交往类一般采用情景模拟类问题，将考生放在一个复杂的两难的情景中，让考生处理其中的人际交往与沟通问题，以考查考生在人际交往中是否具有主动性、合作性，能否理解组织中权属的关系，比如权限、服从、监督纪律等意识，对国家机关中人际交往的适应性，沟通和处理事件的有效性等。

（2）计划、组织与协调类

计划、组织与协调类主要考查考生对一项工作前期计划的周密性、可行性的分析，考核考生是否能结合情景中各个环节综合分析，实施步骤是否严谨，主次是否分明，从而考核考生的组织协调能力、按计划执行能力、灵活变通能力等。

（3）抗压与自我控制类

抗压与自我控制类是设计有压力的情境，考查考生在思考、解决问题时能否灵活应变，做出合适的判断，采取有效的行动，或者在较强刺激情境中，考生能否保持表情和言语的自然，或者在受到有意挑拨、有意批评的场合，考生是否能保持冷静，或者为了长远或更高的目标，考生是否能抑制自己当前的欲望。

（4）人职匹配类

在面试中，通过考生对求职动机的描述、对岗位的理解，以及被录取后展开工作的策略和方法，考官可以了解考生的品行、职业发展规划、人生理想追求，从而评价考生与应聘岗位是否匹配。

（5）综合能力类

综合能力类面试是公务员面试中最常见的题型。这类题的分值往往会占到整个面试分值的四分之一。它要求考生能分析各种时政和社会现象，并提出解决问题的思路；能对社会事务及多种社会现象之间的关系进行辩证分析；能深刻理解名言、诗词，以及俗语、成语、谚语的思想意义与现实意义，并能做出恰如其分的评价。这类题要求考生思维敏捷、逻辑性强，并对问题的认识具有广度与深度，判断分析问题做到全面准确、辩证深刻、有理有据。在考生作答过程中，考官还会评价考生的综合素质，甚至世界观、人生观、价值观和科学的历史观。

2. 情景模拟面试的题型

（1）文件筐（公文处理）

以机关部门的日常文件处理为依据，编制若干个待处理的文件让考生代入角色对文件进行处理。这些待处理文件一般是行政部门经常要处理的会议通知、请示批复、信访、提案电话记录和备忘录，要求被测者在2～3小时内处理完毕。通用文件处理一般通过无领导小组面试方式进行。在测试前，由主持人对测评进行统一的指导，说明测试的目的及要求，消除被测者的紧张情绪，以利于小组成员相互配合。

（2）工作活动的模拟

工作活动的测试情景主要结合应聘岗位来设计，形式多样。比如，由考生饰演向上级领导汇报或请示工作的基层工作人员。这种模拟测试采用安排一名考官与考生对话,其余考官观察打分的方式进行。测试前会让考生阅读有关的材料,使其了解角色的背景和要求。再如,要求考生在阅读一份文件后,以特定的身份,结合部门实际,对工作进行分工安排。此外,还有模拟接待来访、主持会议、调解纠纷等。在一定条件下,考官可向考生发问,以对其进行较深入的整体评价,最后,依据评分标准分别评分。

3. 无领导小组面试题型

无领导小组面试一般包括讨论辩论类、要素排序类、操作解题类等。

(1) 讨论辩论类无领导小组题目

讨论辩论类题目是让考生就某一问题的正反两面展开讨论。主要考查考生的分析能力、语言表达能力及说服力等。回答这种类型的题目需要注意两种备选答案应具有同等程度的利弊,避免其中一种答案比另一种答案有更明显的选择性优势。

(2) 要素排序类无领导小组讨论题目

要素排序类题目是让考生在多种备选答案中选择其中有效的要素或对被选要素的重要性进行排序。这种问题主要考查考生分析问题并抓住问题本质等方面的能力。要素排序类题目往往没有一个标准答案,考官从考生的选择或排序,以及理由陈述中判断考生的综合能力及与应聘职位的匹配性等多方面信息。

(3) 操作解题类无领导小组讨论题目

操作解题类题目是提供材料、工具或道具,让考生结合给出的问题和利用所给的材料,合作制造出规定的物体等。主要考查考生的实际操作能力、合作能力、分析解决问题能力等。操作解题类题目一般出现在技术性比较强的领域。

4. 答辩式与演讲式的面试题型

(1) 答辩式

答辩式面试是让考生抽签答辩面试中的问题,要求考生进行说明、论证、反驳。考官综合考生对问题的答辩进行评分。

(2) 演讲式

演讲式面试的题型一般是在现场提供一个问题或多个问题由考生自行选择,并给予一定的准备时间,一般结合社会热点问题或焦点问题进行出题。

(三) 面试技巧

1. 面试常见的技巧

面试官一般以简单的问题开始提问,良好的开始很重要。

(1) 自我介绍

这是面试经常会遇到的问题,而且通常是第一步,做好自我介绍特别重要。这是考官对你形成初步印象的关键。用人单位之所以想了解你,是因为他们想证实:你不仅愿意做这份工作,而且能做好这份工作,还能够与他人愉快地合作。因此,当你开始谈及自己的情况时,要把重点放在既能体现你非常渴望获得这份工作,又能说明你完全适合该职位的方面。记住,诚信是最重要的,当谈及你优秀的一面时要诚实,没有必要对自己的优点夸大其词。

(2) 胜任力

胜任力是用人单位非常关注的方面,因为他们想通过你的胜任力为单位创造更多的成绩。胜任力除了岗位需要的专业技能外,还包括学习新知识的能力、创新的能力、沟通力、抗压力等综合能力。考官也许会问你一些具体的工作经历来判定你的胜任力。生动具体地陈述工作经历时,别忘了表达你是一个容易与人相处、令人愉快的人。

(3) 工作经验

用人单位希望招聘有工作经验的员工,希望新人一来工作就能在工作舞台上找到自己所扮演的角色,尽快投入工作。因此,充分了解并熟悉自己应聘的岗位,更有利于你获得这份工作。简单地罗列自己的经验和成功之处效果不大,应把个人的工作经验与应聘的岗位联系起来,向考官说明你是如何获得那些成就,以及你的经验和成就会怎样使你成为这个岗位的最佳人选。

刚毕业的大学生不可能有太多工作经验。遇到这种情况,该怎么办呢?一方面,展现你的领悟力,表示自己愿意辛勤工作;另一方面,表明你有应聘岗位要求的经验。经验可以来自兼职、实习、学校社团或其他非营利性组织的活动,以及学校组织的实践活动等。

(4) 教育背景

面试官问及你的教育背景、培训情况等,是为了进一步查明简历背后的真实情况。除了学校教育外,你还可谈及自己曾经参加的培训课程,从那些课程中学会的东西,以及最近参加或者准备参加的学术会议或研讨会等。

如果你是应届毕业生,教育程度高、母校声誉好,自然是资本,但这并不能取代一切。你的回答还要体现对单位的忠诚,对工作充满热情,以及表明你所受的教育为做好这个岗位打下了基础。

如果你已经跨出校门多年,考官会着重了解你的工作经验。但对涉及你的教育背景情况的问题,你还是要有所准备。考官想知道你的知识结构是否过时,是否能继续学习新的技能以跟上本行业的发展前沿。

2. 群体面试的技巧

(1) 角色选择

情景模拟面试、无领导小组面试等由多名考生共同参与的面试,需要考生在整场面试中角色清晰,并在自己选定的角色方向贡献最大,这样通过率会大大提高。角色的选择标准是,要充分考虑小组成员各自的能力、性格和专业构成,挑选能突出个人优势的角色;根据自身特点,比如平时生活和工作中更擅长于什么,挑选符合自己性格的角色。

(2) 结合考查维度

评价一般分为内容维度和过程维度。内容维度包括观点的内容和质量、有效发言的次数、见解和方案、语言表达、分析问题、归纳总结、反应灵敏性、概括的准确性等。过程维度包括:当别人的观点与自己的观点发生矛盾时怎么办;是否能随时消除紧张,说服别人,调解争议,并最终使众人达成一致意见;能否倾听他人意见并互相尊重;能否引导讨论的方向;能否经常进行阶段性总结等。

(3) 参与过程

第一,发言时在内容方面,应有自己的观点和主见,即使与别人的意见一致,也可以阐述自己的论据,补充他人的不足之处,切忌简单地附和他人的观点;提前组织好语言,做到逻辑严密、条理清晰、论证充分。在时长方面,抓住时间,果断发言,放弃发言的机会等于失去考查资格;合理控制发言时长,拒绝"一言堂"和"沉默是金"。在态度方面,自信大方、态度温和,应做到口齿清晰;尊重队友观点,友善待人,不要随意打断或插入他人的发言。

第二,回应时应感谢对方反馈,尊重对方意见,控制自己的情绪,避免咄咄逼人;沉着应付,保持冷静,分析对方观点,阐明自己见解,以理服人。他人发言时要注意聆听,目光注视发言者,可适当做笔记;切忌小动作或走神分心,不要在他人发言时专注个人准备或轻视他人的观点。

第三,提前准备或使用考场提供的纸笔,记录要点,尤其是在他人发言时记录一些相关信息,为后续总结做准备。

第四,有机会的话,在讨论结束前可以做一个总结发言,甚至是成员的得失分析,并适时提出令人信服的观点,使自己在讨论中脱颖而出。

3. 行为问题的面试技巧

(1) 行为问题

行为问题询问的是你在某些情况下的行为。面试官将从你过去的工作经验中挖掘你的能力或者品质,评判你的条件是否符合职位的要求。

行为问题主要问的是你过去的经历,因为过去的行为是未来行为的最好预言,比如:

在过去的经历中,你觉得自己取得最大进步的是哪一次?

你在工作中遇到的最棘手的问题是什么,你是如何处理的?

当你所做的工作人手不够时,你会怎么去做?

工作中你是如何控制差错的,最成功的例子是什么?

你获得过上级的赞赏吗,印象最深的是哪一次?

当你与别人意见不一致时,你会怎么做?具体例子是什么?

(2) "STAR" 法

"STAR" 法,是一种在面试中回答行为问题时防止失败的方法。"STAR" 是 situation(背景)、task(任务)、action(行动)和 result(结果)四个英文单词的首字母组合。"STAR" 法就是通过使用这四个步骤,构建每个面试问题的答案。虽然你无法预测在面试过程中会遇到的问题,但提前准备和练习 "STAR" 法,可以让你自信地回答任何行为问题。回答的步骤如下:

1) situation:你曾经面临过什么问题,比如,当时你是在什么情况下接受的任务?你在项目中承担什么样的责任?

举例:戏剧文化节是我们学校的一个传统活动,以班级为单位,每个班级代表一个国家的戏剧风格,通过排演这个国家的经典代表剧目来展示这个国家的戏剧艺术。我们班级代表的是英国,选择的剧目是莎翁的《哈姆雷特》。

2) task:你承担了什么任务、责任,比如,接受的项目是什么?项目的规模、性质如何？技能与项目要求匹配度如何？

举例：我当时是班长，和其他两位班委分别负责服装、道具、剧目的彩排工作。

3) action：你采取了什么行动来解决问题，比如，具体采取了哪些措施？是否遇到困难？如何解决困难？压力如何？

举例：我所负责的服装工作进展很顺利，花一天时间去服装市场就基本上敲定了。但是其他两组过了一个星期还没有眉目。我当时很着急，也很生气，觉得另两位班委责任心不够强，所以提出由我来统一负责，服装、道具、彩排一起抓。结果我很快就意识到自己错怪了另外两位班委，找道具、找排练场地、找同学彩排，每一项任务都比找服装难。当时只有两个星期时间准备，靠我一个人负责不可能完成任务。因此，我立刻请两位班委吃饭，给他们道歉，再次请他们和我一起负责后续的工作。

4) result：你的行动取得了什么样的有益结果，比如，项目最终结果如何？你对项目的贡献如何？收获是什么？改进点是什么？

举例：最后，我们班排练的剧目《哈姆雷特》如期参加了学校戏剧文化节，虽然只拿到了中游的名次，但总算是把任务完成了，没有出丑。（强化结论：点题、提升）我至今还对这件事情印象很深刻，因为这是我做班长期间做得最悬的一件事情。如果只靠我一个人负责，肯定完不成任务。从这件事情开始，我很少会轻率地责怪别人。想责怪别人，必须先换位做做他人的事情、体验一下他人的难处才有资格。

通过 situation（背景）、task（任务）、action（行动）和 result（结果）步骤，可以轻松地向面试官描述事物，表现出自己分析阐述问题的清晰性、条理性和逻辑性，在面试官心里留下一个好印象。

4. 面试"锦囊"

面试技巧是平时积累锻炼的，在面试前，笔者总结的"锦囊"是抛开技巧，只记住四个度：深度、宽度、高度、温度。

一是深度。根据应聘岗位需求，你掌握的专业知识有多"深"？

二是宽度。这个岗位除了专业知识，还需要哪些素质？

三是高度。站在面试官的角度，想想对方需要招怎样的人，尝试"俯览"你们之间的对话。

四是温度。面试是人与人的交流，用真情实感传递你的"温度"吧！尝试体会温度在你们之间流动的感觉。

第三节　职业形象与礼仪

一、职业形象

职业形象是一种语言，它表明了什么？这是你希望呈现的状态吗？一套糟糕的服饰，不但会影响求职应聘、工作开展，还会毁掉我们的心情和自信。

（一）职业服装

毕业生求职必须做到着装得体，符合职业环境。服装既要贴合应聘职位的道德、审美及行为规范，更要体现该职业的特点。适合的服装能够融入企业文化、促进人际交往、提升工作效率。法国时装设计师、香奈尔品牌的创始人可可·香奈儿（Coco Chanel）曾说："如果穿得不体面，人们记住的是衣服；如果穿得光彩照人，人们记住的是人。"[1]

1. 着装的颜色

不同色彩的服装，能传递不同的意象。比如政府部门、以严谨著称的企业等职场，更倾向于黑、白、灰、卡其等中性色；幼儿园、艺术设计类企业等职场，可以接受更亮丽的色彩。

男士参加面试的着装颜色，如果有80%的把握，选择蓝色系，传递专业和有能力的意象；如果有60%的把握，选择咖啡色系，传递风格稳健和富有团队精神的意象；如果只有40%的把握，选择浅灰或米色系，传递真诚、接纳和可塑的意象。

女士的着装选择更多样化，在职业套装的颜色选择上，黑色套装传递稳重成熟的意象；白色套装传递轻盈雅致的意象；灰色套装能传递的是顺从可塑的意象；冰沙色系的套装能传递亲切感，适合应聘教师、秘书岗

---

[1] ［美］乔治·布雷西亚：《改变你的服装，改变你的生活》，红霞译，北京联合出版公司2016年版，第67页。

位。应聘初级岗位避免选择宝石蓝和黑红搭配,这个颜色搭配更适合应聘管理层。

2. 着装的变化

虽然西装和套装是最好的职业服装,但为了避免呆板,可以经常换一些装饰以增加服装的灵性,使人际交往的对象感到赏心悦目,也使交往更为融洽。女士可以经常变换裙子或西裤的样式,搭配不同的手袋和配饰;男士可以考虑经常变换一下衬衣、领带,以及西裤的颜色,这样都能起到很好的效果。

职场着装无论如何搭配,有一点是不变的,就是要露出腰线,比如把衣服束进下装、直身裙加腰带,这样能突显干练感。

3. 着装的禁忌

毕业生求职选择漂亮的服装装扮自己,这一点无可厚非,但要避免穿着下列服装在商务场合或办公室出现。

(1) 色彩杂乱的服装

在着装方面要遵守三色原则,即全身上下的颜色不得多于三种。颜色过分杂乱的服装会使人显得花哨有余,而庄重不足。应聘"马戏团的小丑"除外。

(2) 过分暴露的服装

要避免短、紧、透、露的服装。女士应注意不能穿低胸的衣服、无袖装、露背或露脐装。男士应注意衬衫的扣子,在不系领带时需打开领口上的一颗且仅能打开这一颗。如果穿白衬衣,建议在里面穿白背心打底。

(3) 过分杂乱的服装

应聘时首选西装或套裙,搭配皮鞋。避免牛仔、休闲等非正式场合的服装,天气炎热也不能拉松领带挂在脖子上。

(二) 饰品选择

除了要注意着装的选择外,还要根据不同场合有选择地佩戴戒指、耳环、项链等饰品。佩戴饰品应该遵守饰品与时间、场所、对象相搭配的原则。工作场合一般少戴或不戴饰品。女士可以戴各种饰品,而男士只宜戴领带和手表。女士不宜佩戴大蝴蝶结、夸张或累赘的手镯、吸引眼球的脚链等夸张的饰品,并且佩戴的饰品应尽量同色、同款、同质,全身的饰品不宜多于三件。

1. **项链**

项链有很多种类型,主要有金银项链和珠宝项链两大类,金银项链一般有方丝链、马鞭链等。女士佩戴项链应注意以下两点。

(1) 项链的选择

项链的选择一方面要注意脖子的长短,脖子细长的人适合佩戴方丝链,不宜过长,能显示出纤细柔美;脖子粗短的女士适合佩戴尺寸大些的项链,造型要简洁明了,不宜选用多层或短而宽的项链。另一方面要注意年龄的大小,年龄大的女士适合佩戴马鞭链、翡翠链、绿松石,能显示出成熟之美;年轻的女士适合佩戴三套链、双套链、象牙链、珍珠链等加工精细、雅致漂亮的项链,能显示出优雅之美。

(2) 项链的搭配

当穿着柔软、飘逸的丝绸套裙时,适合佩戴精致、细巧的项链,显得温婉;当穿着单色或素色套裙时,适合佩戴色泽鲜明的项链,显得端庄。在正式的商务场合中,以佩戴金银项链为最佳,避免佩戴有宗教信仰的项链。

2. **耳环**

耳环是女性十分钟爱的饰品之一,佩戴耳环时应注意以下两点。

(1) 耳环与脸型的搭配

耳环的形状要和脸型相反,即圆脸的女士适合佩戴长耳环、小而扁或尖形的耳环、垂坠等,将面部视觉拉长;方脸的女士适合佩戴线条流畅的圆形、钮形、鸡心形、螺旋形等造型柔和的中小型耳环,视觉上减少脸部的棱角感;瓜子脸的女士适合佩戴各种类型的耳环,特别适合扇形和水滴型耳环,注意防止过小、过长、过大的耳环;三角脸型的女士适合佩戴圆形耳环,不适合佩戴有吊坠的长耳环;长脸的女士适合佩戴纽扣形耳环,以在视觉上使脸部拉宽。

(2) 耳环与服饰的搭配

耳环应与服饰相协调。穿淡雅的服装可搭配与服装同类型、同色调的耳环,也可以搭配同类型、对比色调的耳环;穿颜色鲜艳的服装,戴耳环会显累赘;穿运动服时不宜佩戴耳环。

3. **手袋**

男士可以携带造型简洁的公文包,颜色上选择纯黑、深蓝、深棕为宜,大小以能放下 A4 纸为宜。

女士出席各种社交与商务场合时，无论是出于美观还是方便，都应携带一个手袋。制作精美的手袋可以增强服饰的美感，并且烘托出职业女性的干练与柔美。选择手袋应注意以下两点。

（1）手袋颜色的选择

手袋的颜色应与服装相协调，二者颜色相同是最理想的搭配。手袋的颜色应选择中性色，这样可以搭配任何颜色的服装。

（2）手袋形状的选择

手袋的形状应该与携带者的体形相协调，体形娇小的女士适合携带体积小、造型不过于秀巧的手袋，体形高壮的女士适合携带体积稍大的手袋，体形苗条的女士适合携带小巧玲珑的手袋。

在各种商务场合，无论男女都应在公文包或手袋中放置一些备品，以备不时之需。这些备品主要有爽口液、擦鞋器、备用袜、梳子（女士为化妆盒）、签字笔等。

4．领带

领带是西装的灵魂，男士的魅力亮点。领带的长度以到领带尖盖住皮带扣处为宜，过长或过短都不合适。秋冬天穿一身中性的颜色，可以配上一条颜色鲜艳的领带点缀。女士佩戴领带，选择细长型为宜，需要配西裤。

二、职业礼仪

（一）仪表

1．职业妆容

头发保持干净整洁，发型干练，不遮眼、遮脸。不留长指甲，女士的指甲可以涂浅色或透明的指甲油，忌太浓艳。女士在职场中需要化淡妆，做到施薄粉、描轻眉、唇浅红。

2．微笑

职场中要时时保持面带微笑、自然大方。练习微笑的方法是，戴口罩照镜子，通过眼睛感觉自己的笑容，并记住这个表情。

3．眼神

在职场中与人交流时，眼神应注视对方，专注友善，但不能只盯着一个部位,而应在对方的三个"三角位"适当移动,面部的额头到鼻子是"上三角位",鼻子到嘴巴是"中三角位",嘴巴到锁骨是"下三角位"。

(二)仪态

如果你现在所处的环境允许,请按下面的提示参与站姿、坐姿的体验,如果有镜子可以看着镜子来调整。

1. **站姿**

请你站立,抬头,目视前方,挺胸直腰,感受你的肩部和腹部,保持肩平,轻轻地收腹。男士双脚平行分开与肩同宽,也可以尝试双腿并拢直立,脚尖分呈V字型;女士双腿并拢直立,也可以尝试脚尖分呈V字型。感受你的身体重心,让重心放到两脚中间。双臂自然下垂,处于身体两侧,右手轻握左手的腕部,放在小腹前或置于身后。最后,保持这个姿势,感受一下是不是舒适的、自然的,避免僵硬。

2. **坐姿**

现在,请你走到座位前,把右脚向后撤半步轻稳坐下。确认你坐的地方占椅面约三分之二的面积。把右脚与左脚并齐,上体自然挺直。头正,表情自然亲切。男士两腿之间可有一拳的距离。女士两腿并拢无空隙,两腿自然弯曲,两脚平落地面,不宜前伸。双手放于膝前或轻握放于腿上。

入座和离座一般左进左出,右进右出。若座位是深而软的沙发,则应坐于沙发的前端。

3. **走姿**

走路时应抬头挺胸,目视前方,重心稍向前倾,双臂前后自然摆动,双脚尽可能走在一条直线上,步幅适度,速度快慢适中而平稳。避免低头驼背、摇头晃脑、东张西望,还要注意控制步伐的频率和跨度,既要避免大步流星,也不要步履拖沓。

第四章　从职场新人到精英

第一节　自我管理

一、职业发展目标管理

(一) 职业发展目标

1. 职业发展目标的内涵

职业发展目标,是指个人结合自我认知和职业认知的综合性判断,规划自己未来的职业发展方向,包括长期的职业生涯目标和各阶段的职业目标。

大学毕业的阶段目标有就业、创业和深造,深造后还是要面对就业、创业的选择。进入职场后,各阶段的职业目标选择会带来不同的人生经历,职业生涯这一长远目标是职业生涯发展的方向。

2. 职业发展目标的构成要素

职业发展目标、职业目标和职业生涯目标的关系,职业发展目标构成的要素及其实现途径,见图4-1。

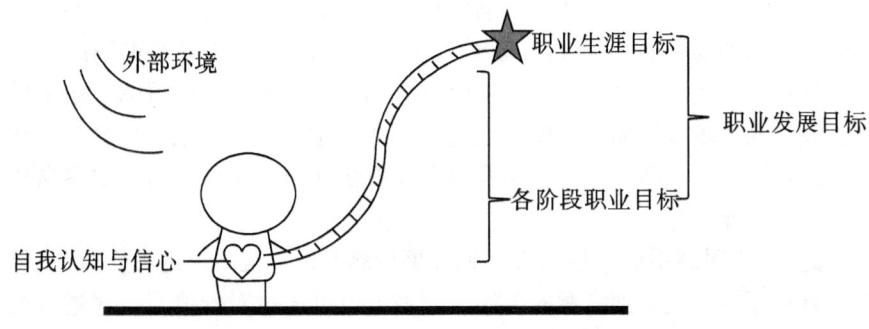

图4-1 职业发展要素及其结构

职业发展目标包括职业生涯目标和各阶段的职业目标。职业发展目标的构成要素有四个。

（1）职业生涯目标

用"星"表示，代表"脚踏实地、仰望星空"的职业理想。

（2）各阶段职业目标

用"绳梯"表示，代表追求职业理想的过程需要分步走，一步一步往上爬。绳子是柔软的，实现的路径可以灵活变通。

（3）自我认知

用"心"表示，代表个人对自己性格、兴趣、核心竞争力、价值取向等的认知，也是对个人职业发展的信心。

（4）外部环境

用"风吹"表示，提醒大家关注外部环境的不确定性。无论"风"怎么吹，只要"心"和"星"不变，让"绳梯"随风摆动，在奋斗中获得持续的职业幸福感，最终定能自我实现。

（二）职业目标的确立

1. **合理定位**

定位指的是对自己的性格、兴趣、价值观和能力等多方面进行分析和评估，分析"我要的是什么"和"我能干什么"的交集。关于性格和兴趣的评估可以借助"MBTI职业性格测试量表"和"霍兰德职业兴趣测试量表"。大学生需客观评价他人和自己，从自身实际出发、顺应社会需求，树立切实可行的目标，才能找到心仪的职位。

部分毕业生把进入机关事业单位、国有企业、大型民营企业等作为职业目标,觉得规模大、机遇好、福利好、工作稳定。但这一目标并不适合每个人,比如职业目标是能在短时间内掌握业内知识并得到重用的毕业生,毕业后马上进入大型企业的发展道路就未必适合他。一般的中小型民营企业对人才求贤若渴,只要毕业生有真才实学、脚踏实地,更容易得到老板的重视,在这些企业里,毕业生可以更快地参与重要项目,更容易实现自己的职业目标。

此外,"眼高手低"或追求"钱多事少离家近,位高权重责任轻",将导致自我怀疑,找不到满意的工作。合理定位可通过对价值观排序进行梳理,比如能否接受"钱多事多离家远"或"位高权重责任重"等。只有合理定位才有可能找到适合自己的职业生涯目标,提升职业幸福感。

2. 剖析定向

定向指的是明确职业发展的方向,分析"我选择干什么"的问题。职业生涯目标是个人理想的具体化和可操作化的长远目标,而职业目标是生涯不同阶段的过程目标。

随着我国经济社会发展、科技进步、产业结构调整升级,社会职业的构成和内涵日新月异,一些新的职业不断涌现并迅速发展,如"期货交易员""基金发行员""信息通信信息化系统管理员""光伏组件制造工"等。大学生应该对社会上出现的新职业有所了解,收集和分析相关信息,判断它们是否适合于自己的职业目标。大学生要时刻关注外部的变化,随时修订职业目标,也就是说,既要埋头苦干,也要抬头看路。

3. 明确定点

定点指的是确定工作的地点范围,分析"我去哪里干"。随着国家全面建成小康社会的目标实现,以及针对大学毕业生的就业创业政策出台,"北、上、广、深"不再是大学毕业生唯一的最优选择,越来越多的大学毕业生走进农村,进入社区和城镇工作和创业。要知道,频繁更换工作地点对职业生涯的发展将弊大于利。

(三)职业生涯目标的确定

大学毕业生根据自我认知和职业认知,确定职业生涯目标,这也是长远的人生目标。职业生涯目标的确定需要通过目标的分解、调整和组合来实现。

1. 目标的分解

职业目标分解是将职业生涯发展的长期目标先分解为有时限的长、

中、短期目标，再进一步细化，直至把目标分解为明确时限和具体步骤的一个个小目标。这种方法也称为"剥洋葱法"，像剥洋葱一样，层层递进，把目标进行分解。目标分解可按时间或者按性质进行分解。按时间分解可以分为最终目标、长期目标、中期目标和短期目标；按性质分解可分为"外职业生涯"目标和"内职业生涯"目标。

2. 目标的调整

职业目标的调整是处理目标与个人价值观和视野之间相互联系和制约的有效分析方法。社会心理学家施瓦茨（Shalom H. Schwartz）通过构建 VVG（Value-Vision-Goal）模型，提出目标是价值在视野中的最佳选项。根据施瓦茨的观点，视野、价值观和目标匹配是最完美的状态，但是很多时候随着我们不断的成长，视野和价值观都会改变，让我们逐渐进入迷茫的状态。结合得到 APP 由古典老师主讲的《超级个体》，职业目标调整主要有三种情况：视野变大，拉高目标；价值改变，调整目标；他人参与，共赢目标。

（1）视野变大，拉高目标

当你的价值观、目标和行动都完全一致时，将会动力十足。慢慢地，当你的视野和价值观都发生改变，就会进入迷茫状态。比如，有的同学入学时，决定要好好学习，成为学霸，但经过了一个学期，发现身边的同学有的参加各类活动，有的参与各种社团，生活丰富多彩，绩点还比你高，这使你突然怀疑："我大一上学期过的是不是假人生呢？"此时就会进入迷茫状态。这时的你，视野变大了，有了适应当下的目标，因此，需要把目标拉高到适应你的当下。

（2）价值观改变，调整目标

随着人生不同的经历，价值观也会慢慢地改变。比如，当一位同学决定要考研，这时候，他的注意力就从活动、兼职，变成专注学习，提高绩点。因此，需要在不同的阶段停一停，重新梳理和复盘，结合价值观的改变，调整新的阶段目标。

（3）他人参与，共赢目标

这是一个更为复杂的情况，也是更为常态化的情况，因为你的人生里加入了其他人的价值观。"TA"可能是家人、老师、男/女朋友，这就涉及多方的多重博弈。这时的你，需要在你和"TA"的价值观中找到一个共性和双方都能接受的妥协，设定出一个双方都愿意达成的价值观，根据大家的共同视野,选择一个新的目标。

3. 目标的组合

(1) 因果组合

有些目标之间存在着明显的因果关系。比如,个人技能目标与收入目标,前者是因,后者是果。也就是说,个人需要不断迭代知识、提高技能,提升职位或职称,为用人单位创造收益或效益等,提升个人物质和精神层面的收益,实现职业幸福感。

(2) 角色组合

职业规划目标存在多个角色并行的情况。

大学毕业生入职的一般为初级岗位,为了获得更广阔的发展空间,在做好本职工作角色的同时,还需保持终身学习的学生角色。例如,进修自己感兴趣的课程、参与各类交流研讨会等,提升技能、开拓视野,等待机会迎接更大的挑战,实现更大的价值。

随着岗位的晋升,将出现同一岗位的双重身份。比如,财务部门经理存在两个角色,一个是财务专业人员的角色,一个是管理人员的角色。两个角色都需要同时学习、同时提高。职业目标的组合体现在不仅是一名优秀的财务工作者,也是一名优秀的管理人员,这两个目标并不矛盾,可以同时进行。

组建家庭后,角色将进一步增加,需要对职业生涯目标进行全方位的组合,让职业生涯目标与家庭生活、个人其他事务均衡发展、相互促进,体验不同内涵的职业幸福感。

(3) 生长型组合

在朝着大目标前进的过程中,会遇到各种机遇、挑战、障碍等,需要随时根据实际情况重组子目标,实现总目标的正向生长,这就是生长型组合。这个方式无论是对个人还是企业,都是适用的。比如,雅马哈最早的时候是修理钢琴的,在修理钢琴的过程中发现许多钢琴质量不好,就开始自己制造钢琴。他在制造木制钢琴的过程中,开辟了制造木制家具新领域,随后又制造木制的飞机螺旋桨,进入航空领域。接着又开始生产飞机引擎,再到汽车引擎,还有机器人。这个过程中,每一个新领域都是根据当时的实际情况,发挥已有优势而逐步增加的。个人的职业生涯发展也一样,需要保持开放的状态,发挥已有的优势,逐步重组子目标,以生长的方式迈向最高的理想。

二、时间管理

现在,请你回忆一下:你每天是如何安排自己的时间的?你的时间都用来做些什么了?你习惯对时间进行规划吗?你认为自己有效利用了时间吗?在学习时,你有没有进入这样的隐性时间浪费的恶性循环?见图4-2。

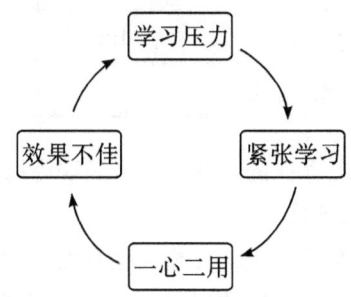

图4-2 学习时隐性时间浪费的恶性循环

(一)大学生时间管理的现状

一天24小时对每个人都相同,但时间管理却因人而异。时间管理行为是想法、行动和控制的整合过程。大学生如何最大限度合理地利用好有限的时间,对自己的成长成才有着决定性意义。

时间管理的"帕金森定理"认为,工作往往会自动膨胀地占满所有可用的时间,所以应把最佳的时间用在最重要的事情上。也就是说,时间管理要善于将时间投入与自己目标相关的事情上,从而达到效果、效率、效能的统一。

时间管理意识是大学生对时间的敏感性,以及主动管理时间、安排生活的自觉性。相关调查结果显示,大学生目前的时间管理现状并不尽如人意,部分学生在时间管理上存在一定的问题,见表4-1。

表 4-1　大学生时间管理出现的问题①

时间管理问题	问题出现频次	占比（%）
计划执行力不强	108	44.40
荒废时间现象严重	107	44.00
时间利用率低，拖拖拉拉	102	42.00
懒惰，意志力低	101	41.65
娱乐休闲与学习时间分配不合理	93	38.30

大学生在时间管理上存在的问题，具体表现为以下三点。

1. 时间管理执行力不强

许多大学生虽然能制订相应的计划，但往往总是难以执行到底。有的大学生认识到时间是有限而宝贵的资源，但却不善于根据自己的情况安排好计划，或是制订了计划却不能坚持执行。有的大学生仅仅满足于让计划停留在纸面甚至脑中，导致不能针对自己的情况对计划进行调整。还有的大学生对课余时间的安排和管理容易受到其他人的影响，如为了同学情谊改变自己的时间安排而迎合他人的意愿。时间管理执行力不强，究其原因，主要在于没有为自己的行动找到一个正确的动机。

2. 时间安排不合理

许多大学生都承认自己荒废时间的现象严重，在不经意间，让时间在自己的手边溜走。有的大学生没有好好利用大部分的闲散时间，而大多用在了上网、睡觉、玩游戏、追连续剧等事情上。这是显性的时间安排不合理，还有部分大学生存在隐性的时间安排不合理。比如，有些大学生表面上看起来每天都忙个不停，时间安排得也很紧，可事实上，他们却不知道自己真正做了什么和得到了什么。时间安排不合理，究其原因，主要在于没有明确的思路，主次不分，难以将主要精力集中在最重要的事情上。

3. 时间管理存在个体差异

大学阶段个人自主支配的时间相对充裕，因此，有的大学生容易为自

---

① 杨玢：《对大学生时间管理的调研与分析》，载《中国轻工教育》2010 年第 5 期，第 89～90 页。

己寻找借口把学习时间浪费掉；有的因为自己的惰性而使计划付之东流；有的用于娱乐休闲的时间远超过用于课余学习的时间。

一般来说，大一新生相对更具有时间管理的倾向性，随着时间的推移，因压力的增大、专业学习的枯燥、课外活动的增加，学习动机逐渐弱化，时间管理的倾向呈下降趋势。到了大三或大四，因感受到毕业的逼近，学生的时间价值观念和时间管理倾向明显提高，甚至高于大一阶段。往往成绩优秀或担任学生干部的大学生比其他学生更善于管理时间，更善于抓住和利用时间。

（二）时间管理技巧与方法

约翰·沃尔夫冈·冯·歌德（Johann Wolfgang von Goethe）曾说："善于利用时间的人，永远找得到充裕的时间。"时间管理，是为提高时间的利用率和有效性，而对时间进行的合理计划与控制、有效安排与运用的管理过程。

1. **匹配你的时间管理工具**

作为大学生，如何看待时间管理，将影响你的大学生活。时间管理的对象不是"时间"，而是使用时间的人。时间管理不是"求快"，而是朝着目标迈进。时间管理受到许多因素的影响，不同的事情或不同的人，能够发挥作用的时间管理方法各有不同、因人而异。因此，需要经过尝试、分析和调整，找到匹配你的时间管理方法和工具。

目前，大学生常用的时间管理工具有很多，根据需求可以分为"思考""事情""资料""目标"等类型，见表4-2。

表4-2 常用的时间管理工具

媒介	思考	事情	资料	目标
电子媒介	MindManager	滴答清单	印象笔记	甘特图
	MindMaster	番茄时钟	有道云笔记	微习惯
	MindLine	Doit. im	为知笔记	印象笔记
	MindVector	Omnifocus	Onenote	GoalTracker
	XMind	365日历	focus note	番茄钟
	MindNode……	手机备忘录……	myBase……	Todo……

(续表4-2)

媒介	思考	事情	资料	目标
印刷媒介	空白本	万用手册	文件夹	记事本圆梦计划
	彩色便笺	行事历	索引卡片	习惯培养模版
	随手记……	手账……	活页笔记本……	甘特图模板……

上述的工具只是冰山一角，时间管理的工具这么多，我们该用什么样的工具呢？大学生应根据自己的情况量身定制适合自己的时间管理工具。也就是全面仔细地想清楚自己需要的是哪种时间管理工具，并试用一段时间，验证系统的效果。用适合自己的工具，学习新方法而不是新工具。适合自己的"好工具"有三个标准：

第一，三秒进入录入状态。也就是能让你以最快速度开始使用的工具。如果你为了打开它或找到它而耗费了过多的时间和精力，就变得本末倒置了。

第二，随时可以拿出来。一个不适合你的工具，很可能在你终于把它拿出来的时候，已经把要记录的事情忘了。

第三，不超过两个。当工具太多，尤其是同一类别的工具超过两个时，将出现的情况是：要么多次记录，耗费时间精力；要么耗费时间精力，记住记录在哪个工具里。

关于如何选择适合自己的时间管理工具，这里给同学们两个建议：

第一，找需要的工具。减少学习了解更多工具的欲望，精深一个你习惯使用的。

第二，找适合的工具。经典不一定适合，了解自己的习惯偏好，在适当对比后选择最适合自己的工具。

2. 探索你的时间管理习惯

你的时间管理习惯是怎样的呢？请通过以下的体验来探索吧！

首先，在草稿纸或手机记事本上列出你这个月最忙的一周的所有事项，然后思考你的安排更接近以下哪个选择：

A. 写入日程表，并严格执行；

B. 记在脑里，并逐一完成；

C. 以上两项都有。

如果你无法列出自己的事项，也可以根据下列参考事项，思考你的选择。参考事项见表4-3。

表4-3 探索时间管理习惯的参考事项

上课	到图书馆查资料
做实验	完成作业
社会调查	制作实习简历
整理宿舍	参加工作坊
社团值班	参加××比赛
学习交流会	看望父母
党支部生活	同学聚会
和TA约会	……

（1）选择A的"秩序控"

选择"A. 写入日程表，并严格执行"的人，往往习惯先列好计划再开始做事，物品有固定位置，用完归位，追求完美，注意细节。这里给这个类型的同学一个名字，叫作"秩序控"。"秩序控"的理念是"一切尽在掌握"，建议使用列清单类的时间管理工具，比如滴答清单、Doit.im、Omnifocus等。时间管理方法推荐使用GTD时间管理法。

GTD是"getting things done"的缩写，意思是把需要做的事情处理好。这个时间管理法是由戴维·艾伦（David Allen）在书籍 Getting Things Done 中首次提出的，核心理念在于清空大脑，然后一步一步地按照设定路线去努力执行。GTD的五个核心是收集、整理、组织、回顾、执行。

收集阶段：把你所有事项都列出来，放到你的搜集工具里，准备好做下一步的处理。搜集工具可以是电子媒介，比如滴答清单、手机备忘录等，也可以是印刷媒介手账、记事本等。这个搜集工具在 Getting Things Done 的中文翻译版中被称为"工作篮"，作者提出"每星期所有的工作篮都应该被至少清空一次"[1]。

---

[1] ［美］戴维·艾伦（David Allen）：《尽管去做：无压工作的艺术》，张静译，中信出版社2003年版，第141页。

整理阶段：处理你的"工作篮"要遵循一个严格的工作流程，也就是从最上面开始，一次处理一项，不把任何东西放回工作篮，委托别人完成，或者把它延期，否则，把它存档以便查询，或把它扔掉。任何事情如果花的时间少于两分钟，那么马上去做。两分钟是一个分水岭，这样的时间和正式地推迟一个动作所花的时间差不多。

组织阶段：在这个阶段，需要建立好清单，用来跟踪需要关注的项目。对于每个需要你关注的事项，定好什么是你可以实际采取的下一步行动，也就是你需要首先去做的事情。对每一个项目，使用跟踪及周期性的回顾来确保其都有一个下一步的行动进行下去。如果是你已经指派了一个事项给其他人或者在项目进行下去之前需要等待外部的事件，就应当在你的系统中跟踪及定期检查是否已经可以采取行动或者需要发出一个提醒。如果是必须在某个特定的期限之前完成的事情，或者在约定的时间和地点完成的会议和约会，待办事项应该用在下一步行动列表当中。

回顾阶段：至少以星期为周期回顾你所有重要的"行动""项目"和"等待"的事项，确保所有的新任务或者即将到来的事件都进入你的"工作篮"，而且所有的事情都更新到符合最新的状态。建议准备一个"难题工作篮"来帮助你更新关于重要事项的记忆。

执行阶段：如果你把时间精力都花在组织阶段，而不是开始完成它们，那么所有的 GTD 系统都是不好用的。如果你可以让必须做的事情变得简单、可控、有趣，你就不会拖延。

(2) 选择 B 的"自由侠"

选择"B. 记在脑里，并逐一完成"的人，往往喜欢随遇而安的惊喜，物品的位置随心情改变，兴趣广泛，不拘小节。这里给这个类型的同学一个名字，叫作"自由侠"。"自由侠"的理念是"船到桥头自然直"，建议使用自由度大的工具，比如随手记、MindMaster 等。时间管理方法推荐要事优先 – 四象限法。

要事优先 – 四象限法，就是按照待办事项的紧迫程度和重要程度将其区分为四个象限，分别是重要紧急、重要不紧急、不重要紧急、不重要不紧急，见图 4 – 3。

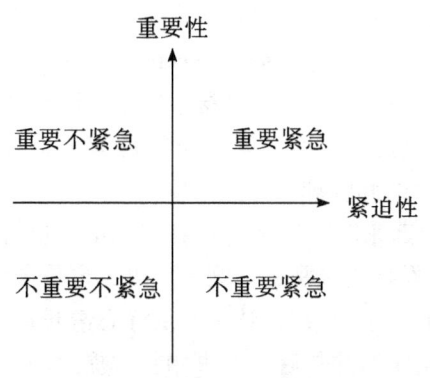

图4-3 要事优先-四象限法

重要紧急：这个象限包含的是一些紧急而重要的事情。这些事情具有时间的紧迫性和影响的重要性，无法回避也不能拖延，必须立刻采取行动去专注地做。事情是否重要的评判，可以用你的价值观来衡量，它往往与你的目标一致，且有助于目标的实现。

重要不紧急：这个象限的事情不具有时间上的紧迫性，但具有重大的影响。这些事情未必有明确的截止时间或有较长的时间处理，如果因为你拖延而没有去做，就会逐步把重要不紧急的事情拖成了重要紧急的事情。

不重要紧急：这个象限包含的事情很紧急但并不重要，因此，这一象限的事件具有很大的欺骗性。这些不重要的事件往往因为它紧急，占据了你很多宝贵时间。如果这些事情太多，会让你失去对时间的掌握。

不重要不紧急：这些事情大多是些琐碎的杂事，没有时间的紧迫性，也没有任何的重要性。比如刷朋友圈、刷微博、玩游戏、追剧、上网、闲聊等，将在不知不觉中耗费掉宝贵的时间，不重要也不紧急的事情尽量少做。

要事优先-四象限法的一个重要观念就是应该把主要精力和时间放在重要但不紧急的学习和工作上，但是在大学生的日常生活中，往往关注重要紧急的事情，随着时间的推移，重要不紧急的事情就变成重要紧急的事情了。比如学习，为了应付考试临阵磨枪，这样的情况容易导致大学生学习质量的下降，学习的目的从获取知识变为获得成绩。

(3) 选择 C 的"调节派"

选择"C. 以上两项都有"的人，有时候像"秩序控"，有时候也像"自由侠"，没有明确的偏向，这里给这种调节性强的同学一个名字，叫作

"调节派"。"调节派"才是我们身边的大多数,正如英国前首相温斯顿·伦纳德·斯宾塞·丘吉尔(Winston Leonard Spencer Churchill)曾说的:"在人生的头25年,我渴望自由,在接下来的25年我喜欢秩序。后25年我意识到,秩序就是自由。"给"调节派"推荐一个时间管理方法,叫作"每天三件事"。这个时间管理包括三件事。

第一件事:早上起来写下昨天的收获或感悟,也可以在睡觉前写下当天的收获或感悟。"吾日三省吾身"既是反思,也是自我激励。

第二件事:写下"小确幸",让一天从好心情开始。"小确幸"这个词是村上春树在《兰格汉斯的午后》一书中首次提出的,意思是"微小而确切的幸福"。每天做一件让自己感到幸福而温暖的小事,比如喝一杯香浓的咖啡、晒半小时的太阳、找好友聊天、打电话给父母等。这是一个让自己活得更幸福的小技巧,用微小而确切的事情让生活变得丰富起来,让自己活得更有活力和动力。

第三件事:有了前面写下的两件事,昨日收获增加成就感,每日小确幸增加幸福感,在这基础上写下第三件事。第三件事是写下当天必须完成的最有价值的或最重要的事情,并进行任务分解。人的精力和注意力是有限的,因此,要每次只集中解决一件事情,把重要的事情和任务挑选出来,专心致志地完成,把时间用在更有意义的事情上。

以上三件事可以写在纸上,也可以用电子设备记录下来,然后开始付诸行动。为了让行动更有动力,你还可以把"每天三件事"发出去,比如发到你的朋友圈、微博等。这能让你产生压力,从而带来执行力。你会因此而千方百计地去完成这几件事,然后还会在执行的过程中与自己的实际情况慢慢磨合,找到自己制订计划的节奏。当"每天三件事"成为你的一种习惯时,它能慢慢地使你的生活变得更有计划性和条理性。此外,因为将它摆在众人面前,大家都知道你要做的事,有时候还会得到他人的协作和支持,获得意外的资源,或者吸引到志趣相投的人一起来参与,这样更易坚持,也更有执行的热情。

"每天三件事"时间管理法,重点在于可视化记录和持之以恒。可视化记录可以帮助你了解自己的时间利用情况,帮助你明确下一步努力的方向。持之以恒,让充满成就感、幸福感的每一天成为你的日常。

3. 提高时间管理的效能

在学校,你是否感觉学习、社团忙不完,信息爆炸,知识太多学不来，读了很多书，但用不上？……我们总希望所做的事情快一些完成，却忽略了效率并不等于效能；重视了以正确的方式做事，而忽略了要做正确的事。

(1) 寻找知识的源头

很多同学都听说过"一万小时定律"，即杰出不是一种天赋，而是人人都可以学会的技能。回忆一下，关于"一万小时定律"你是在哪里了解到的呢？有的同学是从公众号、励志作者、"专家"解读等大众传播的途径了解到的。从这些途径获得的知识，往往是加工后的"鸡精汤"，多"喝"无益。有的同学是从畅销书中了解到的，比如2009年马尔科姆·格拉德威尔（Malcolm Gladwell）写的《异类：一万小时定律》，2010年丹尼尔·科伊尔（Daniel Coyle）写的《一万小时天才理论》，2016年安德斯·埃里克森（K. Anders Ericsson）写的《刻意练习》，谈的都是这个问题。这些畅销书的来源是什么呢？安德斯·埃里克森在1993年发表的一篇论文《刻意练习在获得专业表现中的作用》。阅读论文比看畅销书的含金量要高，获得知识要点的效能更高。再往知识点的源头追溯，1973年诺贝尔经济学奖获得者赫伯特·西蒙（Herbert Alexander Simon）首次提出专业技能习得的"十年定律"。

寻找知识的源头为什么重要呢？梳理一下，赫伯特·西蒙发现厉害的象棋大师们的长时记忆，有5万～10万个象棋套路模块，而学完并掌握这些需要花费十年的时间，所以提出一个理念，真正学会一个专业技能的"十年定律"。安德斯·埃里克森进一步拓展了专业选手的研究，发表的论文提出了"刻意练习"理论，揭示了天才成为天才的原因，普通人通过后天的努力也可以习得任何知识并走向卓越。马尔科姆·格拉德威尔根据这篇论文，写了畅销书《异类：一万小时定律》，书中提到："人们眼中的天才之所以卓越非凡，并非天资超人一等，而是付出持续不断的努力。只要经过一万小时的锤炼，任何都能从平凡变成超凡。"次年，丹尼尔·科伊尔也出版了《一万小时天才理论》，该书后来成为畅销书。这两本畅销书的观点渲染了一万小时的作用，却忽略了刻意练习反馈改进的本质，也就是只强调时间维度，没有重视方法效果。安德斯·埃里克森发现自己的理论被误读了，于是又出版了《刻意练习》，在书中强调刻意练习是持续改进提高的策略，并没有一个准确的时间保证让人成为大师。可见，不少畅销书和公众号文章等是基于个人体验，加入了案例、故事或者情绪，目的是让你觉得你也可以。一般来说，核心期刊的学术论文、行业报告、第三方研究机构调查报告等的知识含金量更高，有清晰的论据和出处，更适合大学生作为学习、研究的依据和来源。

（2）以教为学的学习方式

"学习金字塔"是"美国缅因州国家训练实验室的研究成果，它用数字形式显示了采用不同的学习方式，学习者在两周以后还能记住内容（平均学习保持率）的多少。这是一种现代学习方式的理论，最早由美国学者、著名的学习专家爱德加·戴尔于1946年发现并提出。"[①] 该理论认为学习效果在30%以下的几种传统方式都是个人学习或被动学习，而学习效果在50%以上的都是团队学习、主动学习和参与式学习，并把学习分为七种方式，形成"学习金字塔"，见图4-4。

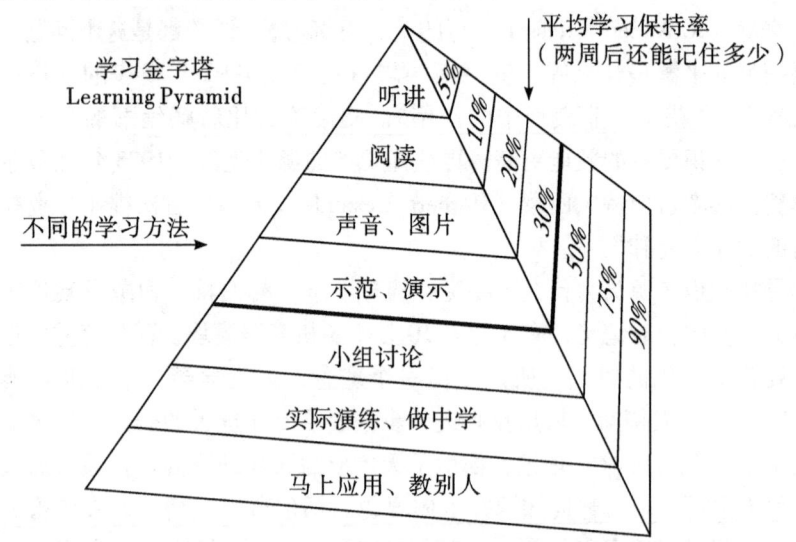

图4-4 学习金字塔

第一种学习方式：塔尖的"听讲"，也就是教师说、学生听，这种最熟悉、最常用的方式，学习效果却是最差的，在两周以后的平均学习保持

---

① 吴智泉：《美国高等院校学生学习成果评价研究》，知识产权出版社2019年版，第99页。

率只有5%。

第二种学习方式：通过"阅读"方式学到的内容，在两周后的平均学习保持率也只有10%。

第三种学习方式：用"声音、图片"的方式学习，两周后的平均学习保持率是20%。

第四种学习方式：通过"示范、演示"来学习，采用这种学习方式，在两周以后可以记住30%。

第五种学习方式：经过"小组讨论"，两周后可以记住50%的内容。

第六种学习方式：在"实际演练、做中学"，两周后的平均学习保持率可以达到75%。

第七种学习方式："马上应用、教别人"的方式，可以记住90%的学习内容。最后的这种以教为学的学习方式，也称为"费曼学习法"（Feynman Technique），是指通过教别人的方式让自己学会。

以教为学的学习方式操作流程：首先选择一个你想学习的内容；再按所学的内容复述主要概况，也就是要"入戏"，假装你在教别人；然后遇到问题停下来翻书，针对难点做复习、反思和总结；最后是内化，以自己的语言，用讲授的方式重新复述这些内容。这个过程，实际上就是"输入→输出→查缺→补漏→巩固"的过程。

（3）化被动为主动

你有过被事情推着走的经历吗？是否有经历过，本想专心做一件事情，却不断被打扰，最后在忙碌中度过一天，但自己本来要做的事情却没有完成？这些"打扰"可以分为内部打扰和外部打扰。

应对内部打扰的建议：把突然想到的事情记录在旁边的纸上。当你有一个想法产生时，将引起你的注意。此时，你需要做的是立即回应。如果你的立即回应是完成这个想法，那么将会导致分心，影响正在完成的任务。还有一种更好的立即回应方式，就是记录下来，然后继续完成正在做的任务。下次，当你写作业时突然想上网买双小白鞋，试试把这个事情写下来，而不是打开淘宝。

应对外部打扰的建议：外部打扰的情况比较复杂，回应的方式可以是拒绝或协商。这种方式可以通过谈感受、讲建议的方式，与外部打扰者进行沟通。比如，在你复习的时候，好友发信息给你，请你把笔记本借给他。这时，你可以回复："我在图书馆复习，笔记本没有带在身边。下午再找给你吧，好吗？"如果遇到无法拒绝或协商的情况，也就是必须中断时，建议你把当下的思路快速记下，完成其他任务后再快速进入原来的状态，这叫作"断点续传"。

三、压力管理

（一）解读压力管理

1. 压力的内涵

压力包括外在刺激、个体的主观反映及所做出的各种反应。外在刺激是压力源，是我们产生压力的诱因，包括限制和支持两方面。同学们在面对同一件事情时，会出现不同的压力行为反应，这就说明，压力是个人的主观反映，不同个体所产生的反应存在差别。外在压力和内在压力的双重作用会促进我们迅速做出反应来，这种反应叫压力反应，一般包括生理反应、情绪反应、行为反应三种。

并不是所有的压力都导致烦恼等不愉快的体验，有些压力是能使人产生满意、愉快的体验的。比如，2021年日本东京奥运会的第一个比赛日，中国"00后"选手杨倩在10米气步枪决赛中以251.8环成绩夺得冠军，这是这次奥运会产生的第一块金牌。在这一次东京奥运会上，场馆里奏响的第一支国歌是中国的国歌。同学们通过比赛画面就能看到射击运动员最大的挑战就是调整呼吸、控制心跳、保持心态的从容，然后才能有身体的稳定。我们在为取得金牌欢欣鼓舞的时候，更要看到冠军背后出色的技术和过硬的压力管理能力，这两者缺一不可。可见，压力也是一种挑战，它能唤醒人们的动机，并促进个人成长和职业发展。

2. 压力管理的内涵

压力管理指的是"适应压力的过程，而管理是'控制'之意，要做压力的主人，要操纵压力，而且将它当作新的资源与支持系统，将精神放在纾解压力上，更进一步计划如何将压力从负面转为正面，而使生活更和谐、更有生产力"[①]。压力管理是一种管理你所承担的职责和压力的最有效

[①] 武莉、尹肖云、窦豆：《医学理论与临床应用》，吉林科学技术出版社2019年版，第273页。

的方法。通过压力管理,你可以对压力进行诊断,确定压力的来源,并能采取各项措施来对抗压力。也就是说,通过用对的方法,用正确的方式,探索自己的压力源,然后调整自己的压力,理解自己的压力,控制自己的压力。

3. 压力管理的重要性

我们在奥运冠军杨倩扣人心弦的决赛当中也看到了,当时冠亚军的争夺,在杨倩和俄罗斯选手加拉什纳之间展开。在打最后一枪之前,俄罗斯选手领先0.2环,可以说最后一枪是一枪定乾坤。在这样巨大的压力面前,俄罗斯选手最终只打了8.9环,大家注意之前她打的都是10.3、10.4这种成绩,突然打了一个8.9,说明她的心理状态起伏了、波动了。相比来说,杨倩的压力管理就更好一些,打出了9.8环,稳稳地将本届奥运首枚金牌收入囊中。

有很多人在关键时刻发挥失常,如比赛失守、考试失利,根本原因不是技术不行,不是水平不行,而是在压力中无法调整好情绪。新时代,人类社会发生了空前的变化,科技飞速发展,社会高度进步,发明创造不断涌现,人类奥秘不断被探索。伴随着这高速发展的节奏,人类也在不断地改变和提升自己,以应对越来越激烈的社会竞争。在这个过程中,每个人都承受着不同程度的压力,成就越高,责任越大,压力也就越来越大。所以有意识地培养和磨炼抗压能力,造就强大的心理素质,对于一个人的成长和进步是至关重要的。

大学阶段是大学生人格发展、三观形成的关键时期。身心发展尚未完全成熟,自我调节和自我控制能力不强,复杂的自身和社会问题,往往容易导致大学生强烈的心理冲突,从而产生心理压力。作为这一问题的主体的大学生,学会压力管理,将压力化为动力,是很有必要的。

(二) 压力管理的方法

压力管理是在压力产生前、中、后,个体主动采用合理的应对方式,即情绪、行为等方面的纾解。当个体面临压力的时候,觉察并接受自己的情绪,会使自己正面看待情绪,采取较为适当的行动。

1. 压力曲线

压力曲线表示一个人的适应能力,也就是个人面对和应付各种要求的能力或者对付压力的能力,见图4-5。

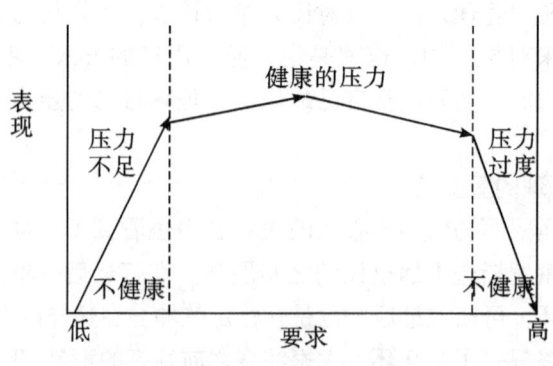

图 4-5　压力曲线

压力不足：特征为效率降低，消极的情绪，感到无聊、无趣、爱打瞌睡，对生活和工作都没有激情，动机不明，情绪低落、沮丧。对策是给自己制订一个较紧迫的项目完成计划，一鼓作气地完成它。

健康压力：特征为随着压力的增加，我们的精力获得提高，表现得更好，富有活力，并且一直维持当时的最佳刺激度。这就处于绝对的巅峰状态，面对由某种要求而带来的机遇，觉得刺激、兴奋、富有挑战性，控制感恰到好处，感受到成就感和满足感。在这个状态下，建议持续投入，有机会的话争取更多表现的机会。

压力过度：特征为由于压力持续的时间太长或来自工作内外的压力不断增强而支持不足，开始觉得紧张过度、刺激过度、表现变差，不能有效地解决问题。比如，学习的动机太强、急于求成，会产生焦虑和紧张，干扰记忆和思维活动的顺利进行，使学习效率降低。考试出现的"怯场"现象，主要由动机过强造成的。对策是意识到自己的表现在削弱，及时进行调整。

2. 制造正向情绪

我们的身体拥有自身的应激机制，比如遇到危险时心率会变快，血压会升高，产生逃离的意识。这个时候，大脑会分析我们的身体为什么会发生这些变化，以前是否有过类似的经历。接下来，大脑会将它和以前类似的经历进行归类，并打上一个标签，这个标签就是情绪，比如遇到危险时的反应将被归类为"恐惧"情绪。

心理学家丽莎·费尔德曼·巴雷特（Lisa Feldman Barrett）结合二十五年对情绪的研究，提出："情绪看似是发生在你身上的，但其实情绪是你制造的。"也就是说，情绪是一种通过学习总结出来的经验，是被大脑构造出来的。她在 2018 年 1 月的 TED 演讲《怎样才能很好地控制自己的情绪?》中举例："当学生学会制造出这种充满能量的决心，而不是制造出焦虑时，他们考试的表现就会更佳。那决心在他们的大脑中播种，让大脑用不同的方式去预测未来，所以他们能让自己不会乱了阵脚。"这种制造正向情绪的方式同样适用于生活、工作中的情绪管理。

3. 使用可控的自我评价标准

大学生在学业、就业和职业发展等方面的压力，源头往往是采用比较模式作为评价标准。采取比较模式来评价自己的成功或优秀与否，一旦出现"比谁绩点低""比谁收入低""比谁晋升慢"等落差，就会陷入对自我的怀疑、对过往的抑郁、对未来的焦虑等负面情绪。同学们发现了吗，在比较的时候，其实你已经把自己推向不可控的境地。因为比较的对象是他者，不受你所控制。要知道，用比较的方式去评价自己、去付诸努力，这个过程无法由你一个人去完成。

哲学家马丁·海德格尔（Martin Heidegger）是存在主义哲学的创始人和主要代表之一。他认为人们大多数时候对自己的存在漠不关心，不断地应付别人、去比较。他提出，人只有选择做自己，才能属于自己，也就成为真诚的生命，可以形成开放的管道，让"存在"展现出来。情绪管理关键在于做自己，有属于自己的目标，有属于自己的评价标准，不与他人做比较。

4. 即时的压力管理方法

遇到突发情况，需要马上采取行动缓解压力，这里介绍五个"急救"的方法。

（1）反复深呼吸，从 1 数到 10

情绪特别激动时，可以使用这个方法。比如考试、面试、比赛时紧张，和亲人、好友吵架时焦躁，和他人沟通不畅时的愤怒，都可以用这种方式强迫自己冷静下来。从 1 数到 10 以后，你会发现想要爆发的欲望小了很多。这个时候，你就可以开始理性思考，而不是完全被情绪所左右。事情过去之后，你也许会感到庆幸，因为及时自我控制，避免了一场无法估量的损失。

（2）做伸展运动

运动时大脑中会分泌一种"内啡肽"，可以使人产生愉悦感，因此，它被科学家称为"快乐素"。这一刻，如果你沉浸在糟糕的情绪里无法自拔，可以原地做伸展运动，缓解压力调节情绪。如果条件允许，还可以去跑步、游泳。要注意，情绪不佳时的运动不能太过剧烈，以免让自己受伤。

（3）和自己对话

自己和自己对话也是排解情绪的一种有效方式。文字能治愈人心，撰写的过程也是梳理自己情绪的过程。日记本、手机记事本，都可以用来记录情绪，这样做既不会传递负能量，又能在写作的过程中，学会自己面对情绪、消化情绪。

（4）马上去洗手间

当你感觉情绪快要抑制不住时，马上去洗手间打开水龙头洗洗手、照照镜子。水流的声音有助于让自己冷静下来，通过镜子也能让自己知道，控制不住情绪的样子有多难看。人的表情是内心的反射，谁也不会希望自己的表情丑陋得让人无法直视。你还可以冲着镜子做几个鼓励性的动作，这也有助于重新鼓足勇气，恢复理性。

（5）做机械性的肢体工作

把脑袋放空，做无须大脑思考的机械性的肢体工作，比如打扫卫生、抄书等，能让负面情绪慢慢缓解。一段时间后，情绪就能逐渐平复，回归正常。

第二节 人际关系管理

一、认识人际关系

（一）人际关系及其发展

1. 人际关系的内涵

人际关系，是指人与人之间，在工作、学习、生活过程中，直接的心理上的关系或心理上的距离。

人在社会中不是孤立的，人的存在是各种关系发生作用的结果，人正是通过和别人发生作用而发展自己，实现自己的价值。人际关系以人与人之间的情感为纽带，以人的需要为基础，以相互交往为手段，以自我袒露为标志，是人们为了满足某种需要，通过交往形成的彼此之间比较稳定的心理关系。人际关系的好坏反映着人们心理距离的远近。

人际关系还包括两个重要的方面，即人际吸引和人际冲突。人际吸引是个体之间感受到的时间和空间、直接或间接、现实或希望的相互依存关系，是个体之间相互喜欢和亲和的现象。造成人际吸引的因素很多，如颜值、能力、地位、互补等。人际冲突是因为价值观、信念、行为习惯等不同造成的人与人之间的分歧，这种冲突的产生需要个体通过一定的人际交往技巧来避免和化解。

2. 人际关系学说

人际关系是一个以多重学科为基础和以多重学科交叉作为支撑的综合性学科，涵盖了普通心理学、社会心理学、人际交往心理学、交际文化学、人际交往语言学等。

心理学家梅奥（George Elton Mayo）是人际关系学说的创立者。梅奥结合霍桑实验提出，人们的行为并不单纯出自追求金钱的动机，还有社会方面的、心理方面的需要，即追求人与人之间的友情、安全感、归属感和受人尊敬等，而后者更为重要。梅奥等人开启的人际关系理论的重要贡献主要有四个方面：①发现了霍桑效应，就是当人们在意识到自己正在被关注的时候，会刻意去改变一些行为的效应；②职工是社会人；③企业中存在非正式组织；④新的领导能力在于提高员工的满意度。

（二）大学生人际关系

1. 大学生人际关系的概念

大学生人际关系有广义和狭义之分。广义的大学生人际关系指与大学生有关的一切人际联系，狭义的人际关系指大学生在校期间和周围与之有关的个体或群体的相处及交往关系。大学生的人际关系是动态的，是大学生之间交往、联系、作用建立的一种人际关系。

2. 大学生人际关系的主要类型

大学时期是大学生人际关系迅速发展的重要时期，大学生的人际关系主要有以下四种类型。

(1) 血缘关系

这是大学生天然的一种人际关系,如父母、兄弟姐妹等关系。

(2) 同学关系

同学是大学生人际交往的主要对象之一,是大学生人际关系的主要主体。校园中,大学生的交际圈主要有几种类型,即学习类、娱乐类、社团类等。这些类型的圈子都是根据大学生的兴趣、爱好、性格等结成的。

同学关系根据交往范围、交往目的的不同,又分为:①地缘型,因地域相同而结成的人际关系,如同乡会;②趣缘型,由于兴趣、爱好等结成的人际关系,如羽毛球队、艺术团等;③情缘型,男女大学生为了满足爱情的需要,通过异性交往而建立的人际关系。

(3) 师生关系

大学里的两大群体是老师和学生,老师是学生人际交往的重要对象,师生关系的健康直接影响到学生的发展。

(4) 网络人际关系

随着互联网的发展,大学校园里出现了一种不能让人忽视的人际交往关系,即网络人际交往。2019 年 8 月 30 日,中国互联网信息中心发布的第 44 次《中国互联网络发展状况统计报告》指出:"我国网民以中青年群体为主,20~29 岁年龄段的网民占比最高,达 24.6%。职业结构方面,在网民群体中,学生最多,占比为 26%。"网络人际交往在价值观和生活方式等方面带给学生前所未有的挑战。

3. 大学生人际关系的特点

大学生渴望结交更多的朋友,具有较强的接受新鲜事物的能力,大学生的人际关系呈现出了以下特点。

(1) 交往范围不断扩大

大学生的交往不局限于班级同学,而是面向更大范围的交往,而且异性交往也成为大学生重要的交往方式。

(2) 交往频率提高

大学生由于各种关系结交的朋友圈,都可能从偶尔的聊天发展到经常聚会、娱乐、结伴出行等。

(3) 交往手段增多

大学生的交往手段体现出现代化的特点,网络为大学生的交往提供了更为广阔的平台,交往手段的增多让大学生的交往变得更加快捷、范围更广。

4. 大学生人际关系常见的问题

积极的人际交往，良好的人际关系，可以使人精神愉快、情绪饱满。一般来说，具有良好人际关系的大学生，大多具有开朗的性格、热情乐观的品质、积极向上的人生态度，能较好地适应大学生活。若缺乏积极的人际交往，不能正确地对待自己和别人，则容易形成心理上的压力，严重者还可能影响身心健康。大学生人际交往常见的问题主要表现为以下五种。

（1）自我中心

部分大学生在观察事物或考虑问题时，以自己的经验和标准去认识、评价事物及自己与他人的行为，从自己的立场出发采取行动，容易出现自我中心倾向。这种对自我过度关注的倾向，造成了大学生一系列的交往问题。因此，大学生要纠正自我认知的偏差，不仅要正确认识自我，还要客观认识他人，通过拓宽学习和生活的范围，增加实践阅历，凭借各种正确的参考系，全方位、多角度地认识自己和他人。

（2）自卑

自卑是指个人因自我评价偏低而丧失自信，并伴有自怨自艾、悲观失望等情绪体验的消极心理倾向。大学生自卑产生的原因很多，如经历过多次失败、原生家庭的影响、学习跟不上等。面对这种情况，大学生要努力用积极的态度对待，正确认知自己，还要认识到人无完人，学会积极与人交往，增强自信。

（3）嫉妒

嫉妒是对别人在某方面有比自己优越的状况，产生的一种由羡慕转为恼怒、忌恨的情感状态。嫉妒是普遍存在的，在历史上嫉贤妒能的例子有很多，如庞涓对孙膑、李斯对韩非。对超过自己的人产生嫉妒，这是一种消极、狭隘的不良心理，是人际交往中的心理障碍，它会限制人的交往氛围，压抑人的交往热情，甚至能反友为敌。荀子曾说："士有妒友，则贤交不亲；君有妒臣，则贤人不至。"大学生要从自身做起，提高自己的修养，将自己的劣势转化为优势，用正当、合法和理智的手段消除这一心理，让嫉妒升华，转化为成功的动力。

（4）猜疑

猜疑是对别人不信任的一种情感体验，是一种消极的自我保护。有这种心理的大学生对别人总是不信任，抱着怀疑的态度与人交往，甚至将周围环境中与自己无关的现象或事件都看成与自己有重大关系。要克服这种心理，大学生要刻意锻炼、培养和调节，如加强自我道德修养、培养豁达乐观的人格、消除对他人的偏见等。

（5）孤僻

大学生的孤僻现象，主要体现在缺乏交往的愿望和兴趣，自我封闭，不愿意和别人交谈，不愿意参加集体活动，少言寡欢、孤独沉默、忧愁郁闷。如果大学生想改变这种情况，需要努力让自己融入集体，还要克服自负、自尊或自傲的心态，积极与他人交往，适当宣泄自己的苦闷情绪，增强理性认知。

二、培养良好的人际关系

良好的人际关系是大学生促进个性发展和完善自我的重要手段，也是加快社会化进程的重要手段。提升人际交往能力是大学生取得成功的重要因素。

（一）树立正确的交往观

古今中外对"正确的交往观"的理论、观点有很多，笔者从中西方各选择了一个代表性的观点。

《论语·季氏篇》谈如何交友，子曰："益者三友，损者三友。"益者三友是指"友直、友谅、友多闻"。

友直：朋友如果是真诚而正直的，那么他跟你交往是直接显示他的性格。两个人在这里面切磋琢磨，不断地互相鼓励对方成长。

友谅："谅"代表体谅，也代表守信用、很实在。这样的朋友对你了解相当深。天下人都误会你也没关系，你的朋友知道你的用心是什么就够了。人无法让天下人都了解，连孔子都说"没有人了解我"，何况是我们一般人呢！

友多闻："多闻"指的是博学多闻。这样，大家在一起聊天谈话的时候才有趣味。

"损者三友"，就是跟三种朋友交往是有害的。第一种"友便辟"，是指刚愎自用；第二种"友善柔"，是指委婉顺从；第三种"友便佞"，是指强词夺理。

马丁·布伯（Martin Buber）的关系本体理论，论述了人的两种关系，即"我与你"和"我与他"两类。一旦你将其他存在视为实现你目标的工具和对象，这就是"我与他"的关系。"我与他"的关系在布伯看来只是一种经验和利用的关系，本质上不是一种真正的关系。唯有认清"我与他"这种非本质的关系，才能确立"我与你"真正的关系。当你放下了所有期待，带着全部本真和其他存在相遇，这就是"我与你"的关系。这种关系体现出以诚待人的交往观，这是大学生健康交往的基础。

以上两种交友观的共同之处是"真诚"。大学生与人交往，首先要讲求真诚，以诚待人才会赢得别人的信任，离开这一点，一切都成了无根之花，无本之木。只有用一颗真诚的心，做到以诚待人，才能得到他人的尊重，使人际关系得到巩固和发展。总之，你希望交到怎样的朋友，首先自己就要成为这样的朋友，值得让别人与你交往。

（二）提升有效的口头沟通能力

麦可思跟踪分析了2013—2017届本科生在毕业半年后的能力的重要度和满足度，数据显示，"有效的口头沟通"重要度始终保持在较高的水平，见表4-4。

表4-4 2013—2017届本科生毕业半年后能力的重要度和满足度

基本工作能力名称	重要度					满足度				
	2013届	2014届	2015届	2016届	2017届	2013届	2014届	2015届	2016届	2017届
有效的口头沟通	77	75	76	72	71	82	83	83	84	85
积极聆听	72	71	73	70	72	86	87	86	87	88
理解性阅读	65	62	66	63	64	90	91	91	90	90
针对性写作	67	63	66	62	61	79	81	81	83	85
批判性思维	60	58	61	59	64	86	86	85	88	86

数据来源：麦可思-中国2013—2017届大学毕业培养质量跟踪评价。

提升有效的口头沟通能力需要从以下几个方面入手。

1. 分析关系程度

首先要区分你和沟通对象之间的关系。关系是指对感情的认知和投入程度。这个程度包括熟悉度，比如够不够哥们；情感度，你们的感情好不好；投入度，你们之间的关系远近。理查德·班德勒（Richard Bandler）和约翰·格林德（John Grinder）在 1976 年创立的神经语言程序学（简称 NLP）提出关系是有层次的，见图 4-6。

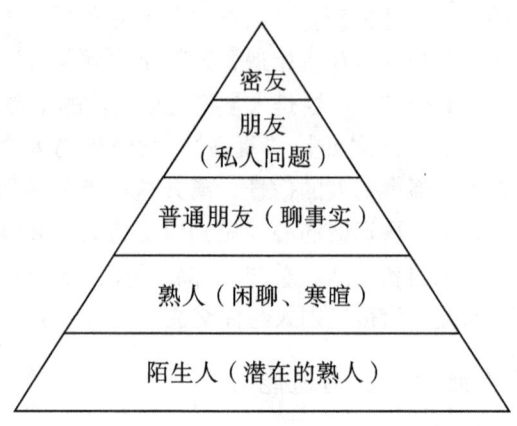

图 4-6　关系层级

关系层级图中列举的五种关系，从下往上，情感的深度越来越高，人数越来越少。需要注意两点：

第一，关系是具有流动性的，不可能永远停在一个层级，比如原来的熟人可能会成为你的密友。

第二，层级不可逆性。两个人之间的关系，以低关系层级为准，也就是避免"交浅言深"。

2. 认清身份认同

有同学提出了困惑："在宿舍里，我作为舍长，我知道我们的关系程度，提建议、帮助你都是在这个话题之内，为什么沟通还是不顺畅？"还有毕业生说："在实习单位，我清楚和上司的关系，我为公司好、为项目好，所以我提了意见，也非常委婉，为什么他不接受呢？"这就是第二个需要注意的问题，即"身份认同"。

身份是指彼此在心中如何看待对方，把对方放在什么位置，其依据是对这个人的认可程度。身份，并不是单纯指社会阶层，而是一个人内心怎么看待对方。不同关系不同身份，用不同沟通方式和语言，只用一种方式必然会产生问题。

常见身份有："上级"，如老师、父母、权威人士、学长等；"平级"，如同学、朋友、普通熟人、邻居等;"下级",如晚辈、师弟、师妹等。

3. 善于话题承接

你有遇到过这样的情况吗:你一插话就冷场;别人不问,我就不说,别人问,我就老实回答;经常是我在说,别人听或者根本没兴趣听。这也许是因为你没有找到对方话里的关键点,也许是你还没有掌握接话的技巧,也许是你说话时没有关注到他人。这些都可以通过话题承接的技巧得以改善,包括以下三点。

(1) 接最末尾的关键词

以反问或疑问回应对方。比如,对方问:"你家是哪儿的啊?"可以这样回答:"广东的,你呢?"表示对对方的关注。还可以回答:"我家在祖国大陆的最南端。"激起对方的好奇心。

(2) 拆关键词

引导话题走向。从对方的表述中,寻找你熟悉领域的关键词,通过提问的方式,引导话题走向。

(3) 信息澄清,同感回应

用"心"倾听情感,理解对方所讲的内容,对信息中的情感部分予以认可。不明确对方的真实用意前,尽量别下结论推断和给建议。如果你分不清对方表达的是求助还是"吐槽",就尽量去关注人本身。比如,重复对方的话:"今天你很疲惫。"解释对方的话:"让我试用自己的语言来阐述你的观点……"总结对方的观点:"你最不满意的两个地方似乎是……"阐明对方的观点:"那么,你对这个事情的建议就是……"辨别对方的潜台词:"我想你的言下之意就是,你以为其他人会解决这个问题。"等等。总之,在不明确沟通目的时,不破坏关系是第一位的。

4. 选择合适的提问方式

提问的方式一般分为四种:开放性提问、封闭式提问、假设性提问、强迫性提问。

(1) 开放式提问

开放式提问,就是提出比较概括、广泛、范围较大的问题,对回答的内容限制不严格,给对方以充分自由发挥的余地。开放式提问比较宽松,不显得唐突,也得体。比如,使用"如何""什么""为什么",也可以通过引出细节,如"请给我讲一下""给我举个……方面的例子",或者"告诉我……"等,通过提问鼓励对方说出细节。

开放式提问可以缩短双方心理、感情距离，但由于松散和自由，难以深挖。适用的情形，比如关系建立的初期，让对方自然和舒适地进行交谈；尊重对方的主动权，允许对方控制做出回应的顺序和内容。

开放性问题的优势在于对于收集关于对方感受、所关心的问题和所持观点而言，非常有用。让对方自己控制回应的内容，能够发现对方对问题的先后顺序的考虑。通过开放式问题的试探，能够收集关于对方个性方面的信息，帮助你做出适当的回应，准备后面的提问、计划和安排，或者给对方提出建议。

（2）封闭式提问

封闭式提问，就是提出答案有唯一性、范围较小、有限制的问题，对回答的内容有一定限制，提问时，给对方一个框架，让对方在可选的几个答案中进行选择。

封闭式提问能够让回答者按照指定的思路去回答问题，而不至于跑题。使用封闭式提问时，要了解你自己是否期待得到"是"或"不是"的答复。一般使用于期待他人承诺的时候、回顾前面已经谈过的话题时、明确表态赞同或不赞同时，以及想要得到明确的回应时。

（3）假设性提问

假设性提问通常用"如果"或者"假设"开始，有助于收集对方思维进程和思想状态的信息。假设性问题可以帮助我们了解对方优先考虑的事情或者其思维广度。

（4）强迫性提问

强迫性提问，比如提出"哪一个更重要"，让回应者被迫选择本身未必排斥的选项之一。强迫性提问与封闭性问题一样，可以得到明确的答案。

根据对象、场合和事情等，选择适合的提问方式，建议多使用开放性提问，避免复合式提问，也就是，避免同时提问多个问题。

第三节　创新与创业意识培养

一、"双创"的时代背景

（一）创新驱动战略

"双创"是指"大众创业、万众创新"。"双创"不是一句口号、号召、标语，而是国家战略。

2014年夏季达沃斯论坛上，李克强总理第一次提出"大众创业、万众创新"。2015年两会上，李克强总理在政府工作报告中指出要把"大众创业、万众创新"打造成推动中国经济继续前行的"双引擎"之一。2016年5月19日，中共中央、国务院印发《国家创新驱动发展战略纲要》，明确创新驱动战略是国家的优先战略。第一步，到2020年进入创新型国家行列，有力支撑全面建成小康社会目标的实现；第二步，到2030年跻身创新型国家前列，为建成经济强国和共同富裕社会奠定坚实基础；第三步，到2050年建成世界科技创新强国，为我国建成富强民主文明和谐的社会主义现代化国家、实现中华民族伟大复兴中国梦提供强大支撑。当前，我们的第一步的战略目标已经实现，国家科技部部长王志刚在2020年5月19日的新闻发布会上谈道："创新能力指数达到前15位就进入了创新型国家。世界知识产权组织（WIPO）评估显示，我国创新指数位居世界第14位；中国科学技术发展战略研究院发布的国家综合创新能力指数，我国排在第15位。这是进入创新型国家的一个重要标志。"

科技推动的创新力量已经成为当今世界的主导力量。商业与投资的机构Visual Capitalist统计数据显示，2001年全球市值最大的五家公司分别为通用电气、微软、埃克森美孚石油、花旗银行、沃尔玛，到了2018年，全球市值最大的五家公司分别为苹果、亚马逊、Alphabet、微软、Facebook。石油和金融公司，逐渐被科技公司赶超，见图4-7。

图 4-7 2001—2018 年全球市值 Top5 公司

(资料来源：Visual Capitalist)

(二) 高校是"双创"人才培养的主阵地

"不同时代有不同时代的英雄，创业、创新者就是今天这个时代的英雄。"① 以创新为经济发展灵魂和内在动力的新经济时代，使"双创"人才成为一种稀缺战略资源。高校肩负着国家强大、民族发展和思想进步的重任，是"双创"人才培养的主阵地。在"双创"背景下，高校培养的人才需要保证其具备扎实的创新精神、创业能力及综合创新实践水平，这关乎高校人才培养的综合水平，以及与新时代社会人才需求接轨，与我国经济发展同步。

2015 年 10 月，刘延东副总理在出席深入推进高校创新创业教育改革座谈会上强调："人是创新最关键因素，创新驱动是人才驱动。加快实施创新驱动发展战略，迫切需要深化高校创新创业教育改革。"教育部部长陈宝生在 2016 年第二届中国"互联网＋"大学生创新创业大赛闭幕式讲

---

① 《李克强：创业、创新者是今天这个时代的英雄》，见人民网（http://politics.people.com.cn/n/2015/1019/c1001-27715605.html），2015 年 10 月 19 日。

话中指出:"要把推动高校创新创业教育改革作为服务经济结构转型、发展动能转换的根本需要,作为培养应用型、创新型人才的必然要求,高等教育综合改革的突破口和重中之重。"

2017年,国家的目标是普及创新创业教育,提出创新创业教育不是突击型的教育,要有系统设计,要让创新创业意识、创新创业能力培养融入人才培养的全过程,着眼于每个学生的发展,培养创新精神、创业意识和创新创业能力。高校的创新创业教育是以培养具有开创型个性、创业基本素质的人才为目标,以培育在校学生的创业意识、创新精神、创新创业能力为主的教育。

二、创新意识的培养

(一)创新与创新意识

1. 创新的内涵

创新,在《南史·后妃传·上·宋世祖殷淑仪》中就曾被提到,是指创立或创造新的东西。在新时代,创新可以定义为利用已经存在的自然资源创造新东西的一种手段,是以在现有的思维模式下提出有别于常规或常人思路的见解为导向,利用现有的知识和物质,在特定的环境中,本着理想化需要或为满足社会需求,而改进或创造新的事物、方法、元素、路径、环境,并能获得一定有益效果的行为。它是以新思维、新发明和新描述为特征的概念化过程。创新的英文"innovation"起源于拉丁语,有三层含义:第一,更新;第二,创造新的东西;第三,改变。作为人类特有的主观能动性的高级表现,创新是推动民族进步和社会发展的不竭动力:一个民族要想走在时代前列,就一刻也不能没有创新思维,一刻也不能停止各种创新。

创新的定义包括狭义和广义两种。

狭义的创新,是指创造、发现新的东西的过程和方法。从经济学的角度,立足于把技术和经济结合,是指一个从新思想的产生到产品的设计、试制、生产、销售和市场化的一系列活动。狭义的创新更强调真正具有推动社会进步意义的过程和方法。

广义的创新,是指利用现有知识技能去重现前人已经探索的发现过程。从经济学的角度，是将科学、技术、教育等与经济融合起来。广义的创新的重心是技术创新，技术创新需要其他方面的创新互相配合，如组织创新、管理创新、体制创新等。

2. 创新意识的内涵

创新意识，是指个体根据社会需求和个人发展的需要，创造前所未有的事物或观念的动机，以及在创造活动中表现出的意向、愿望和设想。创新意识是人类意识活动中的一种积极的、富有成果性的表现形式，是人们进行创造活动的出发点和内在动力，是创新思维和创新能力的前提。

根据创新意识的概念，其特征主要有三个方面。

求新性：具有创造前所未有的事物或观念的意向。

社会历史性：这种动机是随社会的变化发展和历史的变化发展的。

个体差异性：由于个体的成长环境、文化素养、志向、爱好等因素的不同，创造活动中表现出的意向、愿望和设想将呈现出个人独有的风格。

（二）培养大学生创新意识的重要性

1. 创新意识是大学生综合素质的要素

大学生的综合素质是以深厚的文化底蕴、高度综合化的知识、个性化的思想和崇高的精神境界为基础的。具有创新意识的大学生，能根据社会和个体生活发展的需要，综合运用已有的知识、信息、技能和方法，提出新方法、新观点，进行发明创造、改革、革新。创新意识的培养，能激发大学生的主体性、能动性和创造性的进一步发挥，对巩固和丰富大学生的综合素质发挥着越来越显著的作用。

2. 创新意识是大学生适应时代的需要

在知识经济时代，知识的迭代周期不断缩短，转化速度不断加快。知识经济依赖于知识信息的创造、加工、传播和应用，因此，大学生需掌握对知识的创新与整合能力，需具备主动地构建和再创造知识的能力，而创新意识在其中发挥主导作用。

3. 创新意识是大学生终身学习的动力

党的十六大报告把"形成全民学习、终身学习的学习型社会，促进人的全面发展"作为全面建设小康社会的奋斗目标之一。学习，从阶段性教育向终身教育转化，成为个人生存、适应、竞争、发展的第一需要。创新意识的培养，为大学生在进入职场后，根据职业发展需要，与时俱进地完善自身的知识和能力体系，提供源源不断的动力。

（三）培养创新意识的方法

1. 打破思维定式

思维定式，按照积累的思维活动的经验教训和已有的思维规律，在反复使用中所形成的比较稳定的、定型化了的思维路线、方式、程序、模式，也称作惯性思维。思维定式容易使我们形成思想上的呆板、千篇一律地解决问题的习惯。打破思维定式的方法有以下三种。

（1）用逆向思维，改变思考顺序

这种方式的核心是"反其道而思之"。人们习惯从"正向思维"去思考问题，而世界上的事物都有正反两个方面，所以应该从正反两个方面认识事物。通过逆向思维可以获得意想不到的效果。

逆向思维从类别来划分，有以下几类。

原理逆向：从事物原理的相反方向进行思考。比如，司马光砸缸的故事，司马光从"人脱离水"的反方向思考，转变为"水脱离人"的解决方案。又如，受奥斯特实验的启发，法拉第从"电生磁"转变为"磁生电"，由此有了发电机的诞生。

过程逆向：从事件过程的相反方向进行思考。比如，人上楼梯是人走路，这个过程的反方向是电梯"走路"，人就可以不动了。

缺点逆用型逆向：利用事物的缺点，将缺点变为可利用的东西，化被动为主动，化不利为有利。比如，"竹篮打水"的缺点逆用，就有了漏勺、漏锅。

位置逆向：在传统的动物园内，无精打采的动物被关在笼子里让人参观。有人用位置逆向，把人关在活动的"笼子"里（汽车中），就可以更真实地欣赏大自然中动物的面貌，于是野生动物园应运而生了。

（2）用侧向思维，改变思考方向

侧向思维，又称为"旁通思维"，它是沿着正常思维旁侧开拓出新思路，利用其他领域的知识和资讯，从侧向迂回地解决问题的一种思维形式。它具有思路活泼多变、善于联想推导、随机应变的特点。比如，《草船借箭》中把"造箭"转变为"借箭"；《乌鸦喝水》中乌鸦因口渴喝不到水，通过放入小石头解决问题。

请你思考一下：玻璃容器内有一条毒蛇，需要测量它的长度。是否有既能保障安全，又不伤害毒蛇的方法呢？直接的解决方式是冒着生命危险，用钩子勾住它，在多人帮助下拉直测量。如果使用侧向思维，则可以测量蛇皮的长度。

（3）改变思维方式

思维方式是多种多样的。在不同的情景下，可以选择适当的思维方式解决问题，比如以下几种。

联想思维：根据当前感知的事物、概念或现象，想到与之相关的事物、概念或现象的思维活动。联想思维方式也是通常所说的由此及彼、举一反三、触类旁通。在解决比较困难的问题时，我们可以将直接问题转化为间接问题，迂回式前进。

简化思维：在面对问题时，不被问题的复杂性所迷惑，将复杂问题简单化，是一种有效的方法，这种方法就是简化思维。简化思维的特点就是聚焦核心问题，避开复杂因素的干扰，直击重点。简化要直至问题的核心和根本，从最核心的目标出发，不要被一些细枝末节的问题所干扰。在解决比较复杂的问题时，我们可以将复杂转化为简单，渐进式前进。

类比思维：由某一事物的触发而引起和该事物在性质上或形态上相似事物的联想。对比两种事物，特别是在它们的基础结构和解释或阐述的目标中，找到相似或部分相似，将信息从基础转移到目标领域。在遇到我们未曾接触过的问题时，我们可以将陌生转化为熟悉，从而轻松解决问题。

2. 参与发散思维训练

（1）头脑风暴法

在团体中进行发散思维训练时，最著名的是阿历克斯·奥斯本（A. F. Osbom）提出的头脑风暴法。头脑风暴的核心思想是集思广益，即通过一群人围绕特定的话题，产生很多想法、点子、办法等来获取最好的想法、点子、办法等。头脑风暴的优势在于小组讨论比单独思考更有利于激发创造力。

头脑风暴的五大原则包括：①异想天开，无拘无束；②点子多多益善；③不要跑题；④不要评论别人的点子；⑤评价判断在会议之后。

（2）思维导图法

思维导图，又叫心智导图，是表达发散性思维的有效的图形思维工具。思维导图通过运用图文并重的技巧，把各级主题的关系用相互隶属不相关的层级图表现出来，把主题关键词与图像、颜色等建立起记忆链接。

思维导图充分运用左右脑的机能，利用记忆、阅读、思维的规律，协助人们在科学与艺术、逻辑与想象之间平衡发展，从而开启人类大脑的无限潜能。

思维导图的绘制流程：从一张白纸的中心开始绘制，周围留出空白；用一幅图像或图画表达你的中心思想；在绘制过程中使用颜色；将中心图像和主要分支连接起来，然后把主要分支和二级分支连接起来，再把三级分支和二级分支连接起来，依此类推；让思维导图的分支自然弯曲而不是像一条直线；在每条线上使用一个关键词；自始至终使用图像；发散到不能发散为止。

思维导图的软件工具有很多，如 MindManager、MindMaster、MindLine、MindVector、XMind、MindNode 等。

（3）六顶思考帽法

"六顶思考帽"是爱德华·德·博诺（Edward de Bono）开发的一种思维训练模式。它使用六种不同颜色的帽子代表六种不同的思维模式，见图4-8。

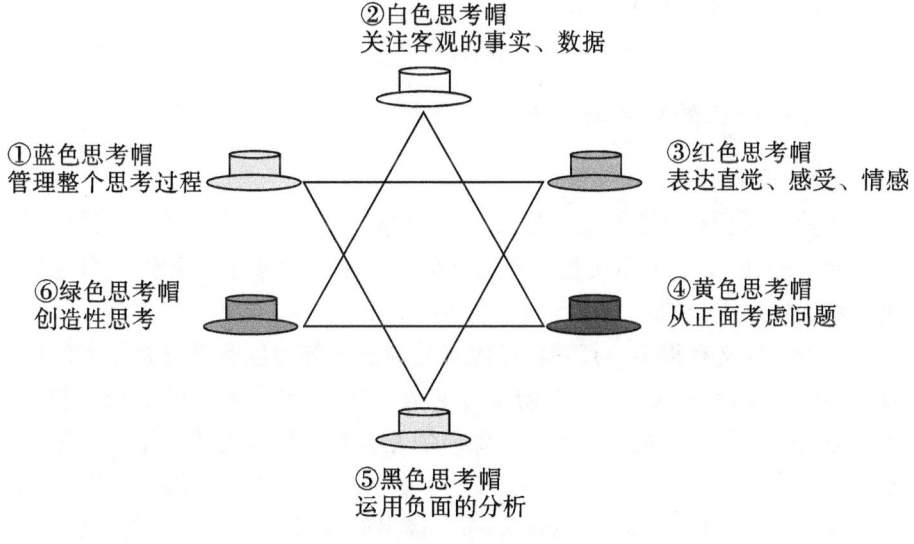

图4-8　六顶思考帽

蓝色思考帽：象征整体观及控制力，负责控制各种思考帽的使用顺序，规划和管理整个思考过程，并负责做出结论，就像是乐队中的指挥一样负责组织思维。

白色思考帽：中立而客观地以事实、数据化信息或资料为焦点，是一种分析处理信息的技巧。戴上白色帽，关注的是客观的事实和数据。

红色思考帽：红色是情感的色彩，以个人感觉、直觉和价值观为焦点，强调了在抉择时感性因素的意义。戴上红色帽，表达直觉、感受、情感等方面的看法。

黄色思考帽：黄色代表价值与肯定，象征乐观、前瞻和希望，以列举真实价值为焦点，运用证明的分析，帮助人们发现机会。戴上黄色帽，从正面考虑问题，表达乐观的、满怀希望的、建设性的观点。

黑色思考帽：以探索事物的真实性、适应性、合法性为焦点，运用负面的分析，帮助人们控制风险。戴上黑色帽，运用否定、怀疑、质疑的看法，合乎逻辑地进行批判，尽情发表负面的意见，找出逻辑上的错误。

绿色思考帽：绿色代表勃勃生机，象征创新、改变，以探求解决问题的可能性为焦点，从而获得创造性的解决方案。绿色思考帽具有创造性思考、头脑风暴、求异思维等功能。

三、创业意识的培养

（一）创业的内涵与外延

1. 创业的内涵

创业在《新华字典》里被定义为"创办事业"，在《辞海》中的解释是"创立基业"。它的本质是独立地开创并经营一种事业，并使该事业稳健发展、快速成长的思维和行为的创新性活动。

创业的定义有很多，其中较有代表性的是被誉为创业教育领导者的百森商学院（Babson College）对创业的定义："创业是一种思考、推理和行动的方法，它不仅要关注机会，还要求创业者有完整缜密的实施方法和讲求高度平衡技巧的领导艺术。"还有一个是被广泛引用的哈佛商学院教授霍华德·斯蒂文森（Howard Stevenson）提出的定义："创业是不拘泥于当前资源条件的限制下对机会的追寻，将不同的资源组合以利用和开发机会并创造价值的过程。"此外，还有百度百科引用的杰夫里·提蒙斯（Jeffry A. Timmons）在《创业创造》（*New Venture Creation*）中下的定义："创业是一种思考、品行素质、杰出才干的行为方式，需要在方法上全盘考虑并拥有和谐的领导能力。"

2. 创业的常见模式

（1）网络创业

网络创业是指有效利用网络资源的创业。网络创业相对于传统的创业模式，是一个新生的事物。网络创业的形式主要有网上开店与网店加盟两种。

网上开店，比如在淘宝网、易趣等商城注册成立网络商店。也可以建立一个专门的电子商务网站。

网上加盟，以某个电子商务网站门店的形式经营，利用母体网站的货源和销售渠道。网上加盟的选择有很多，而且宣传和承诺很让人"心动"。在做决定前，建议先实地考察，看看已加盟的店铺运营状况如何，了解清楚投入、产出如何，多久开始赢利等信息。

（2）兼职创业

兼职创业即在工作之余再创业。从事咨询业是最常见到的一种兼职创业类型。通常是在职者利用自己丰富的从业经验或专业技术进行创业。如教师、培训师可选择作为兼职培训讲师或顾问；业务员可兼职代理销售其他产品；设计师可自己开设工作室；编辑、撰稿人可以通过新媒体建自己的公众号；会计、财务可代理做账、理财；翻译可兼职口译、笔译；律师可兼职法律顾问。当然，在选择兼职创业前，需要先了解现单位的规章制度是否允许从事该项兼职工作。

还有一种兼职创业类型是委托投资。这种方式更适合拥有一定资金，但个人缺少精力或时间的创业者。选择这种方式的创业者需要注意：一是选好项目，这个项目应该满足市场需求、市场优势、市场差异和美誉度这四个方面的要求；二是选好合伙人，诚信的合伙人是保证合作成功的根本。

（3）团队创业

团队创业是指由创业团队进行的创业。创业团队是为进行创业而形成的集体。创业团队的成员需要具有互补性或者有共同兴趣，团队成员之间相互信任，价值观一致，并且能够相互容忍。一个由研发、技术、市场融资等各方面组成的优势互补的创业团队，有助于创业成功。

（4）大赛创业

大赛创业即利用各种商业创业大赛，获得资金提供平台，如雅虎

（Yahoo）、网景（Netscape）等企业都是从商业竞赛中脱颖而出的。目前，中国"互联网+"大学生创新创业大赛是国内最高级别的创业类竞赛。还有各类大学生学科竞赛和专业紧密结合，如国际性的 ACM 国际大学生程序设计竞赛、国际基因工程机器设计大赛、国际飞行器设计挑战赛；国内的全国大学生动物医学专业技能大赛、全国大学生蚕桑生物技术创新大赛、全国大学生植物保护专业能力大赛、全国高等学校大学生测绘技能大赛、全国大学生机械创新设计大赛、全国大学生智能农业装备创新大赛等。

3. 创新与创业的关系

创新和创业是相互促进、相互制约的辩证统一体，两者相互作用，创新是创业的基础，而创业又能推动创新。

（1）创新是创业的灵魂

创新是个人综合素质的总体呈现，为创业成功提供了具有可行性和必要性的准备。创业者在创业过程中需要具有持续的创新精神、创新意识和创新能力，这样才可能不断寻求新的思路、新的方法、新的模式、新的技术，最终获得创业成功。创业者还需要通过创新来拓宽商业视野、获取市场机遇、整合独特资源、促进企业发展。创新是创业的灵魂，是创业型企业不断发展和壮大的基础和动力。

（2）创业推动并深化创新

在创业过程中，新的产品、新的技术、新的服务被确认、被创造，最后创造新的财富，创造出新的市场需求，从而进一步推动和深化创新，提高企业或整个国家的创新能力，推动经济增长。"美国国家科学基金会和美国商业部等机构在 20 世纪 80 年代和 90 年代发表的报告表明，第二次世界大战结束以后，美国创业型企业的创新占美国全部创新的一半以上，占美国重大创新的 95%。"[①]

（3）创新的价值在于创业

创新的价值体现，在于将潜在的知识、技术和市场机会转化为现实生产力，实现社会财富增长，造福人类社会。创业是创新的有效载体和表现形式。通过创业可以实现创新产品的市场化和产业化，将创新的价值转化

---

① 李时椿、刘冠：《关于创业与创新的内涵、比较与集成融合研究》，载《经济管理》2007 年第 16 期，第 79 页。

为具体、现实的社会财富。比如，乔布斯重新定义了手机（iPhone），马斯克重新定义了汽车（特斯拉），慕课（MOOC）重新定义了教育（MOOC学院），扎克伯格重新定义了社交（FaceBook），马云重新定义了商业模式（淘宝）。

（二）创业者与创业精神

1. 创业者的基本素质

创业的主体是创业者，创业者可以是个人，也可以是团队。在创业过程中，团队和人才是左右创业企业发展的核心要素。

南京财经大学工商管理学院教授李时椿和他的研究团队曾对国内108个中小型企业的创始人做了调查研究，提出对创业成功有着显著影响的创业者素质主要有：第一，创业者特质，包括创新精神、风险承担、内部控制力、精力充沛和正直诚信；第二，创业者知识，包括技术知识、管理知识和法律知识；第三，创业者能力，包括机会识别能力、资源整合能力、人际关系处理能力、时间管理能力、自我学习能力、团队合作能力、战略规划能力和解决问题的能力。

此外，李开复曾提出创业者需要的十大特质包括：强烈的欲望、超乎想象的忍耐力、开阔的眼界、善于把握趋势又通人情事理、商业敏感性、拓展人脉、谋略、胆量、与他人分享的愿望、自我反省的能力。[1]

2. 创业精神的内涵

创业精神，是指创业者具有的创新性的思想、观念、个性、意志、作风和品质，是创新精神、创新意识和创新能力的综合体现，是一种能够持续创新成长的生命力，主要表现为激情、积极性、适应性、领导力和雄心壮志等特征。

从理论上来划分，创业精神有三个层面的内涵：哲学层次的创业思想和创业观念，是人们对于创业的理性认识；心理学层次的创业个性和创业意志，是人们创业的心理基础；行为学层次的创业作风和创业品质，是人们创业的行为模式。

---

[1] 创新工场：《李开复：创业需要的10项特质》，见搜狐网（https://www.sohu.com/a/108449244_198516）。

3. 大学生必须具备的创业精神

（1）有远大的理想和坚定的信念

大学生要成为一名真正的创业者，一定要有理想、有信念，坚持用科学的理论武装头脑，树立正确的世界观、人生观和价值观，决心为实现中华民族伟大复兴，自觉地承担起时代赋予大学生的历史使命。

（2）有艰苦创业、顽强拼搏的精神

要想成功就得有艰苦创业的信念和顽强拼搏的精神，以强烈的事业心和责任感，树立高标准、严要求，勇于创新、敢于创业，与时代同行。

（3）有实事求是的科学态度和脚踏实地的工作作风

坚持解放思想与实事求是相统一，既要敢想敢干，又要求真务实。邓小平同志曾说："没有一点'闯'的精神，没有一点'冒'的精神，没有一股气呀、劲呀，就走不出一条好路，走不出一条新路，就干不出新的事业。"敢想敢干、敢闯敢试才可能更好地抓住机会，成就梦想。

（三）大学生创业准备

1. 国家鼓励大学生创业的政策

在 2020 年 7 月 15 日召开的国务院常务会议中，国务院总理李克强指出，深入推进大众创业、万众创新，加大对创业创新主体的支持。会议强调："重点支持高校毕业生等群体就业创业。"[①] 2021 年 6 月 22 日，国务院总理李克强主持召开国务院常务会议，部署"十四五"时期纵深推进大众创业、万众创新，提出："'十四五'时期要纵深推进'双创'，更好贯彻新发展理念的要求"，"特别是促进高校毕业生等重点群体多渠道创业就业"。国家的一系列举措为大学生创业提供了政策便利，主要体现在三个方面。

（1）推进创新创业教育改革

把创新创业教育改革作为高等教育综合改革的重要突破口，深化高校创新创业教育改革，着力培养学生的创新精神和创造能力。近年来，高等院校顺应国家未来发展和产业转型方向，把创新创业教育融入素质教育各

---

① 《李克强主持召开国务院常务会议部署深入推进大众创业万众创新重点支持高校毕业生等群体就业创业》，见教育部大学生就业网（https://www.ncss.cn/zx/jydt/cy/302274.shtml）。

环节、人才培养全过程，完善科教结合、产教融合、校企合作协同育人机制，着力培养学生的创新精神和实践能力，以创新引领创业、以创业带动就业，不断提升教育服务经济社会发展的能力和成效。

大学生创业者积极参与各类"双创"大赛，并通过大赛得到了支持、宣传、培训和市场对接的机会。比如，第五届中国"互联网+"大学生创新创业大赛共有来自全球五大洲124个国家和地区的457万名大学生、109万个团队报名参赛，涌现出一大批优秀创新创业项目，大学生创业热情由此可见。相信在政策引导，政府、高校和社会的大力支持下，在大胆实践、敢为人先、敢冒风险、宽容失败的氛围环境中，大学生可以尽情释放创新创业热情，用创新精神去追逐创业梦想。

（2）落实创业优惠政策

落实创业优惠政策，为毕业生创业开辟"绿色通道"。财政部等三部门于2020年4月出台政策，进一步加大创业担保贷款贴息力度，将符合条件的个人最高可申请创业担保贷款额度由15万元提高至20万元。各地区创业优惠政策纷纷"加码"，如山西省对符合条件的高校毕业生创业者，每带动一人就业，将给予最高1000元的补助；黑龙江省政府投入2亿元，成立全国首家大学生创业贷款担保公司，专门为大学生创业提供低费率担保服务，最高可贷款10万元；安徽省对毕业两年以内的高校毕业生、就业困难人员首次创办小微企业并正常经营六个月以上的，给予不少于5000元的一次性创业扶持补贴，为大学生创业升级做好政策保障；深圳市对毕业五年内的全日制大学生（不限户籍），创业补贴项目分为初创补贴、社保补贴、场租补贴、带动就业补贴四项，共补贴高达40多万元。

（3）加快发展"众创空间"

"众创空间"是通过市场化机制、专业化服务和资本化途径构建的低成本、便利化、全要素、开放式的新型创业公共服务平台。加快发展"众创空间"，有利于提升创新创业服务保障能力，多种形式扶持大学生自主创业。

2015年3月2日，国务院办公厅印发《关于发展众创空间推进大众创新创业的指导意见》（国办发〔2015〕9号），指出推进大众创新创业要坚持市场导向、加强政策集成、强化开放共享、创新服务模式，重点抓好八个方面的任务。包括"发挥政策集成和协同效应，实现创新与创业相结合、线上与线下相结合、孵化与投资相结合，为广大创新创业者提供良好的工作空间、网络空间、社交空间和资源共享空间","推进实施大学生创业引领计划,鼓励高校开发开设创新创业教育课程,建立健全大学生创业指导服务专门机构,加强大学生创业培训,整合发展国家和省级高校毕业生就业创业基金,为大学生创业提供场所、公共服务和资金支持,以创业带动就业"① 等。

2. 创业团队的组建与管理

(1) 创业团队的内涵

狭义的创业团队是指在创业初期(包括企业成立前和成立早期),由一群才能互补(分工)、责任共担、愿为共同的创业目标而奋斗,并能够做到利益让渡的人所组成的特殊群体。

广义的创业团队则不仅包括狭义的创业团队,还包括与创业过程有关的各种利益相关者,如风险投资家、专家顾问等团队。

创业团队有以下八个特征:

1) 共同愿景。共同愿景是指共同的方向,也往往是组建团队的初衷。

2) 共同目标。目标在组织层面往往是统一和明确的,为目标而努力,才能实现具体的结果和产出。

3) 共同承担风险。探索一个不确定的目标,有可能成功,也有可能失败,每个人都需要承担风险。

4) 共同享受回报。因为共同承担了风险,所以才有机会共同享受回报。

5) 思维互补。思维是指看问题的角度。不同的思维方式有利于不同思想的交融。

6) 技能互补。如果说思维代表看问题的格局,技能就是落实格局的细节,格局和细节同等重要。

7) 资源互补。资源具有稀缺性,需要团队创造性地整合资源,将想法变成现实。

8) 性格互补。将想法变成现实的过程,需要不同性格的人,将生活的不同层面带入创业过程。

---

① 《国务院办公厅关于发展众创空间推进大众创新创业的指导意见》,见中国政府网(http://www.gov.cn/zhengce/content/2015-03/11/content_9519.htm)。

(2) 创业团队的组建

有"创业教育之父"之称的杰弗里·蒂蒙斯（Jeffry Timmons）教授曾提出包含机会、资源、团队三个核心要素的创业过程模型，三个核心要素构成一个倒立的三角形，其中创业团队位于三角形的底部，是创业过程的主导者，见图4-9。

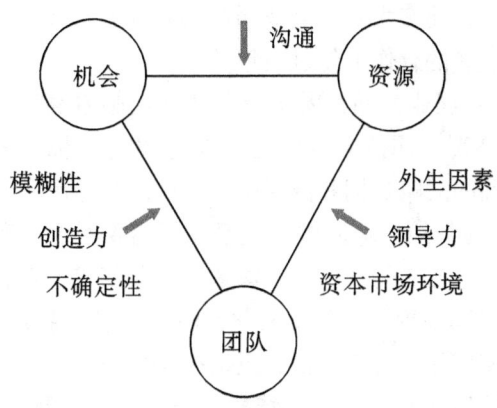

图4-9 创业过程模型

创业团队的组建是一个在摸索中前行的过程。一个运转良好的创业团队是引导正向风险发展和高绩效水平的关键。在这个过程中，团队成员不是一成不变的，会随着时间动态演进。对于想要合伙创业的创业者而言，挑选什么样的合作伙伴共同创业很重要。组建的动态过程中有以下三点值得关注：

1）有明确的目标和共识。结合所组建的团队要做什么、要开发什么产品的整体需求，确定团队成员的共同愿景、共同目标，并对共同承担风险、共同享受回报达成共识。

2）合理选择团队成员。在选人方面要考虑到成员的思维互补、技能互补、资源互补、性格互补等，选择互补性成员。当现有团队成员之间的知识、经验和特长等，因学习效应而逐步趋同，从而无法满足创业成长的新需求时，可通过团队成员变更的方式，保持团队成员始终处于互补状态。

3）订立契约。团队成员构成很合理，可能只是看上去很完美，却难以实现和维持理想的团队合作，在创业过程中发挥不出应有的团队优势。因此，用正式的规章制度订立契约，有利于降低团队内部沟通协调成本。

比如，在股权、收益权和自主权等方面制定一套合理的规章制度，明确议事原则、奖惩机制、责任权利等。

（3）创业团队的管理

创业团队的管理，是团队成员之间的一种激励与控制机制。创业团队组建后，能坚持下来实属不易。"国外研究表明，大约40%的新创企业成活时间不超过一年，还有大部分创业团队的合作在五年内发生破裂。而在国内，大部分创业者的合作不超过三年。"①

1）强化目标。创业初期，团队成员往往面临着高度模糊、高风险和极度不确定性的情况。团队必须强化共同愿景与目标，努力加强共同认知，包括宏观层面的战略目标和微观层面的具体执行目标。

2）订立明确的契约。团队内部关系模式有两种，一种是契约式，另一种是关系式。受东方文化儒、道、法家的思想影响，我国的社会组织长久以来形成了"以和为贵"的传统文化，注重人情关系。创业初期往往更依靠关系式，互相信任、遵守承诺、灵活解决问题。但成员之间的关系随时间而变化、随情境而改变，个体特质差异和情感问题就会凸显。因此，在创业初期就逐步订立明确的契约条款，有利于降低团队内部沟通协调成本，有利于激励各方合作信心，避免和减少冲突的产生。

3）塑造团队文化。发挥团队文化塑造价值和传递价值的双重作用，能够深入成员内心，使成员紧密团结、荣辱与共，及时消除团队内耗，营造一个相互帮助、相互理解、相互激励、相互关心的工作氛围，有利于稳定成员的工作情绪，激发工作热情，形成共同的价值观。

4）加强沟通。团队成员的沟通互动、互惠原则能促进创业团队信任的形成与维持。在开始工作时要沟通，遇到问题时要沟通，解决问题时要沟通，产生冲突和矛盾时更要沟通。

5）合理分配角色。创业团队中的成员角色越清晰，分配越合理，这个团队的人际信任程度越高，也就越具有创造力和成功的潜力。

6）建立归属感。在合理分配角色的基础上，留住团队成员的心，增强他们的归属感。归属感的形成是一个非常复杂的过程，但一旦形成，将会使团队成员产生内心自我约束力和强烈的责任感，调动自身的内部驱动

---

① 吴静、周嘉南：《"中国合伙人"为何"分手"：创业团队冲突演化路径分析》，载《管理评论》2020第32期，第181页。

力而形成自我激励。

3. 创业机会的识别

（1）创业机会及其来源

创业因机会而存在，而机会是具有时间性的有利情况。纽约大学伊斯雷尔·柯兹纳（Israel M. Kirzner）教授认为："创业机会就是未明确的市场需求或未充分使用的资源或能力。"对机会的识别源自创意的产生，而创意是具有创业指向同时具有创新性的想法。

常见的创业机会来源有以下三个方面：

1）变化的环境趋势。经济趋势方面，比如消费升级、人口老龄化；社会趋势方面，比如对健康的关注、个性化的追求、共享的普及；技术趋势方面，比如人工智能、大数据、云计算；政策趋势方面，比如产业转型升级、"十四五"规划、三孩政策等。

2）尚未解决的问题。工作、休闲、日常生活中人们感受到或发现问题，最终形成商业创意。

3）市场缝隙。被市场中的统治者或有绝对优势的企业忽略或放弃的某些细分市场。

大学生院校创业项目十大来源：

1）奇思妙想：来自在校生学生兴趣爱好、自发创意、自主创新、商机发现。

2）科技成果转化：教学、科研与大学生创新创业三合一，进行科研成果产业化。

3）产教融合协同创新：大学生创新创业项目帮助当地企业转型升级。

4）"专、创"融合：紧密结合本校专业与学科特色，互相促进。

5）新技术：基于新技术的创业项目，如 VR、AI、物联网、大数据、云计算。

6）师生同创：老师也有很多好的想法，有着丰富的社会资源，这些也会成为大学生创新创业项目的重要来源。

7）公益服务：政府简政放权，将通过面向社会采购服务的方式进行，形成巨大的创新创业空间。

8）民营经济二次创业：基于家族产业与产权传承的大学生创新创业项目，也会成为未来大学生创新创业项目的来源之一。

9）就业型创业：体现共享经济、电子商务平台创新创业，能够有效带动就业。

10)"一带一路":"一带一路"带来巨大商机,世界经济的深度融合会带来更多的全球整合资源创新创业的机会。

(2)创业机会识别的方法

1)"5WHY"法。识别真实的需求,就是洞察客户的真实需求。好的洞察能够发掘出问题背后的深层原因,触动人们情感的因素,难以解决的矛盾,难以察觉的共性,能为之设计的机会点,等等。识别真实的需求常用的方法之一是"5WHY"法。

"5WHY"起源于日本丰田公司。有人问丰田公司的总裁成功的秘诀,他就说了这么一句话:"碰到问题至少问五个为什么。"这句话在日本流行开来,随着丰田的成功,"5WHY"也流行到世界各地。"5WHY"问题解决方式,见图4–10。

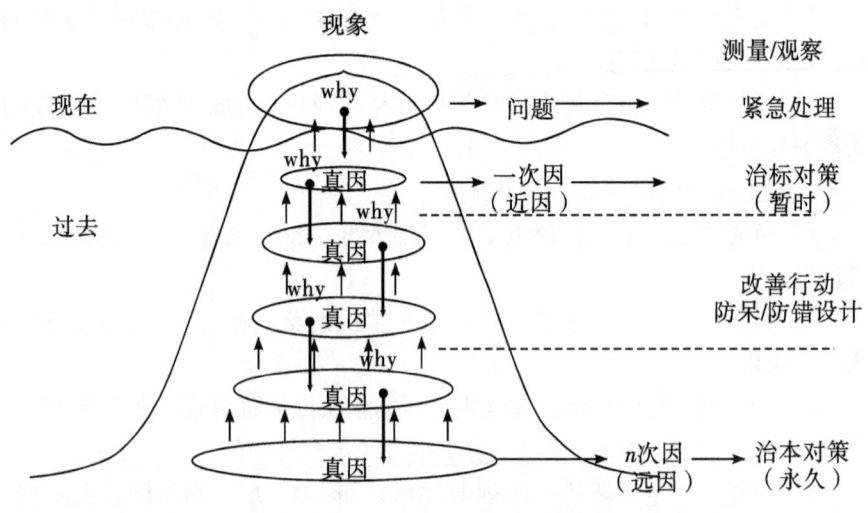

图4–10 "5WHY"问题解决方式

使用"5WHY"问题解决方式解决问题的案例:美国华盛顿广场的杰弗逊纪念馆大厦年久失修,表面斑驳陈旧,政府非常担心,派专家调查原因。

第一个why:为什么大厦表面斑驳陈旧?答:冲洗墙壁所用的清洁剂对建筑物有腐蚀作用,该大厦墙壁每年被冲洗的次数远远多于其他建筑,腐蚀自然更加严重。

第二个 why：为什么经常清洗呢？答：因为大厦被大量的燕粪弄得很脏。

第三个 why：为什么会有那么多的燕粪呢？答：因为燕子喜欢聚集到这里。

第四个 why：为什么燕子喜欢聚集到这里？答：因为建筑物上有它们喜欢吃的蜘蛛。

第五个 why：为什么会有蜘蛛？答：因为墙上有大量蜘蛛爱吃的飞虫。

第六个 why：为什么墙上会有这么多的飞虫？答：因为尘埃在从窗外射进来的强光作用下，形成了刺激飞虫生长的温床。

解决问题的结论是：拉上窗帘。因此，杰弗逊大厦至今完好无损。

"5WHY"在使用时，需要注意"五个为什么"不等于问"五次为什么"。"5WHY"的分析不是随意进行的。

第一，朝解决问题的方向进行分析。如果脱离了这个方向，就可能会走上死胡同。

第二，找原因要找可控的原因。基于组织内部，要找内部的原因，而不能去找不可控的原因。比如，借口不是原因，有些人喜欢找借口，这些借口就是那些不可控的原因。

2）用户访谈法。用户访谈法，是通过目标和用户面对面地交谈，了解用户的心理需求和行为特征。通过招募访谈用户或者走访用户进行访谈，能够简单而直接地收集多方面的用户资料，从而确定选题是否合适，需要解决哪些问题。

用户访谈法的流程为：确定访谈目标——设计访谈提纲——目标人群访谈——调研内容整理。

设计访谈提纲，要以开放性问题为主。注意问题的顺序，一般先问简单的问题，逐渐深入，最后以简单的问题收尾。要充分考虑提问的逻辑性，引导访谈顺利进行。可以通过"5W1H"提问："谁（Who）……""什么（What）……""哪里（Where）……""什么时候（When）……""为什么（Why）……""怎么（How）……"。

调研内容整理，通过使用移情图（empathy map），想象客户的所看、所听、所想、所做，更好地理解客户的环境、行为、关注点和愿望，见图4-11。

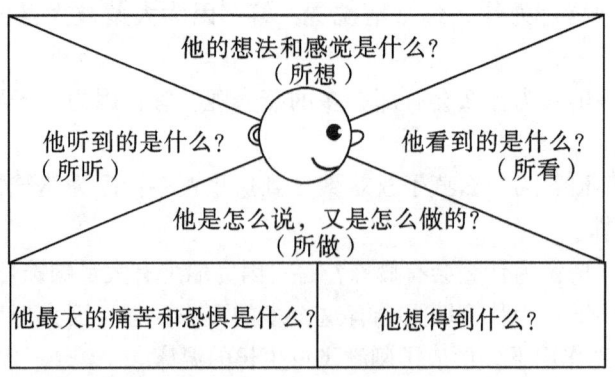

图 4-11 移情图

所想，比如设法概述你的客户所想的是什么，对他来说，什么是最重要的。想象一下他的情感。什么能感动他？什么能让他失眠？尝试着描述他的梦想和愿望。

所看，比如描述客户在他的环境里看到了什么，环境看起来像什么，谁在他周围，他每天接触什么类型的产品或服务，遭遇的问题是什么。

所做，比如想象这位客户可能会说什么，或者在公开场合可能的行为、态度是什么，他会给别人讲什么。要特别留意在客户所说和他真正想法与感受之间的潜在冲突。

所听，比如描述客户所处环境是如何影响客户的，他的朋友说什么，他的配偶呢，谁能真正影响他，如何影响，哪些媒体渠道能影响他。

痛苦和恐惧，比如他最大的挫折是什么？在他和他想要事物或需要达到的目标之间有什么障碍？他会害怕承担哪些风险？

想得到，比如他真正想要和希望达到的是什么？他如何衡量成功？猜想一些他可能用来实现其目标的策略。

3）问卷调查法。问卷调查法，是一种典型的定量研究方法。一般由研究人员围绕研究问题设计若干题目，按一定规则排列，由用户填写，然后回收整理、统计和研究。问卷调查可以获得由用户自我讲述的关于目标、观点和人口统计特征的量化数据，可以覆盖大规模用户，在短时间内收集到大量数据。作为定量研究，问卷调查所提供的数据在支持决策方面所发挥的作用是定性分析无法取代的。问卷的类型，见图 4-12。

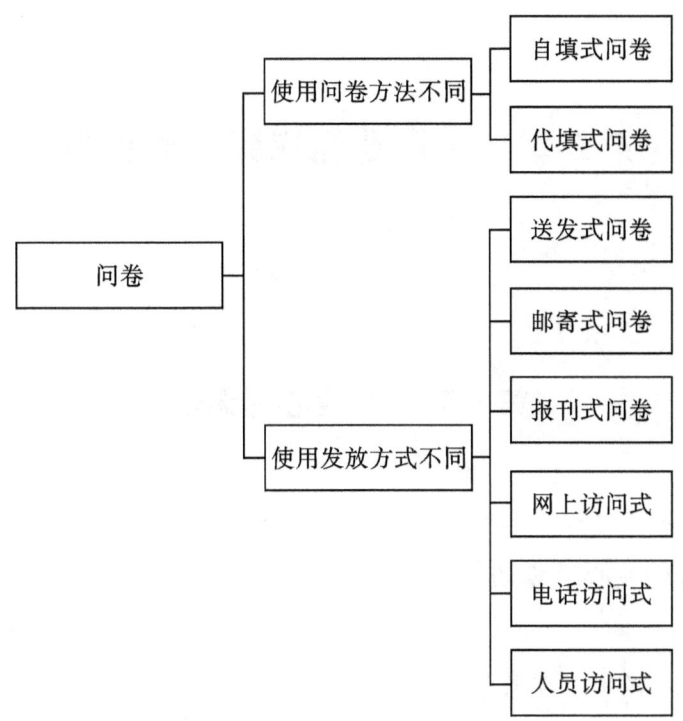

图 4-12　问卷的类型

自填式问卷是指由调查者发给（或邮寄给）被调查者，由被调查者根据实际情况自己填写的问卷。

代填式问卷是指由调查者按照事先设计好的问卷或问卷提纲向被调查者提问，然后根据被调查者的回答进行填写的问卷。

常用的在线调查问卷工具有问卷星、腾讯问卷等。

第五章 从职业适应到使命担当

第一节 职业心理调适

一、职业心理素质与调适

(一) 职业心理素质

1. 职业心理素质的概念

心理素质,是指个体应付、承受及调节各种心理压力的能力,并主要表现在个体的情绪及其行为的稳定性方面。职业心理素质,是指个体在完成所从事的特定职业过程中,必须具备的心理素质。

2. 职业心理素质的作用

面对学习、生活和就业压力,毕业生的职业心理素质显得越来越重要,而提高职业心理素质也是适应社会和时代要求的需要。每一个职业对从业人员的知识结构、身体素质、心理素质的要求都是不一样的。职业心理素质需要时间培养,也需要刻意锻炼。因此,职业心理素质的培养与锻炼是贯穿在整个大学学习和生活中的。

大学毕业生进入职场会遇到许多复杂的矛盾和问题,而每个人对待困难的承受和应对心理素质都不同。具有良好职业心理素质的毕业生会保持健康积极的心态,勇于尝试、充满自信,能够适时调整自己的行为,坦然面对困难和挫折,尽快适应职场,并快速成长。因此,良好的职业心理素质对同学们来说具有重要的作用,也是毕业生适应职场、实现职业生涯发展的必要条件。

(二) 职业心理调适

在电影《疯狂动物城》中，兔子朱迪初入职场被当作小透明，简陋的出租房及糟糕的邻居，对父母报喜不报忧的无奈，以及一颗急切想要大展拳脚而不得的心，让观众看到了职场新人在真正做成一件事之前，存在感是一种可以被人随意践踏的东西。毕业生走出校园，外面的世界比想象中绚丽，但危险和残酷也超出你的想象。你需要更多的勇气、耐力及坚强来调整心态，立足于这个新世界。

1. 求职心态的误区

毕业生在应聘的过程中会遇到对职位"不满意""不理想"的情况，感觉无法满足内心的需求，这些情况主要与个人职业心态有关。常见的求职心态误区主要有焦虑、消极、怯场、自卑、自大、依赖、从众等。

(1) 焦虑的心态

焦虑是指个体面对外部某些即将来临或者需要做出努力去适应的新情况或状况时，在主观上引起的焦躁、忧虑、困惑、恐慌等情绪。根据焦虑的程度及其对个体的影响，可分为正常焦虑和异常焦虑。正常焦虑与实际情景相匹配，是成长的潜在来源，可用来激励改变自己。异常焦虑与实际情况不匹配，常常使个体无法行动。因此，正常焦虑是个体生活的一部分。在焦虑情绪积累到一定阶段后，个体便会对自身施加压力形成异常焦虑。异常焦虑将给工作、学习和生活带来负面的影响。

大学毕业生焦虑心态的常见来源主要有：有的同学在度过了十几年刻苦的学涯后，希望自己付出的辛勤汗水能够有所回报，但现实情况却是就业竞争激烈，付出与回报间的不平等使其怀疑自身的价值与定位；有的同学虽然完成了自己所选择的专业学习，但不确定自己是否发自内心地肯定所学专业，是否从事与所学专业相关的职业，对未来职业发展的不确定性产生焦虑；有的同学就业期望过高，只求好单位；有的同学希望尽快落实就业单位，急切地要求成功就业；有的同学心存侥幸，幻想不需要付出努力就能够获得称心如意的工作；有的同学面对困难或者挫折而忧心忡忡。

大学生在应聘过程中呈现出来的焦虑心态，与社会需求多元化的趋势有关。职业的选择面拓宽了，职业选择的自由度越大，职业选择行为的责任就越重，应聘的心理压力就越大。要知道，适度的焦虑是正常焦虑，可以使你感受到应聘的压力,增强你应聘的积极性和自觉性。但异常焦虑会使你处于极度敏感的自我防备状态,导致判断能力、决策能力下降,不能理性地分析择业过程中面临的各种情况。异常焦虑会使毕业生在寻找工作、参加面试或实习考察的阶段产生心理压力,从而影响发挥,形成恶性循环。毕业季是大学毕业生的焦虑心态高发期,接受焦虑并调整至正常焦虑的状态,将有助于毕业生增强积极性与自觉性,激励改变。

(2) 消极的心态

毕业生呈现的消极心态主要体现在应聘时表现不积极,不愿意参加招聘会。就算在老师和家长的敦促下去投了简历,往往也不再主动过问。这种情况会发生在部分成绩好的毕业生身上。主要原因是没有认识到应聘需要主动出击而不是待价而沽,没有认识到当前市场的人才需求往往是综合性的,专业知识重要但不是唯一的评价标准,毕竟专业是有自身的伸缩性和适应性的,不是成绩好就可以等着好工作找上门来。

(3) 怯场的心态

毕业生的怯场心态主要体现在应聘的过程中出现神经紧张,到了应试的现场就表现得心神不安、怯懦紧张,不敢在考官面前表现自己,一开口就面红耳赤、语无伦次,脑袋一片空白,难以发挥正常水平。造成怯场的原因主要是大学生在校期间缺乏演讲、发言等自我展示类的锻炼,因此,在重要场合表现自己时出现心理负担重、自我控制能力不足等问题。这就需要在平时多参加课堂展示、校园活动、社团项目等,积极表现自己,给自己创造锻炼机会,增强表达能力和思辨能力,在参加面试之前多进行预演,从而增强现场表现力。无论是面试环节,还是在日后的同事交往中,表达能力和思辨能力都将起到十分重要的作用。

(4) 自卑的心态

自卑是个体认为自己在某些方面不如他人而产生的一种消极的自我评价或自我意识的状态。在应聘过程中,有的大学生因为就读的学校不是重点院校、所学的不是热门专业,或者认为自身条件不够优秀等,觉得自己不如别人,低估自己的能力和价值,从而变得拘谨内向、优柔寡断,缺乏自信和勇气。不积极争取机会,封闭在自我认知的小圈子之中,不但会使你错失许多宝贵的机遇,还会使你失去宝贵的自我锻炼机会。有的毕业生在择业受到挫折后,会觉得力不从心、失去自信,表现出失落、情绪低落、意志消沉,放弃积极的努力,不愿意与人交流,甚至对外界的事物处之漠然，陷入从挫折到自卑的恶性循环中，对应聘、学习、生活产生负面的影响。

(5) 自大的心态

毕业生的自大心态主要表现为，认为自己在专业知识、综合素质等各方面都特别优秀，产生一种藐视一切、高人一等的极端自负的心态。这种情况在重点院校的毕业生，或是所学专业热门紧俏的毕业生群体中较为普遍。这类毕业生由于没有对自身形成客观全面的认知，在择业过程中往往眼高手低且极为挑剔，比如认为民企不够稳定、国企不够自由、外企压力太大、公务员和事业单位发展空间较小等，对用人单位的各方面条件要求极高，却缺乏对自身能力的正确评价，使自身能力严重滞后于单位的用人需求。这种双重标准使毕业生在应聘过程中对初级岗位不够重视，自视过高，导致高不成低不就，一旦目标无法实现则陷入自卑、自责、一蹶不振的情绪中。

(6) 依赖的心态

当前的大学毕业生普遍是独生子女，在家里受到父母和长辈的特殊关爱。部分大学生在高考填报志愿时是由家长或者老师做主的，临近毕业仍然想把决定权交给家长或老师。这部分的毕业生希望找到理想的工作，但是又不愿意自己做决定，不愿意主动出击，将所有的希望都寄托在家人和学校身上。此外，许多家长在子女就业时会为其铺好道路，让子女实现从求学到就业的平稳过渡，这就容易导致这部分毕业生在应聘过程中产生依赖心态。这种情况会使毕业生降低对自身的要求，丧失前进的斗志，在择业过程中缺乏独立意识和自主承担责任的意识，把希望完全寄托在父母和老师身上，有的希望能够规避严峻的就业形势直接被安排"好工作"，有的希望通过升学深造拖延就业，规避眼下的就业形势。无论是父母辅助就业还是升学深造，都无法改变当前的就业市场大环境，父母不可能帮助你处理今后工作上出现的大小问题，最终还是需要通过自己的努力和能力谋求自身的长远发展。

(7) 从众的心态

有的毕业生缺乏主见，不善于独立思考问题，心存侥幸心理，人云亦云，不能够从自身的性格、兴趣、能力、价值观和社会需求出发，在虚荣心的驱使下改变个人期望，与他人盲目攀比，寻求所谓的"好工作"。这种盲目从众的情况体现了毕业生在自我认知、职业生涯的发展规划和职业认知把控等方面的内在冲突和矛盾。这种情况导致毕业生在择业过程中，有的带着竞争、好胜的心理进行择业选择，不能对自己的实际情况进行正确、客观、公正的分析；有的毕业生没有明确的择业目标，缺乏对当下的社会需求、职业市场和就业政策等的充分了解，缺乏对就业信息的筛选、分析和判断，对自身的特点和优势也没有明确的认识，盲目追随热门、追捧"好工作"。

2. 职业心理问题的成因

"教育内卷"成为当下的热词，同时流行的还有一些相关的热词，比如"鸡娃""牛娃""青娃"等。"教育内卷"背后的原因众说纷纭，如高考制度、优质教育资源短缺、精英主义价值观、独生子女政策、中产焦虑等。新时代的大学生正是在这样的社会背景和教育环境中成长起来的。在整个学习生涯都"不输在起跑线上"的大学生，完成学业后，将由自己身体力行去解决就业问题。面对激烈的竞争环境和巨大的就业压力，如果无法对自身职业心理问题的成因进行分析，将影响职业的定位与发展。

（1）对职业环境了解不全

近年来关于就业形势的新闻都提"就业难"，让人感觉年年难，每年都比去年难。但是，"就业难"究竟难到什么样的程度，难在哪些专业、哪些行业、哪些地区、哪些类型的单位，许多毕业生都不甚了解。虽然自主就业作为一种就业政策，已被大众所熟知，但通过怎样的途径去找到自己的理想工作仍是许多毕业生所困惑的问题。毕业生对外部环境、企业人才需求了解不足，不懂得主动搜集和筛选就业信息，是职业心理问题的成因之一。

（2）非理性就业观念

非理性的就业观念是大学生职业心理问题的成因之二。在全面建成小康社会的今天，社会就业市场日趋规范，发展日趋平衡，但部分不合理的就业现象仍然存在。在高校毕业生群体中，较为突出的情况是人才流动方向的固化，造成人才供给和需求间的矛盾。如毕业生对大城市有着强烈的追求向往，对偏远基层岗位排斥和不屑。事实上，大城市内的工作岗位日趋饱和，且密集的人口已经为其城市基础建设发展造成巨大压力，而农村和基层地区求贤若渴，许多具有发展前景的工作机会虚位以待。此外，冷门专业职位十分有限，热门专业竞争又过于集中，等等，给部分毕业生的应聘带来一定的困难。有些毕业生在择业中一味强调专业对口，没有认识到学历专业只是"敲门砖",综合素质才是决定职业生涯发展成功与否的关键,不会灵活变通只会为本已严峻的就业形势增加阻碍。还有部分毕业生过于关注户口问题,而忽视了户口只是工作涵盖的小部分附加条件,并非融入大城市的唯一途径,更不是改变自己命运的实质性指标。毕业生在择业过程中应保持清醒的认知,认识到每一种职业都是构成完整社会的重要元素,每一种职业都扮演着不可替代的重要角色。树立职业平等的就业观念对于克服不合理的就业观念、缓解消极的职业心理问题,有着极其重要的根源预防意义。

(3) 自身定位不准

大学毕业生在择业的过程中存在自身定位不准的情况。自身定位不准是大学生职业心理问题的成因之三。其中,许多毕业生定位过高,认为自己寒窗苦读十几年,大学毕业后理应能有一份理想的工作。但这些毕业生往往对就业形势认识不清,对用人单位的人才需求了解不够,对自身的能力缺乏实事求是的评价,这些情况都会引发消极影响的职业心理问题。

(4) 缺乏竞争意识

自主择业的就业方式给大学生提供了自由的就业环境,毕业生通过竞争获得适合自己的职业。但不少毕业生在参与应聘时,缺乏信心和勇气,不敢也不愿主动地参与到就业竞争中,最终导致错失良机。特别是学习成绩欠佳的毕业生,以及一些冷门专业的毕业生,更容易产生不敢竞争和不愿尝试的职业心理问题。这些缺乏竞争意识的毕业生在海投简历得不到面试机会之时,或是应聘受挫之后,伴随而来的是苦闷、焦虑和自我否定等情绪,若缺乏对落空、挫折的预知、承受和调节能力,自主地走出困境,则无法通过总结求职中的经验教训来获得下一次成功。

(5) 家长关爱过度

新时代大学生以独生子女居多,他们从小到大受到父母和亲朋好友的关注和关怀,从小到大习惯于父母大包大揽,衣来伸手、饭来张口、管接管送……除了读书以外什么都可以不做。这样的毕业生面对就业压力时,往往按原有的习惯模式,把就业问题转给家长代劳。曾有一项面向大学生家长的调查问卷,提出这样一个问题:"你希望孩子将来做什么职业?"超过一半的家长选择了公务员、事业单位、大型企业,只有约百分之一的家长选择"工人"这一职业。家长为了让孩子能够成功就业,有一份让自己满意的工作,完成所谓的"夙愿",将给予孩子过分的关爱,继续大包大揽，在不知不觉中让孩子在就业时多了一重障碍。特别是当毕业生的个人意愿与家长意见不一致时，往往容易引发家庭矛盾。在职业选择之时，每个人都适合做公务员吗？都适合大型企业吗？答案显然不是的。毕业生如果按照家长意愿选择了自己不适合的工作，外表看起来或许光鲜亮丽，但自己难以获得职业幸福感，也难以在这个岗位上为社会创造价值。因此，毕业生要尽早学会独立，学会与家长沟通，用自己的行动及结果让家长放心放手，消除负面的职业心理问题，顺利找到适合自己的职业。

3. 培养正确的职业心理

（1）知己知彼，关注职业发展趋势

进入大学后，大学生应主动了解当前就业的整体形势与趋势，结合自我认知对自身的优劣势进行分析，根据就业形势和实际需要及时调整自己的期望值。有一个获得幸福的公式，即"幸福=能力/期待"。从这一公式可以看到，幸福与自身能力成正比，与个人的期望值成反比，也就是说，希望获得幸福，可以努力提升自己的能力，也可以降低期待。对于大学新生，笔者的建议是努力提升能力，对于毕业生，更建议降低期待。在自我认知方面，需明确自己的性格、兴趣、能力，以及价值观等，根据自己的优势选择适合自己的职业方向，尽早对自己的职业生涯进行规划，并在求学生涯中不断地调整。例如，对于学车辆工程专业的学生来说，若自身专业能力和动手能力强，但是不善于表达和沟通，则适合选择从事技术岗位的工作；相反，若组织和沟通能力强，喜欢与人打交道，愿意承担责任，则更适合在交通运输、机械机电、安全防护等与车辆工程专业有一定相关度的行业从事营销、管理、服务等与人打交道的岗位。

（2）结合实际，明确自身定位

毕业生往往纠结于去大企业还是小企业，是追求稳定还是注重能力发挥，到"居不易"的大城市还是"慢生活"的小城市，等等。面对各种纠结，同学们不妨站得高一点、看得远一些，既适合个人职业发展，又能满足社会发展需求，应该是关注的重点，待遇福利、稳定性应该放在次要的位置。"山不在高，有仙则名"，如果能够置身于一个有发展前景的企业，哪怕是一个小企业，你的能力提升、机遇及前景都可能会有更大的空间，会与企业共同成长，最终实现自己的人生价值。此外，毕业生还要客观分析就业形势，切忌眼高手低，要结合自我认知的职业测评结果和近几年的就业形势及发展趋势综合分析，找准适合自己的定位。职场新人基本上都是从基层做起、从初级岗位做起，谨记脚踏实地、仰望星空，幸福都是奋斗出来的。

（3）积极适应，敢于竞争

个人的发展"不决定于意识，而决定于存在；不决定于思维，而决定于生活"①，因此，个人必须积极与外界交往，主动适应外部环境。当今世界，经济全球化、政治多元化、社会信息化的浪潮不断推进，我国高等教育逐渐普遍化，高等教育的迅速发展培养了大批高素质人才。高校毕业生数量逐年递增，这意味着就业竞争越来越大。面对社会的发展、人才的竞争，同学们无法改变客观事实，就要学会积极适应当前的就业市场，主动地参与应聘，并通过提升个人的核心竞争力，从敢于竞争到善于竞争，最终获得成功。

（4）合理应对焦虑，从依赖到自主

新型冠状病毒引发的全球性疫情，导致毕业生的求职过程会遇到一些新的情况与困难。BOSS直聘于2020年4月8日发布的《2020应届生春招趋势报告》显示，截至2020年3月31日，在春招季活跃求职的2020年应届生较2019年增加了56%，但企业对应届生的招聘需求规模同比下降22%。② 面对当前新的就业形势和激烈的就业竞争，毕业生在应聘过程中，遭遇困难和挫折在所难免，如果不能进行有效的自我调节，容易产生焦虑的情绪。有些同学的焦虑情绪会随着求职过程的推进和对求职过程的深入了解而淡化，有些同学的焦虑情绪则会越来越强烈，致使精神高度紧张、忧心忡忡。毕业生遇到简历被拒、面试表现不佳、在实习的过程中感觉工作压力大等挫折时，要告诉自己，一次挫折就是一次挑战，也蕴含着下一次机会。挫折提示我们，对于可能出现的情况，要有充分的思想和行动上的准备，做好应对策略，以锲而不舍的精神和积极进取的态度面对挫折。

毕业生在找工作时如果存在"等、靠、要"的想法，听父母安排而丧失了自己的主动性和独立性，最后找的工作未必是适合自己的。因此，要有自主择业的观念，克服依赖、从众心理，不把希望寄托于他人身上，听取家人意见的同时要保持独立思考。

---

① 《马克思恩格斯选集（第2卷）》，人民出版社2012年版，第5页。

② 沙华国：《新冠肺炎疫情背景下大学生就业问题探究》，载《就业与保障》2020年第10期，第193～194页。

二、职业心理调适的途径与方法

职业心理调适是使用心理科学的方法对在职业过程中产生的认知、情绪、意志和意向等心理活动进行调整，以使调适对象保持或恢复正常状态的实践活动。既可以自己进行心理调适，也适用于帮助别人。外部世界的不良刺激是客观存在的，每个人的主观承受能力和面对挫折的反应程度不同，也会造成不同的心境。毕业生在应聘的过程中处于不良的心境时，只要进行主动、及时的调适，就能使不良情绪得到有效的缓解。因此，了解和掌握一定的职业心理调适方法，对将要或已经进入职场的大学生及时缓解心理压力、走出情绪低谷是很有帮助的。

（一）大学生职业心理调适的途径

1. 积极参与心理健康教育活动

职业心理素质对初入职场的大学生来说非常重要，良好的心态是成功的一半，是职业幸福感的必要前提。职业心理素质能够决定我们的工作态度、工作成效、工作的归属感和稳定性，拥有健康的职业心理素质，才能在面对困难时沉着应对。大学生具有健康的心理素质对求职就业有直接的影响，而提高职业心理素质不是一蹴而就的，需要在校期间主动参加各类有益于身心健康的心理健康教育活动。高校开展的团体辅导等各类心理健康教育活动，能帮助大学生客观评价自己，树立良好的心态，使其在面对心理压力和困惑时及时调适，摆脱不良的心态。

2. 与父母进行积极有效的沟通

随着互联网、智能手机的日益普及，社会生活发生了巨大变化，新时代大学生的学习、生活环境也有了很大的不同，可以通过网络获取各类咨询信息。大学生群里中，大部分学生成长于小康家庭，从小到大得到父母长辈的多方爱抚和关怀，有比较优越的生活条件和丰富的智力投资。新时代成长起来的大学生个性突出且依赖性强，部分大学生是按照父母的规划一路走来的。从上学到求职，听父母的话已经成为常态，而且中国式的家庭教育观念使许多家长要做孩子成长的方向盘。在父母眼中，你也许永远都是个孩子，但是终究会有一天，你要离开父母的庇护，独立面对外部世界。然而，不少毕业生往往在求职中会受到父母和长辈的影响，无法坚定个人的求职意愿。

大学生从校园到职场，家长固然是最重要的职业表率和最亲密的职业引领者，但是在这个不断发展的时代，家长有一些局限性的就业观念已经对毕业生产生了不良的影响。要知道，依赖、从众是独立的最大天敌，每个人都需要学会逐渐摆脱他人的影响，独立面对自我和社会，这就需要大学生学会如何与父母、长辈有效沟通，既理解他们的良苦用心，也要让父母和长辈了解你真正的需求。正如乔治·巴塔耶谈到的："活着是凭切实的体验，而不是逻辑的解释。"职业幸福感需要通过个人的内在体验去感受，在求职的道路需要坚持独立抉择，切忌让父母以爱的名义剥夺了感知、认识社会的机会。毕业生在学会独立的同时也要尊重父母和长辈，当意见不统一时，要学会主动沟通，倾诉个人内心的想法，争取得到他们的支持，让父母和长辈成为你成长的助推燃料。

3. 培养和谐的人际关系

和谐的人际关系既是大学生心理健康不可缺少的条件，又是非常重要的职业心理调适的途径。和谐的人际关系可以增加个人的自信心和同学间的理解，减轻心理压力，维持心理平衡。与同学交往时，多看他人长处，做到求大同存小异，对人不求全责备，做到多尊重、多理解、多包容，用真心来缩短彼此之间的距离。在遇到矛盾时，要善于换位思考，主动沟通，善于表达自己的想法，让沟通灵活变通。只有拥有和谐的人际关系，学习、生活和工作环境才会更轻松，也才能更好地保持健康的心理状态。

（二）自我心理调适的方法

自我心理调适是指个体管理和改变自己心理状态的过程，使心态在生理活动、主观体验、表情行为等方面发生一定的积极变化。大学生健康的职业心理的养成，需要社会、学校、家庭各方面的协同努力，但是其关键在于内因，也就是要学会自我心理调适的方法。大学生要从自身的实际出发，主动地了解和适应外部环境，客观分析自我，通过提升能力和调整期望值，树立合理的职业价值观，从而合理择业、顺利就业，并在新的职业环境中尽快适应并加速成长。

当在应聘的过程中遇到挫折和困惑时，需要懂得自我调适，同时掌握一定的心理调适方法。以下是五种常用的心理调适方法。

1. 自我激励法

自我激励，不是简单地在内心给自己加油、鼓劲，它是一种有具体方法可循的心理技巧。自我激励法就是面对各种困难和挫折时，内心自动生出一种积极向上的动力，推着你不断向前，战胜眼前的种种障碍，达成目标。这个过程需要同各种不良情绪进行斗争，坚信未来是美好的，因为失败、挫折已经成为过去，要勇敢地面对未来，即使遇到意外事件或择业受挫，也要鼓励自己不要惊慌失措、冲动、烦躁、自卑，而应冷静思考、寻找对策。大学生在择业过程中，要相信自己的实力，通过自我激励，增强自信心，消除自卑感。克服困难后，你会发现自己变得比以前更自信、更乐观、更强大了。

2. 注意转移法

注意转移法是有意识地将注意力从当前对象转至其他对象，从而使情绪得到调节的一种先行关注的策略，也就是把注意力从消极情绪转移到积极情绪上。当不良情绪出现时，可以采取转移注意力的方法寻找一个新颖的刺激，做自己喜欢做、想做的事，激活新的兴奋中心以抵消或冲淡原来的兴奋中心，使不良情绪逐渐消失。比如通过打球、跑步、听音乐、看电影，以及下棋、画画、弹奏乐器等，进行自我娱乐，或是到户外接受大自然的熏陶，邀约朋友一起开展感兴趣的活动等，使自己没有时间沉浸在各种原因引起的不良情绪反应中。

3. 情绪宣泄法

情绪宣泄是指对情绪进行及时适当的宣泄。宣泄可以靠自己或者靠他助。靠自己的宣泄可以在合适的场合下放声大喊、大笑、大哭来发泄情绪，也可以以写日记或写信的方式缓解情绪，或通过打球、爬山等运动量较大的活动，消除压抑的心理，恢复心理平衡。但是应注意场合、身份、气氛，注意适度，宣泄应是无破坏性的。

情绪宣泄还可以靠他助。每个人都有自己的社会支持系统。所谓社会支持系统，就是能对自己的许多方面尤其是精神方面给予支持和帮助的人际关系网络，主要由亲人、朋友及其他能够提供帮助的人员所组成。当一个人遇到高兴的事情时，通常希望有人分享；当一个人遇到痛苦的事情时，更需要得到别人的理解、同情、安慰、鼓励、信任和支持。建立有力而稳固的社会支持系统几乎是所有人的共同愿望，能否如愿，在很大程度上取决于自己。一个平时很愿意关心别人、帮助别人的人，在他遇到困难时，自然容易得到别人的关心和帮助。在应聘过程中遇到困难和挫折可以向你的挚友、师长倾诉你的忧愁、苦闷，使不良情绪得到疏导。在倾诉烦恼的过程中，可以获得更多的情感支持和理解，获得认识和解决问题的新思路，增强克服困难的信心。

4. 认知重评法

认知重评（cognitive reappraisal）是指改变对情绪事件的理解，改变对情绪事件个人意义的认识，从而使情绪得到一定的调整。这种方法与情绪、行为、生理反应的活动指数下降有关，是一种以积极的方式理解使人产生挫折、愤怒、厌恶等负性情绪的事件，能让你迅速从负面事件中恢复，并且效果好、效率高，能帮助你摆脱常规思维，避免恶性循环的心理调适方法。这样，你便能够抑制负面情绪的苗头，而不是等火烧起来了才去灭火。几乎典型的负面情绪都有正面的意义，比如"愤怒"能促使个体对一个不能接受的情况做出改变；"忧虑"可以使个体将注意力集中在处理一件当时最重要的事情上；"悲伤"能让人从失去中懂得如何去更珍惜尚拥有的；"无可奈何"可以让人明白目前的方法全不适用，需要突破创新。如果在产生消极情绪的时候，看到问题背后的机会，懂得情绪的正面意义，这样的人会有更多的成功机会。因此，通过认知重评，以合理的思维方式代替不合理的思维方式，就可以最大限度地减少不合理的信念给人们情绪带来的不良影响。例如，有的大学生择业不顺利就怨天尤人，认为社会提供的岗位太少、用人单位要求太高，其原因就在于他只从客观上找原因，认为"择业应当是顺利的""社会应该提供充足的岗位"等。正是这些不正确的认知理念造成了不良情绪，而这种不良情绪恰恰来自个体本身。因此，如果能改变这些不合理的观念，通过认知重评，不良情绪就能得到克服。运用认知重评法时要把握三点：第一，要认识到不良情绪不是源于外界，而是由自己的非理性信念所造成的；第二，情绪困扰得不到缓解是因为自己仍保持过去的非理性信念；第三，只有改变自己的非理性信念，才能消除情绪困扰。

5. 表达抑制法

表达抑制（expression suppression）是反应调节的一种，指抑制将要发生或正在发生的情绪表达行为，这是反应关注的情绪调节策略。在现实生活中，每个人都不可避免地遇到一些让人产生情绪反应的事情，如何才能对情绪加以克制，不让情绪泛滥呢？一种情绪调节的方法就是表达抑制。

要注意的是，表达抑制会产生消极的情感和社会互动结果，需要耗费大量的认知资源。这意味着表达抑制法虽然对个体的行为具有积极的意义，但对个体的身体健康将产生不良影响，不适合作为主要的心理调适方法过度使用。

自我心理调适的方法还有很多，如环境调节法、倾诉法、正念冥想法、松弛练习法和幽默疗法等。这些都是积极应对不良心理状态的有效方法，但最主要的是大学生要树立正确的择业观，要注意磨炼坚强的意志，培养乐观的态度，始终保持积极向上的精神状态和健康的心理。初入职场的大学生应提高职业心理调适的自觉性，使自己保持一种良好的心态。同时，社会、高校和家庭各方面也应提供关注和引导，帮助学生面对现实，排除心理困扰，缓解不必要的心理压力，促使他们尽快实现角色转换，顺利走向工作岗位。

第二节 职业适应与发展

一、在职业适应中成长

（一）正确认识角色转换

1. 角色认知

社会学中把一个人从自然人转变为社会人并适应社会发展的生活过程称为人的社会化过程。从毕业前的学生角色到入职后的职业人角色是每一个大学生必然经历的两种不同社会角色的转换过程。

"角色"，原是戏剧中的名词，指演员扮演的剧中人物。20世纪二三十年代，美国芝加哥学派的乔治·米德等学者将"角色"一词引入社会心理学，主要是指社会角色。就像演员在舞台上扮演不同的角色一样，个体处在不同的社会地位，从事不同的社会职业都会有相应的个人行为模式，即扮演不同的社会角色。因此，社会角色就是个体在社会关系中所处的特定的社会地位并符合社会要求的一套个人的行为模式。

从行为的角度讲,一种"社会角色"必须履行与所居"位置"相应的行为规范。反过来说,人们扮演着某种角色也必然表现出与角色位置相应的行为模式。人们要成功地扮演某种社会角色,就必须首先形成角色认知,理解所扮演角色应有的行为规范,从而形成相适应的行为模式,并经过刻意训练形成稳定的行为习惯,使之成为个人独有的角色行为模式。同样的,当角色发生转换时,也必须转变某些行为模式,甚至放弃与新角色矛盾的行为模式,克服和改造不利于履行新角色行为规范的某些行为习惯,否则就会出现角色扮演困难,甚至失败,被迫退出新角色。

2. 学生与职业人角色的区别

一般来说,学生与职业人是社会角色中的两个非常重要的角色,两者的差别主要从角色权利、角色义务和角色规范三个方面来体现。

(1) 不同的角色权利

角色权利是指角色依法应享有的权益,或应取得的物质报酬和精神回报。

大学生和职业人的角色权利具有很大的差异。大学生角色权利是依法接受教育、培养能力、获得资助、取得证书等。职业人角色权利是依法获得工作、取得报酬和社会保险福利、健康安全工作、接受培训等。具体来说,大学阶段是人生中增长知识、发展智力、求学成才的关键阶段。大学生角色权利通常包括接受高等教育,参加学校教育教学计划安排的各项活动,使用学校提供的教育教学资源,自由广泛地培养各种能力,参加社会服务、勤工助学,参加学生社团及文体活动,获得社会资助,申请奖学金、助学贷款,经过自己努力学习之后获得相应的学历、学位证书等。

尽管各种职业角色彼此差异明显,但是仍有其共性的特征,即"在某一职位上,以特定的身份,依靠自身知识和能力并按照一定的规范具体地开展工作,在行使职权、履行义务为社会做出贡献的同时取得相应的报酬"[①]。作为职业人可以享有获得工作、平等就业和选择职业、接受与职业岗位相关的技能培训、依法取得报酬和社会保险及福利的权利,经过认真工作能够获得更多物质和精神回报,如加薪、晋升等。

---

① 全国中等职业教育规划教材编审委员会:《创业与职业指导》,南开大学出版社 2013 年版。

(2) 不同的角色义务

角色义务即角色所应承担的社会责任。

大学生角色义务是依靠自我管理、努力学习完成规定的学业，遵守学生守则，尊敬师长，养成良好的思想品德和行为习惯。努力的程度关系到自身掌握知识的多少、能力的强弱，以及自我发展和完善水平。

职业人角色义务是按照岗位职责完成自己的本职工作任务，努力提高职业技能，遵守劳动纪律，讲究职业道德。工作作风、工作态度和工作完成结果不仅关系到个人职业生涯发展和个人价值观实现，而且还会影响到团队、单位、行业甚至社会的发展与进步。

(3) 不同的角色规范

角色规范是指社会赋予角色的行为模式。

大学生角色规范主要是从教育视角规范学生行为，引导学生全面发展，学有所长，成为社会各行各业的有用之才，以适应日后的社会竞争。

由于不同职业角色彼此差异明显，其角色规范因职业不同而各异，细致繁杂。不同职业从业人员需要按照各自的职业道德和要求行事，一旦违反需要承担相应责任，违反了法律则必须承担法律责任。

综上所述，大学生与职业人的角色差异是巨大的。即使是校园里表现优秀的大学生，到了工作单位后也并不一定仍然是一名优秀的职员。因为学校和社会对优秀者评判的标准是不同的，而后者的标准和要求更严格、更复杂。大学生一旦进入职场成为职业人，就需要具有职业人的态度、语言和行为。随着角色的转换，其社会权利、社会责任和社会规范程度也逐渐增大和加强。因此，每一个即将踏入职场的大学生，都需要对将要担负的角色有清楚的了解和认识，以便在校期间有针对性地做好准备。

3. 角色转换

个体在职业变化、职务升迁、家庭成员增减等情况下，会发生新旧角色的转换。职业转换 (career transition) 是指"个体从初入职场到退出职场的整个过程中所发生的任何形式的角色、关系、路线与假设改变的总和"[1]。

新旧角色转换的过程中必然伴随着新旧角色的冲突，角色冲突是普遍

---

[1] 高雪原、周文霞、谢宝国：《职业转换：概念、测量、成因与影响》，载《中国人力资源开发》2017年第2期，第6页。

存在的。面对角色冲突，可通过角色协调使冲突尽可能地降至最低限度。协调新旧角色冲突的有效方法是角色学习，即通过观念的培养和技能的训练来提高角色的扮演能力，使角色得以成功转换。

大学毕业生从学生角色到职业角色的转换过程大致要经历毕业前夕和试用期两个角色过渡时期，需要在各自的工作岗位上经历从熟悉、波动、调整、稳定到创造五个阶段之后才能实现职场适应，最终取得职业成功。

（1）毕业前夕的角色转换

我国高校毕业生在每年的6月末到7月初离开校园，陆续奔赴工作岗位。根据教育部文件规定，从每年的11月20日开始，用人单位就可以进入高校开始进行校园招聘活动。也就是说，毕业生可以有半年多的时间做好择业前的各项准备。因此，从开始择业到毕业离校这段时间，是有针对性地学习知识、培养能力进而转换角色的最佳时期。在这个重要时期，毕业生除了按照学校正常的教学计划完成学业、撰写毕业论文、参加教学实习实践之外，还可以通过收集就业信息、撰写求职资料、应聘、面试、工作实习等了解职业岗位、职业角色，这些都将有利于大学生成功转换角色。毕业生角色转换的途径主要有以下两种：

1）通过求职择业了解职业角色的内涵。毕业生经历与用人单位的"双向选择"过程，可以加强对用人单位的了解，进而通过签订就业协议书来确定自己的职业角色。毕业生在与用人单位接触的过程中，能够比较全面地了解到用人单位的基本情况，同时结合自身的综合情况，不断调整职业期望值，实事求是地确定自己未来的职业。这是从学生角色向职业角色转换的第一步。

2）通过实习预先进入职业角色。在大学毕业前的最后一个学期，根据学校的教学、实习安排，已经确定工作单位或者有就业意向单位的毕业生，应该主动地将毕业实习、就业实习融入工作实习中，三者并重。这些能够为大学生提供了解和熟悉工作实际的机会。经历这样几个过程，能够让学生知道工作到底是怎么一回事，清楚自己更适合做什么，哪些知识是有用的，哪些能力是工作中必须具备的，还有哪些知识、能力是需要调整和弥补的，以及如何处理工作中的人际关系等。这将有助于大学生提前进入职业角色，有效促进角色转换的进程。况且实习也是大学生向用人单位展示个人才干的机会，有的实习单位会根据企业的工作需要录用优秀实习生为正式员工。除此之外，大学生还应充分利用毕业年的宝贵时光进行学习和训练。

一是调整和完善职业知识和能力结构。学习与未来工作岗位有密切联系的专业知识和专业技能，同时，通过学习和训练，加深对未来职业岗位的认同，培养职业兴趣。

二是进行非智力因素技能训练。自信心、积极乐观的态度、意志力、坚韧性、自控力、抗挫力、责任心、观察力、思考力、学习力、模仿力等这些对大学生择业、就业和创业起重要影响作用的内在综合因素不是一蹴而就的，需要不断训练和提升。只有不断让这些能力得到训练，才能让个体具备独立开展工作的能力，从而更好地承担职业角色。

（2）试用期内的角色转换

大学生离开校园正式入职后，需要经过试用期，考核合格之后才能确定为正式工作人员。进入职场的初期阶段，由于角色及所处环境的巨大差异，必然伴随着新旧角色冲突、角色学习和角色协调及由此引起的诸多心理和适应问题。因此，大学生要在较短时间内完成角色转换，获得同事认可和领导肯定，在步入职场的初期阶段需要对如何应对这些环境和人际变化进行深入细致的了解和调查分析，对自身合理定位，尽快熟悉职业环境、岗位职责，提高心理承受能力，加强角色认知，缩短适应期，具体可从以下四个方面行动：

1）重视岗前培训这一重要环节。岗前培训对于刚走向工作岗位的大学生的角色转换是非常关键和必要的。这不仅能帮助职场新人了解单位的基本工作情况，了解规章制度、工作程序，更重要的是让他们树立从业者的集体主义观念，培养人际协调能力和奉献精神。另外，从某种意义上讲，岗前培训还能够反映出新员工的职业素质高低。况且单位对这一环节非常重视，并以此择优录用员工，安排适当的工作岗位。因此，毕业生需要以认真的态度把握好这样一个充实、展示、提升自己职业素养的良机，用最出色的表现赢得单位重视及个人职业成长和发展的机会。

2）注意知识的转化。大学毕业生初入职场要戒骄戒躁，在尊重领导、前辈、同事的同时，适时适度地展现自己的知识和才华。可以利用工作中的协作机会，在听取他人观点的基础上诚恳地提出自己的见解，共同商讨，共同解决问题；也可以在人际交往过程中，在帮助他人解决问题的过程中展现自我。这样，既能够让他人了解你的为人和性格，缩短人际距离，建立和谐的人际关系，还有助于创造良好的工作氛围。

3）强化工作责任意识。初入职场的大学毕业生往往踌躇满志，决心要轰轰烈烈大干一场。然而刚参加工作的职场新人一般不会被委以重任，有些甚至被置于不受重视的部门或被安排去做简单、打杂的工作，缺少必要的重视、指导和提携。对职场新人来说，无论你从事的工作重要与否、技术性高或低，这都将有助于你了解企业的运营，了解你的客户基础。因此，需要以饱满的热情、高度的事业心和责任感认真对待，在平凡的工作中积累和锻炼经验，以及应变能力。

4）养成实事求是的工作作风。毕业生对待自己的第一份职业通常都是认真、谨慎的，这是非常可贵的工作态度。尽管如此，工作中仍然会不可避免地出现失误。一旦出现失误，就要认真地分析原因，实事求是地承认错误，勇于承担责任，诚恳地接受领导和同事的批评，总结经验教训，虚心学习，向有经验、能力强的同事请教，防止类似情况再次发生。

总之，从学校走向社会是人生的一个重要转折，是由学生转换为职业人角色必然经历的过程，同时也是每一个就业大学生对社会及工作岗位的适应过程。顺利实现角色转换，可以促进大学生尽快地适应新环境，缩短磨合期。

（二）职业适应的内涵与外延

1. 职业适应的内涵

进入职场的毕业生或多或少会产生对新环境的不适应，如不知道该怎么做事，不知道该学些什么，不知道如何融洽与同事的关系。主要表现在心理上、人际关系上、工作技能上的不适应。一旦掌握了职业适应及其规律，就能使毕业生尽快摆脱不知所措的状态。

大学生走上工作岗位后，通过试用期对自己所任职岗位逐步熟悉起来，最后达到适应和胜任的状态。职业适应，是指个体在职业认识和实践的基础上，不断调整和改善自己的观念、习惯、行为和知识结构等，以适应职业需求的发展和变化。职业适应的实质，就是个体从"自然人"向"社会人"的转化。职业适应是大学生从学生角色转换为"社会人"角色的重要阶段。

大学毕业生告别学生时代，从步入职场到职业适应，要经过对职业实践、职业规范、职业环境、职业文化等的观察、认知、领悟、模仿、认同、内化等一系列的认知和实践过程，才能达到对职业的能动适应。初入职场的大学毕业生，由于对职业角色的认知和理解不深，很容易产生角色偏差或角色错位。因此，学习职业角色的权利和义务，掌握职业角色规范，遵守职业角色的行为模式，增强对职业角色的认同感和归属感对职场适应非常必要。

2. 职业适应的规律

初入职场的毕业生能否尽快适应职业环境，融入企业文化，将直接影响职业发展和幸福感。因此，掌握职业适应初期的一般规律，有助于顺利适应职场，有助于个人成长和发展，实现自己的理想。职场新人需要把握的职业适应规律，主要包括以下五个方面。

（1）心理适应

心理适应是指个体的个性特征互相配合，适应周围环境的能力。初入职场的大学毕业生，面对扑面而来的各种新知，在情感上、感觉上、知觉上、情绪上、意志上等各方面都会经历一个适应的过程。其中，情感上的适应尤为重要。情感是个体对外部环境和事物的心理反应。外部环境、角色等的变化促使毕业生调节自己的情感使之相适应，对从事的职业保持一种稳定的热情和期待，避免就业初期常见的依赖、从众、畏惧、苦闷、自卑、攀比、迷惘等不良的心理现象。

初入职场的大学生需要学习调适自己的情绪和情感，让自己开始适应忙碌、枯燥、高压、重复的职业生活。对于自身缺少的或不曾有过的基层职业生活经历，或是不习惯的一些制度和做法，要学会调适自己的情绪和心态去面对。你无法改变外部环境，但你可以去适应它。此外，还需要培养自信心，强化团队合作意识、自立和创新意识。

（2）生理适应

初入职场的生理适应是指个体对工作时间、劳动强度和融合程度的适应过程，包括身体各感觉器官和运动器官的适应过程。初入职场所面对的变化，主要表现为时空概念和工作方式、生活方式等的变化。不同职业的工作节奏、强度和压力是不一样的。如医生、教师、警察、律师、会计师、建筑设计师、销售员、地质勘探员、飞行员等职业，对个体的身体素质、工作节奏、作息时间、工作强度、生活模式等都有不同的要求。在从业初期，毕业生打破原有长期习惯的校园生活模式，开始进入一种紧张、有序、时效性强的工作和生活习惯，难免出现身体疲惫、有心无力等"跟不上"的感觉。随着时间的推移，只要有意识地运筹时间和适应环境，注意劳逸结合，适当加强身体锻炼，讲究工作、生活规律，这些生理上的不适应会很快消失的。

(3) 群体适应

群体适应是指个体在新的协作集体中的适应过程。协作集体是人们通过一定的社会或工作关系，结合起来进行共同活动的集体。大学生的协作集体是以同学关系建立起来的，呈现出相对的单一性和不稳定性。毕业进入职业岗位后，加入新的协作集体当中，人员对象和人际关系也随之发生了新的变化，交往的对象从单纯的同学、老师迅速扩展到有各种经历、各年龄段、各种层次的人。在新的协作集体中，不仅关系更加复杂，对个体的应变能力也提出了更高要求。因此，大学毕业生进入职场后，要学会放低姿态。无论是对领导还是对同事，无论是喜欢还是讨厌，都要以礼待人。在勤奋工作的同时，还要学会适当地表现自己，懂得展现一个新人的宽广胸怀赢得职场人缘，懂得通过自己的业绩得到企业的重视，在职业发展中获得幸福感。

(4) 岗位适应

初入职场的毕业生容易将事情看得简单而理想化，在跨出校门之前，往往对未来充满憧憬。一旦按照这个憧憬接触现实环境，就会发现"理想很丰满，现实很骨感"，并由此产生一种失落感，感到处处不如意、事事不顺心，以致影响到职业成长和发展。初出校门的大学生不能适应新环境，大多与其事先对新岗位估计不足、不切实际有关。

因此，在踏上工作岗位后，毕业生需要根据现实的环境调整自己的期望值和目标。如果在就业初期就为自己做一个良好的职业规划，主动了解岗位环境，明确自己的职业目标、发展路径，以及在职场中自己的定位，提升岗位所需的职业能力，做到敬业爱岗，自然就能得到较好的成长和发展，获得职业幸福感。

(5) 知识技能适应

知识技能适应也称为智能适应，是指毕业生根据职业岗位所要求的知识和能力结构来调整改善自身的知识和能力结构，使之适应职业岗位要求的过程。初入职场的毕业生可能文凭比单位里一些前辈要更高，理论知识掌握得也多一些。然而到了职场上，更注重的是实际操作能力和经验的累积。大学生在大学期间所构建的知识和能力结构，能否与所任职业岗位相适应，必须经过实践的检验。此外，职场新人想把自己的知识和能力转化为生产力,还需要主动付出,以及时间的累积。终身学习不但是一种心态,更应该是个人的一种生活方式。

科学技术正迭代发展,职业实践也同样迭代更新发展。知识更新速度不断加快,使职业实践的发展和变化也在加快,这就迫切要求进入职场的毕业生不断调整和改善自己的知识结构和能力结构,以不断适应科技发展和职业实践发展的需要,从调整到适应再调整,在循环往复中促进个人职业成长和发展。

(三)积极促进职业成长

职业适应的依据是所在工作岗位的职务说明书,以达到职位说明书所规定的各项内容的要求为目标。这包括不同工作岗位的工作职责、业务知识、工作技能、专业背景、理论基础,以及相关的管理制度等方面。职业成长的前提是职业适应,其中基本的要求是工作技能的熟练和岗位职责的较好履行。这些职业适应的要求需要从业者通过自身的学习、模仿和新员工入职培训、实习安排、岗位实践、技能训练等途径来达到。较深层次的职业适应还包括适应并融入单位的企业文化、树立健康的职业心理和职业道德观念,以及选择适合自己的职业成长路径等内容。

职业适应是大学毕业生社会化成长的过程,只有较好地达到了职业适应,才能顺利实现个人的职业成长和获得职业幸福感。因此,对于初入职场的毕业生来说,还应注意以下七个方面。

1. 融入所在单位的企业文化

每个企业都有自己的文化氛围,企业文化是推动企业发展的不竭动力,有的崇尚张扬,有的强调竞争、目标导向,有的鼓励创新、自由开放,有的控制严格、层级分明,有的崇尚团队合作、员工忠诚,等等。职场新人需要先去了解所在单位的企业文化,尽早融入、认同和调适。

2. 脚踏实地,从小事做起

职场新人容易好高骛远,不屑于做日常工作中的琐事。用人单位考察一个人,正是从小事、简单的事情开始。因此,作为初入职场的大学生,无论领导交给你的事情多么琐碎、简单,或者根本不属于自己分内的事情,都要积极地、及时地处理好。即使上级忘记或不再追问,你也一定要给一个结果和答复,不能不了了之。"故不积跬步,无以至千里;不积小流,无以成江海"①,做事情不从小事开始,一点一点地积累,就永远无法达成目标,成就大事。

3. 适时表达,敢于自我表现

作为单位的新人,由于对业务、对环境等不熟悉,大部分同学都会选择保持沉默。谦逊是好的品质,但不能过于沉默,做个透明人。比如,有领导参与的会议,在合适的时候要适度表现,尤其当领导让大家发言时,不要退缩,要敢于发表意见。若平时有思考和积累,提供几条合理化建议可以让领导对你刮目相看。当然,不要随便打断领导的发言,更不可夸夸其谈、喧宾夺主,表达意见和建议需举止稳重、言简意赅。

4. 正确对待批评

职场新人面对批评,需正确处理。如果确实是你的过失,要主动道歉或检讨,并虚心听取意见,无须掩盖错误或满口辩解之词,更不能把罪责推给别人。事后需要分析原因,理清思路,再次思考自己存在的问题,如何有效避免。

5. 不踏入人际关系旋涡

"无论你干哪一行,或者从事何种职业或专业,学会处理人际关系,你就在成功的路上走了85%的路程。"② 初入职场的毕业生缺乏处世经验,如果发现办公室里分成若干的小帮派,千万别急着站队。也许某些前辈同事会对你讲其他人的好与坏,这时你千万别轻信,先保持沉默,对所有人笑脸相迎。要相信自己的独立观察和思考,看清形势,不站队、不附和、不盲从,始终保持独立性。

6. 虚心求教,善于向同事学习

初入职场的毕业生由于缺乏实践经验,想要快速熟悉工作和得到成长,需虚心求教,善于向同事学习。这不仅有利于攻克工作中的难关,确保项目顺利进行,也能促使自己不断成长,不断提高解决问题的能力和业务水平。部分大学生自恃学历高或毕业于名校,不善于与他人合作,以自我为中心。这部分毕业生需要牢记"三人行,必有我师"这句古训,每个人都有比别人强的地方,也都有不如别人的地方,每个人都有无知的一

---

① 荀子:《荀子》,万卷出版公司2009年版。
② [美]吉米·道南(Jim Dornan):《成功的策略》,江雅苓译,经济日报出版社2000年版。

面，每个人都有向别人学习的必要。此外，在请教同事的过程中，还能促使彼此关系的推进、加深与和谐。相反，如果故步自封，不懂得虚心请教和学习，就可能造成与同事沟通的障碍。

7. 注重一些细节

办公桌，需要保持井井有条；使用茶水间后，需把物品归位，保持干净整洁；主动做一些体力活，如打扫办公室卫生、更换饮水机用水等；尽量提前到达办公室，不可以迟到，更不可以给迟到找任何借口和理由。

二、提升职业素养，促进职业发展

（一）提升职业素养

1. 职业素养的内涵

职业素养是指人类在社会活动中需要遵守的行为规范，是职业内在的规范和要求，是在职业过程中表现出来的综合素质。①

职业素养涵盖职业活动对从业人员的规定与要求，尤其突出职业实践中的技术操作层面，其核心内容是解决职业实际问题的能力。内容包括知识素养和技能素养，包括一定人文知识、科学知识、行业知识、行业规章、生产服务流程、职业技能、职业活动领悟力、职业理想、职业道德等方面，以及在所有这些方面已达到的水平。

2. 职业素养的构成要素

职业素养的构成要素包含职业道德、职业意识、职业行为、职业作风和职业技能等。前三项是职业素养中最根本的部分，尤以前面谈到的职业道德为重。也有学者提出职业素养的构成要素至少包含两个重要因素，即敬业精神和合作态度。敬业精神就是在工作中将自己作为企业的一部分，不管做什么工作一定要做到最好，发挥实力。敬业不仅仅是吃苦耐劳，更重要的是"用心"去做好公司分配给你的每一份工作。态度是职业素养的核心，好的态度，如负责、积极、自信、建设性、欣赏、乐于助人等，是决定成败的关键因素。

---

① 吴吉明、王凤英：《现代职业素养》，北京理工大学出版社2018年版，第12页。

总之，职业素养不仅体现在工作中，还体现在生活和学习的点点滴滴中，是一种个人习惯在求职和工作过程中的延续。对大学生来说，职业素养并非与生俱来，也难以一蹴而就，需要在大学期间不断地接受教育培训、用心修炼才会不断提升。毕业生能否顺利就业并获得职业幸福感，在很大程度上取决于个人的职业素养。职业素养越高的人，职业发展的机会越多，职业幸福感越强。

（二）克服职业困惑，促进职业发展

社会处于快捷的变革之中，个体要跟上职业环境的变化速度，过程中出现职业困惑和困难是在所难免的。大学生要实现职业发展、获得职业幸福感的一个关键点就是在纷繁复杂的职业环境中不被困难打垮，承受住挫折考验，找到有效解决方法，朝着目标不断迈进。

1. 设定合理的职业期望

职业期望是职业价值观的外在表现形式，反映个体对某种职业的渴求和向往，是个体对待职业的态度和信念。职业期望直接影响个人对职业的选择，并进而影响人的职业幸福感。随着社会的发展，职业的不断分化和新职业不断产生，人们对职业的期望也呈现出多元化的态势。职业期望通常划分为以下三种类型。

（1）自然属性的职业期望和社会属性的职业期望

按照职业期望发生过程，可分为自然属性的职业期望和社会属性的职业期望。

马克思主义哲学认为由于人在一定的生产关系下劳动，因此人具有自然属性和社会属性，其中社会属性是人的根本特性。如果个体对职业的要求只是为了谋求维持自身生存及为延续后代创造条件，而没有其他向往，这种职业期望就是自然属性职业期望，也是一种较低层次的职业期望。如果个体希望通过职业来满足个体对成就的渴望、对文化生活的向往、对社会地位的追求等，那么这种职业期望就属于层次相对较高的社会属性职业期望，是一种在社会职业活动中形成的对文化生活、政治生活和交往活动的追求。随着社会的发展和文化的进步，人们的自然属性职业期望在个人的职业期望占比中逐渐下降，而社会属性职业期望的占比则逐渐递增。从一定意义上讲，当人们的社会属性职业期望得不到满足时，即使人的生存条件不会受到太大影响，也会使人产生一种受挫、失落等不愉快的感觉。

(2) 物质属性职业期望和精神属性职业期望

按照职业期望指向对象，可分为物质属性职业期望和精神属性职业期望。

物质属性职业期望主要表现为人们对职业活动中物质文化的向往，包括薪酬待遇、工作环境、工作条件等，是从业人员最基本、最重要的欲求，也是其他一切需要的基础。精神属性职业期望，主要表现为从业人员对职业活动中精神文化方面的向往。比如人文关怀、文化氛围、成长条件等。现代职业活动在满足人们物质欲望的同时，也为满足人们精神欲望提供了必要的条件和环境，通过职业活动展现个体的力量和智慧，使个体的精神更加充实。由此可见，物质属性职业期望和精神属性职业期望的实现是相辅相成的，两者具有统一性。

(3) 合理的职业期望和非合理的职业期望

按照职业期望实现程度，可分为合理的职业期望和非合理的职业期望。

每个人的职业期望虽然各不相同，但是否能成为现实，主要看其是否合理。"事少、钱多、离家近，位高、权重、责任轻"若要同时拥有，则属于非合理的职业期望，这只能是一种幻想。这时就需要对个人内在的价值观进行排序，比如，能否"事少、钱多、离家远"呢？职业期望的合理化过程，就是个人对内在价值观进行排序、取舍的过程。要知道，任何一种职业的选择都要受到社会需求、自身素质及其他外部因素的制约。大学毕业生在职业选择过程中，应以自己的专业所长、个人核心竞争力及客观的社会需求为基础，实事求是地对自己的职业期望有一个客观的分析，从而确立合理的职业期望。

2. 积极面对职业挫折

挫折，是指人们在从事活动方面，由于遇到了障碍而导致需求不能满足、行动不能开展、目标不能实现的失落性情绪状态。职业挫折，是指人们在职业活动中行为受挫，无法实现自己的职业目标和满足个人的职业需要，个人职业期望落空从而导致的失落性情绪状态。职业挫折本身不是好事，然而，不同个体对挫折的认识、理解，以及生理、心理、行为上的不同反应，将对个体职业发展产生不同的意义和作用。如"吃一堑，长一智""失败乃成功之母"谈的就是挫折对人的积极意义。不可忽视的是，个体受挫后产生的焦虑、不安、痛苦或失望的情绪，如果得不到调节，不仅会直接影响到个人能力发挥和工作效率，甚至还会导致行为异常，程度严重的还会诱发身心疾病，威胁到人的心理健康。挫折在个人的职业生涯发展中不可避免，正确对待挫折是获得职业幸福感所必需的环节。对于职业挫折，应当从以下四方面加以克服。

（1）理智地分析挫折产生的原因

人生遇到挫折的原因是多方面的，但都是主观与客观因素共同作用的结果。从主观上讲，职业期望不合理，对职业环境的预判不够准确，时机的把握、策略的采用不够得当等，都是挫折产生的内在因素。从客观上讲，职业环境的好坏，职业条件的优劣，所在群体的思想意识、工作作风、行为习惯等，都对人的行动选择起作用。遭遇心理挫折后，根据这些方面的因素，理智分析挫折产生的原因，才能找到克服挫折的突破口。

（2）提升抗挫力

抗挫力，是指个体遇到困难和挫折时，能正确认识困难，承受挫折，并采取积极的心理防御措施的能力。个体一旦遭受挫折，就会产生挫败感，但这种感受的程度并不都是一样的。这既与挫折的程度有关，也与个人的经历有关，与个人的意识、意志有关。王宝池的《七律·劝学》就谈道："自古英雄出磨难，从来纨绔少伟男。"毕业生进入职场后，在职业生涯发展的道路上，必然会受到种种挫折。因此，需要懂得在遇到挫折时保持冷静的态度，理智分析造成挫折的原因，根据自身职业成长发展的条件做出相应的对策。

（3）纾解挫折情绪

豁达、乐观是对待挫折的心理准则，主动改善外部环境，纾解情绪是减缓受挫折心理的重要途径。纾解挫折情绪的方法有很多，比如：变换所处的环境和空间，避免触景生情；转移心理关注方向，暂时放下挫折之事；等等。

（4）寻求支持

主动寻求相关人士提供建议；情况严重时，寻求心理医生的帮助；向亲人和好朋友倾诉；阅读书籍；等等。虽然他人或书籍未必能解决你的问题，但寻求他们的支持也不失为一种缓和人们心理痛苦的有效方法。

在生活的道路上，挫折和失败往往是成才者的摇篮。逆境并不可怕，可怕的是没有冲出逆境的勇气与决心。

3. 克服职业倦怠

大学毕业生工作一段时间后，由于处于日复一日、重复机械的作业中，受情绪情感、工作环境等内外因素的影响，渐渐会产生一种疲惫、困乏甚至厌倦的心理状态，甚至出现身心不适、心理衰竭、情感封闭的亚健康状态，这种状态称为"职业倦怠"。

职业倦怠和身体的疲倦、劳累不同，它是来自心理的疲乏。出现职业倦怠的表现有：害怕或者故意避免参与竞争，逐渐失去工作的乐趣，对工作场所有强烈的排斥感甚至恐惧感，对工作任务产生厌倦，对工作中的新事物敏感度降低，等等。如何避免或减少职业倦怠给身心带来的危害呢？有以下三个方面的途径。

(1) 对职业生涯进行科学的规划和管理

大学生走进职场，好比走上一条连续衔接的道路。在这条道路上，需要为未来的职业发展做好知识、技能、资源等的积累，把握每个机遇与挑战，使职业生涯可持续发展。

(2) 善于赋予工作新的意义

正如赫拉克利特所言："你不能两次把脚踏入同样的河流。"河水一直在流动，当你第二次把脚踏进去的时候，那已经不是你第一次踏进去时的那个水了。万物在流转变化之中，尽管表面上是重复的。任何一种职业都有其重复单调的一面，这就要看你怎样去把握了。每一项工作任务，绝不是一成不变的重叠与累加，每次都有新的变化，你只要不断挖掘工作新的内涵，就可以赋予工作新的意义，从而增强自己对工作的热情。

(3) 积极参与职场充电

职场充电，是指在职场中通过学习增加知识技能，如参加工作相关的培训、学习、交流等活动。需注意的是，学习的内容需要有利于职业规划目标的实现，如果没有职业目标而随意地参加各种学习和培训，这无疑是浪费时间和精力。通过职场充电获得新知、提升技能、拓展人脉，有益于克服职业倦怠，从而获得职业发展新的动力。

(三) 走向职业成功

1. 职业成功的标准与要素

(1) 职业成功的标准

莎士比亚说："一千个观众眼中有一千个哈姆雷特。"他的意思是每个人都会对作品有不同的理解，每个人对待任何事物都有自己的看法，也就是"仁者见仁，智者见智"。成功的职业人如何判定呢？对不同的人来说，职业的需求不同，职业的目标各异，成功的标准也是不一样的。有的人把获得较高社会地位和声望的职业视为成功；有的人把有收入稳定、安全轻松的职业视为成功；有的人以获得金钱财富作为职业成功；还有的人把由于自己的存在能帮助他人，有益社会，实现自我价值作为成功的表现。追求职业成功在一定程度上影响大学生职业生涯的决策与发展，且对责任担当具有显著的正向预测作用。由于每个人的职业价值观各不相同，因此没有人人适用的唯一的职业成功标准。

一般来说，个人职业生涯发展目标实现即为职业成功。职业成功意味着个人才能得以充分发挥，以及为社会做出了自己应有的贡献。通常情况下，职业成功的标准可以划分为"自我认识的""社会承认的"与"历史判定的"。在这三个方面中，"历史判定的"要比"社会承认的"更具分量，"社会承认的"比"自我认识的"更具分量。"自我认识的"职业成功，评判因人而异，具有很强的相对性，对于同一个人，在不同的人生阶段也有着不同的评判。每个人应该对自己的职业成功进行明确界定与评判，即成功对你来说意味着什么。要成就"社会承认的"与"历史判定的"职业成功，新时代大学生需要做到志存高远、砥砺奋斗、不负芳华，坚持向上向善，激发自身潜能，书写人生的华彩乐章，为实现中国梦而奋斗。

（2）职业成功的要素

分析整理国内外学者对职业成功要素的研究，较为集中的观点有积极的心态、确定的目的、正确的思考、自我控制、热情、集体心理、应用心理、令人愉快的个性、"企业家"精神、协作精神、总结经验教训、创造性的见识、预算时间和金钱、保持身心健康、应用普遍规律的力量等。

职业成功要素的培养和提升，需要付诸行动。

第一，坚持不懈，保持动力。始终充满信心和热情，锲而不舍地争取成功，脚踏实地、仰望星空，保持去发现、去把握、去争取、去创造的动力。

第二，适应形势，调整与创新。外部客观形势是不可控因素，也是个人职业成功重要的影响和制约因素。大学生应当积极适应职业环境和形势的要求与变化，调整自己的认知和定位，拓展思路、大胆创新，不断推动个人的职业发展。

第三，低头做事，抬头看路。在工作中，既要"低头做事"，勤勤恳恳地做好各项任务，也要懂得"抬头看路"，善于把握机遇，创造机遇，发现和挖掘机遇。

2. 正确对待职业流动

职业流动是指个人在不同职业之间的变动，是个人获得新的职业岗位的过程。职业流动按流动的方向可以分为四种，结合施恩（Edgar H. Schein）的企业锥形模型，构建职业流动模型，见图5-1。

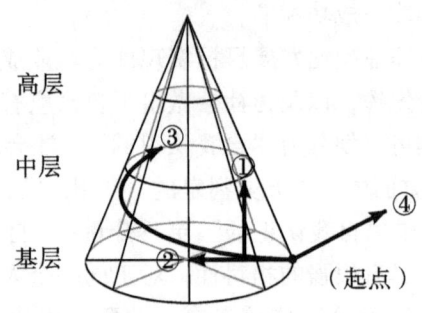

图5-1 职业流动模型
（朱钧陶，2017）

职业流动模型中的锥形好比一个企业或组织，划分为基层、中层和高层。其中，基层主要从事基础性的业务工作；中层主要从事管理工作，并做好上传下达的沟通与跟进；高层主要负责企业的战略规划，宏观把握企业发展的大方向。大部分的毕业生进入职场需要从基层做起。在"起点"无法直接从基层直接跃升至中层，需要先往锥形的轴心流动，也就是熟悉业务，朝着所在层次的核心业务靠拢。接下来，就有三条道路的选择：

第一条道路，是向上一层的岗位流动，也就是获得晋升。向上流动不但需要个人工作业绩出色，还要有组织工作的需要。后者是不可控的，也是最为关键的因素。越往上岗位越少，好比锥形的容积。

第二条道路，是继续朝着核心业务发展，流向锥心的轴心，成为某一领域的专家或核心人员。比如成为企业研发部门的工程师、成为学校的高级职称教师等。

第三条道路，是螺旋式向上流动，也就是在企业内的各部门岗位进行锻炼，然后再晋升到合适的部门中层岗位。这是大部分企业的人才培养路径。

当然，还有第四条道路，就是往外流动，离开这个企业，通常称为

"跳槽"。选择这条道路必须非常慎重。频繁跳槽的年轻人对自己的职业生涯规划大多呈现两种极端的态度：一种是职业生涯规划目标过于远大；另一种则是完全没有规划。

合理的职业流动，有利于个人特长的发挥，能够有效激发个人的主体意识、进取意识与竞争意识，并增进创造能力和开拓能力。

3. 建立职业思维

（1）职业思维的内涵

职业思维，是指在从事职业工作的时候，从职业行为中抽象出来，同时对职业行为起着引领和指导作用的一种理性的思维，是具有职业特点的思维活动或思维方式。培养正确科学的职业思维，对于职业的适应和发展起着至关重要的作用。

职业思维需要个人在工作实践中形成，并反过来影响个人工作的思想与行动决策。在思想层面，要求实事求是，除了深刻认同自己的职业身份外，还要从工作形式、职责、内容等方面去思考，从职业的角度去思考分析问题。在行动层面，要求有求真务实的态度，不仅要有解决问题的思维，还要求有选择性和针对性地解决问题。

（2）学生思维与职业思维的区别

1）学生学习普遍规律，职场强调个案经验。学生学习的内容，从数学公式到马哲原理，从秩序方法到定义模型，无不是普遍规律。职场中却不能完全按普遍规律做事，因为每个公司有特定的背景和需求，市场也不尽相同，不研究具体生动的个案，职场学习将成为一句空话，提升解决实际问题的能力也是一句空话。假如说学校是练习宏观规律思维，那么职场需要微观个案研究。为什么公司喜欢有经验的人？那是因为他们亲历了更多的个案学习。因此，从普遍规律到个案研究的思维转变是学生走向职场的第一步。

2）学生追求绝对优胜，职场重视定位匹配。在学生时代，成绩是老师和家长评价学生最重要的一个依据，长期在这种环境下使很多学生对于自身评价不客观。很多人在快毕业时感叹：我成绩不优秀，也没当班干部，怎么可能找到好工作？他们以为找到好工作的都是品学兼优的同学，殊不知学习成绩好并不等于职业智商高，最好的工作属于那些把自己放在合适位置的人，公司选择人才也是看是否合适，而不追求绝对的优胜。适合和匹配的思维观念的形成，对于学生走进职场至关重要。

3）学生在意个体成就，职场需要合作共赢。刚参加工作的学生经常犯的一个错误就是缺乏与领导的沟通。在学校，学生很少因为沟通做得好而加分，甚至有的学生因为经常和老师沟通而遭到同学们的排斥。但是在职场中，横向的沟通和联系的能力是职业人竞争力的重要表现。如何有效沟通关系到个人发展机会的多少，这是因为只有在团队中才能贡献价值，只有在联系当中才能增进了解，在沟通中才能建立信任、完善工作、创造成果。

（3）科学的职业思维

大学生进入职场后，限制职业发展的，往往并不是正在做的事情，也不是技不如人，而是职业思维。职业适应和发展必须具备的科学的职业思维主要有：

1）战略思维。战略思维，是指从全局视角和长远眼光把握事物发展的总体趋势和方向、客观辩证地思考和处理问题的科学思维。职业人最容易犯的错误是冲动和短视。一个人可能因为一次小小的冲动而错失重要的职业发展机遇；也可能会因为一个比较随意的决策，影响未来的职业发展方向。战略思维能够帮助你树立目标意识，避免坐井观天的局限性和一叶障目的片面性，用一个更长的时间尺度上的长远的发展路径来做好当下，将努力放在正确的方向上，可以确保你现在做的每一件事情都与自己的长期目标一致。

2）辩证思维。辩证思维，是指运用唯物辩证法观察事物、分析问题、解决问题的科学思维。习近平总书记指出："辩证思维能力就是承认矛盾、分析矛盾、解决矛盾，善于抓住关键、找准重点、洞察事物发展规律的能力。"想问题、做决策、办事情，不能非此即彼，要用辩证法将其一分为二。只有一分为二看事物、多个角度想问题，才能避免盲人摸象、以偏概全。

3）底线思维。底线思维，是指从客观上设定最低目标出发争取最大期望值的一种科学思维。"千里之堤溃于蚁穴"，凡事从坏处准备，努力争取最好的结果，做到有备无患、遇事不慌，牢牢把握主动权。对待工作中的问题需要抓早抓小、防微杜渐，防止由量变到质变、由小错酿大错。在职场中，有的人勤勤恳恳，全心全意地为单位解决问题，并避免发生大问题，但是谁也不知道他有什么功劳；也有的人看见问题不吱声，等到大家都看见了，领导也着急了，他才出手力挽狂澜，立了大功，但他本来可以做得更好。谁才是真正的"英雄"呢？小事小节是一面镜子，能够反映人品，反映作风。日久见人心，有原则、有担当方能走得稳、走得远。

4）创新思维。创新思维，是指因时制宜、知难而进、开拓创新的科学思维。习近平总书记多次强调："在激烈的国际竞争中，唯创新者进，唯创新者强，唯创新者胜。"创新是一个企业在市场中的立足之本，而企业创新的源泉是员工的创新思维。创新思维是一个人能在职场中获得成功的核心与关键。新时代大学生应转变思维习惯、突破思维定式、强化问题导向，不断推进理念创新、思路创新和方式创新，不断研究新情况、解决新问题、创造新经验，"苟日新，日日新，又日新"，不断提升创新思维能力。

5）分级思维。分级思维，就是处理问题按照一定的标准和维度去做分类，找重点问题和主要矛盾。没有主次，不加区别，眉毛胡子一把抓，是做不好工作的。分级思维的好处在于对不同类别的问题，我们可以采用不同的应对方法和行动计划。在工作中，要有强烈的问题意识，以重点问题为导向，抓住任务的关键进一步研究思考，着力解决任务中的突出矛盾和问题。

第三节 新时代大学生使命担当

一、培养职业道德修养

（一）职业道德的内涵与外延

1. 职业道德的内涵

职业道德是社会上占主导地位的道德或阶级道德在职业生活中的具体体现，是人们在履行本职工作时所遵循的行为准则和规范的总和。

不同的社会制度，不同的社会阶层有不同的道德标准。职业道德是人们在从事职业的过程中形成的一种内在的、非强制性的约束机制。它同人们的职业活动紧密联系，符合职业特点所要求的道德准则和道德品质，既是对从业人员在职业活动中行为的要求，又是职业对社会所担负的道德责任与义务。

不同的社会制度有不同的道德标准，我国的社会主义职业道德由八个基本要素构成，包括"职业理想、职业态度、职业责任、职业技能、职业纪律、职业良心、职业荣誉和职业作风"[①]。这八个构成要素反映出社会主义职业道德的特定本质和规律，同时又紧密联系、相互配合，形成一个严谨的职业道德规范范畴。

2. 职业道德的外延

从内容上看，职业道德是人们在职业活动中，处理职业内部人与人之间、职业与服务对象之间、职业与国家社会之间的关系的道德准则和规范的总和。它形成并发展于职业生活中，调节职业活动中的特殊道德关系和利益矛盾，且表现为某一职业特有的道德传统和道德习惯，表现为从事某一职业的人们所特有的道德传统和道德品质。

从表现形式上看，职业道德往往采用制度、公约、守则、准则、条例、承诺、标语、口号等方式来体现，具有灵活性、多样性、具体化的特点。这种灵活性、多样性、具体化的特点既有利于为从业者所接受和实行，又有利于在组织内形成一种职业的道德习惯。

从作用上来看，职业道德一是用来调节从业人员内部的关系，加强凝聚力；二是用来调节从业者与其服务对象之间的关系；三是用来塑造本职业从业人员的职业形象。

从效果上来看，职业道德一方面使一定的社会或阶层的道德原则和规范趋向一体化、职业化；另一方面使个人道德品质走向成熟化、职业化。此外，职业道德承载着企业文化和凝聚力，对社会有深远的影响力。

（二）职业道德的特点与作用

1. 职业道德的特点

（1）适用范围的有限性

各职业的职业责任、职业义务、职业准则等不同，形成各自特定职业道德的具体规范。每种职业的职业道德的适用范围具有指定的职业范畴。

---

① 刘大用等：《职业选择与职业道德》，中南工业大学出版社1996年版，第207页。

(2) 继承性与发展性

职业不仅其技术世代延续，其管理员工的方法、与服务对象打交道的规范，也有一定历史继承性。随着时间的推移，在继承的延续中，职业道德结合新的时代需要不断发展。如教师的职业道德从古代继承了"学而不厌""诲人不倦"，结合新时代的需要发展了"立德树人""以生为本"。

(3) 表达形式灵活多样

各种职业的道德要求都较为具体化，因此，其表达形式具有灵活性和多样性。这一特点使其既易于为从业者所接受和实行，而且易于在组织内形成一种职业的道德习惯。

(4) 具有自律的规范性

职业道德的主要内容形成并发展于职业生活中，调节职业活动中的特殊道德关系和利益矛盾，是对从业者的义务要求。职业道德一方面依靠从业者的文化、内心信念和习惯等自律的行为实施，另一方面以制度、公约、守则、准则、条例等的形式实施。可见，职业道德具有自律的规范性。

2. 职业道德的作用

职业道德具有重要的社会功能，它通过职业理想、职业态度、职业责任、职业技能、职业纪律、职业良心、职业荣誉和职业作风等来引导和规范企业与从业人员的职业意识和职业行为，对个体职业成功和发展具有重要意义和作用。

(1) 职业道德是立足职场的基石

职业道德在人的生存和发展过程中发挥着重要而积极的作用，是个人安身立命于职场的思想基础。一个人能否立足于职场并保持可持续发展，并不在于其拥有多少知识和技术，不在于其见识和经验，关键在于其是否具备和遵守从事这份职业而必备的职业道德。拥有知识、技术、见识、经验，但无"德"的人，才是真正让人胆战心寒，如宰相李林甫、状元秦桧、太监魏忠贤、文人康生，他们有知识、有学问、有能力，懂得怎么整死人、怎么祸国殃民。人的生存发展所需的各种物质条件，以及道德品质的形成和培养，与他在职业活动中的实践是分不开的。职业道德层次的高低，直接影响到个人能否胜任本职工作。一个人能否做好本职工作，也取决于他是否热爱自己所从事的职业，是否有工作热情，是否有克服一切困难的坚定意志，是否有全心全意服务于他人和社会的信念，是否有良好的职业道德。可见,良好的职业道德修养是做好本职工作,获得职业幸福感的前提,也是人们在职场立足的基石。

(2) 职业道德是事业发展的保证

现代社会,职业道德在人们的事业中所起的作用越来越突出。一个人的事业成功,20%取决于专业技能,80%取决于职业道德修养,即爱岗敬业、诚实守信、办事公道、服务群众、奉献社会等。这些职业道德修养对促进从业人员做好本职工作、实现职业理想具有重要的推动作用。

(3) 职业道德是实现人的全面发展的主要途径

职业道德修养对促进人的思想道德提升,以及人格的升华具有促进作用。如果想在职业生涯中实现自我全面发展,成为"一个高尚的人,一个纯粹的人,一个有道德的人,一个脱离了低级趣味的人,一个有益于人民的人"①,就必须不断加强职业道德方面的学习,提升自己的职业道德水平。正如马克思在其早期文章《青年在选择职业时的考虑》中提出的:"在选择职业时,我们应该遵循的主要指针是人类的幸福和我们自身的完美……人们只有为同时代人的完美,为他们的幸福而工作,才能使自己也达到完美……历史承认那些为共同目标劳动因而自己变得高尚的人是伟大人物……赞美那些为大多数人带来幸福的人是最幸福的人。"②

(三) 职业道德的基本规范

恩格斯提出:"每一个阶级,甚至每一个行业,都各有各的道德。"③职业道德是一般社会道德的特殊形式。每个从业人员,不论从事哪种职业,在职业活动中都要遵守所从事职业的职业道德和职业规范,这是社会对从业人员的基本素质要求。职业道德不仅是合格职业人在职业活动范围内应当遵守的与其职业活动相适应的行为规范,也是本行业对社会所承担的道德责任和义务,是社会道德在职业生活中的具体化。由于各行各业职业活动内容和职业特征不同,不同职业的职业道德内容也不尽相同。如教师要遵守教书育人、为人师表的职业道德,医生要遵守人道主义、救死扶伤的职业道德,警察要遵守保护人民、惩罚犯罪、打击敌人、维护社会治

---

① 张诚:《新编毛泽东故事集》,辽宁大学出版社 1994 年版,第 161～165 页。
② 《马克思恩格斯全集(第 40 卷)》,人民出版社 1982 年版,第 7 页。
③ 《马克思恩格斯全集(第 4 卷)》,人民出版社 1982 年版,第 36 页。

安的职业道德，等等。

尽管如此，不同职业的职业道德仍有其共同的基本内容。《中华人民共和国公民道德建设实施纲要》中明确提出了我国现阶段各行各业普遍适用的职业道德的基本要求，即"爱岗敬业、诚实守信、办事公道、服务群众、奉献社会"。

1. 爱岗敬业

爱岗敬业是对各行各业工作人员最普遍、最基本的要求，是做好本职工作的重要前提和可靠保障，是社会主义职业道德的一个基本规范和要求，是为人民服务和集体主义精神的具体体现。

（1）爱岗敬业的含义

爱岗，就是热爱自己的本职工作，并为做好本职工作尽心竭力；敬业，就是要用一种恭敬严肃、极端负责的态度来对待自己的职业，即对自己的工作要专心、认真、负责任。

（2）爱岗敬业的基本要求

爱岗敬业是对人们工作态度的一种普遍要求，即"干一行爱一行"。在职业生活中要做到爱岗敬业，需要强化岗位职责，坚守工作岗位，履行工作职责，提高职业技能。如北京王府井门前的塑像——劳模张秉贵，他在平凡的岗位上，在简单枯燥的售货操作中练就"一斤糖一抓准"的绝活，以"一团火精神"服务顾客。

（3）爱岗敬业的具体表现

1）树立正确的职业态度，即要求从业人员在特定的社会形态中，兢兢业业、满腔热忱、精益求精、任劳任怨地履行自己所从事的社会事务，有崇高的工作使命感、职业责任感和强烈的事业心。

2）树立正确的职业理想，即要求从业人员在具体的职业实践过程中"以为人民服务为核心，以集体主义为原则"[1]，做到尽心尽力、尽职尽责，热爱本职、忠于职守。

3）提升职业技能。一个人无论从事什么职业，身处什么岗位，都需要具备一定的职业技能。职业技能既能够帮助人们确立职业态度、明确职业理想，同时也是个体的职业理想付诸实现的重要保障。社会的发展与进

---

[1] 教育部思想政治工作司：《加强和改进大学生思想政治教育重要文献选编（1978—2014）》，知识产权出版社2015年版，第168页。

步要求每个从业人员结合自己的工作需要，不断学习职业知识、提升职业能力，做到与时俱进。

4) 遵守劳动纪律。爱岗敬业是职责，也是个人成长成才的内在要求。个人通过遵守劳动纪律的外在束缚，可以逐渐养成良好的职业习惯和行为，并形成牢固的良心感和尊严感，充分发挥自己的才智。

2. 诚实守信

诚实守信是人类在漫长的交往过程中总结、凝练出来的做人的基本准则，是确保社会交往尤其是经济交往稳定、有效的重要道德规范，也是企业集体和从业人员个体的道德底线。

(1) 诚实守信的含义

诚实，是指外在言行与内在思想一致，就是实事求是地待人做事，不弄虚作假，不欺上瞒下。守信，就是遵守诺言、讲求信誉，忠诚地履行自己所应承担的责任与义务。

(2) 诚实守信的基本要求

进入职场的大学生不仅要懂得诚实守信对企业发展和个人职业发展的重要性，更要清楚诚实守信在职业活动中应该如何遵守和践行，具体的要求是：

1) 忠诚于所属企业。这是对每一个员工的基本职业道德要求。其具体表现是诚实劳动、关心企业发展、遵守合同和契约。即将实干、积极、创造精神体现在为他人提供实实在在服务的诚实劳动中；与自己加入的企业同呼吸共命运，以集体主义作为自己的行动原则，时刻以企业的发展为自己的行为准则；在职业活动中履行契约，依法办事。

2) 维护企业信誉，保守企业秘密。这是每一名企业员工义不容辞的责任与义务。诚实守信是做人的基本准则，也是职业道德的精髓，是铸就事业成功的根基。"人无信不立"①，遵守契约，言必行，行必果，是每一名从业者得以在市场竞争中立足的基本条件。

3. 办事公道

(1) 办事公道的含义

办事公道是对于人和事的一种态度，是职业活动所必须遵守的道德要求。以公道之心办事，需要做到公平公正，不损公肥私，不以权谋私，不

---

① 关汉卿：《单刀会》，马学林改编，中国少年儿童出版社 2000 年版。

假公济私。在社会主义制度下，从业者之间及从业者与服务对象之间都是平等的，职业差别只是所从事的工作岗位不同，而不是个人地位高低贵贱的象征。从业者应该对不同的服务对象一视同仁、秉公办事，不因职位高低、贫富亲疏的差别而区别对待。

（2）办事公道的基本要求

办事公道的基本要求是以国家法律法规和各种规章制度纪律，以及公共道德准则为标准，兼顾国家、集体和个人三者的利益，秉公办事、公平公正、坚持真理、光明磊落地处理问题。体现在职业中，具体的要求是：

1）坚持实事求是的原则，坚持正确的是非观。

2）按原则办事，不因个人的偏见、好恶、私心等去对待事情和处理问题。

3）坚持真理，做到公私分明、不徇私情，把社会利益、集体利益与个人私利明确区别开来。

4）做事没有私心，胸怀坦荡，行为正派。

4. 服务群众

（1）服务群众的含义

"社会主义道德建设要以为人民服务为核心"是党的十四届六中全会通过的《中共中央关于加强社会主义精神文明建设若干重要问题的决议》中明确提出的。道德建设的核心是道德建设的灵魂，它决定了一种社会道德的根本性质和发展方向，是一种社会道德区别于另一种社会道德的主要标准。在新时期，我们党把"为人民服务"作为社会主义道德建设的核心，具有重大的理论意义和实践意义。服务群众是社会主义道德建设的核心在职业活动中的具体运用。

（2）服务群众的基本要求

在社会主义社会，尽管不同职业对社会所承担的义务与责任不同，服务的方式也不尽相同，然而做好本职工作就是服务人民最直接的体现。服务群众的基本要求：

1）树立马克思主义群众观。人民群众是历史的创造者，是我们的力量源泉和胜利之本。周恩来曾在中共中央和国务院直属机关负责干部会议上强调："我们国家的干部是人民的公仆，应该和群众同甘苦，共命运。"[①]

[①] 中共中央文献编辑委员会：《周恩来选集·下》，人民出版社 2004 年版，第 421 页。

这是我们党的优良传统，也是我们对中华民族传统美德的科学继承和发展。坚持为人民服务为道德核心，是社会主义道德体系区别于其他道德体系的根本标志。

2）树立自觉的服务意识。无论从事何种职业，都必须做到热心服务，要树立自觉的服务意识。"欲成方圆而随其规矩，则万事之功形矣"[①]，在职业道德素质养成之前，需要依靠职业道德的规范来约束，不仅要有外在的舆论、纪律、条例等他律性约束，而且要通过认知和情感培养使个体实现自律性约束。

3）自觉履行职业责任。端正服务态度，自觉地履职尽责，坚持工作的高标准，提高服务技能。《论语·泰伯》第十四章提出"不在其位，不谋其政"[②]，强调的是君子应遵守的处事准则，对新时代大学生的启示是承担起本职业的社会责任。这样才能形成人人都是服务者，人人都是服务对象的和谐社会。

5. 奉献社会

（1）奉献社会的含义

奉献是人类特有的品质。奉献社会就是个人在工作岗位上兢兢业业地为社会、为他人做贡献。奉献社会的实质就是全心全意为社会做贡献，为人民谋福祉。奉献社会是社会主义职业道德的最高层次的要求和最高目标指向。前面谈到的爱岗敬业、诚实守信、办事公道、服务群众，都体现了奉献社会的精神。

（2）奉献社会的基本要求

1）奉献社会是一种对事业忘我的全身心投入，奉献社会就是要履行对社会、对他人的义务，自觉地、努力地为社会、为他人做贡献。当社会利益与局部利益、个人利益发生冲突时，要求每一个从业人员把社会利益放在首位。这不仅需要有明确的信念，还需要有崇高的行动。

2）积极参加各类公益活动，助人为乐，扶贫济困，自觉增强社会责任感，兢兢业业做好本职工作。

3）结合本职工作，把思想、语言、行动和实践统一起来，既要有无私奉献的精神，也要有高超的文化知识、过硬的专业技能，以及踏踏实

---

① 韩非：《韩非子（节选）》，张觉解读，国家图书馆出版社 2018 年版，第 147 页。
② 毛起：《论语章句》，南京大学出版社 2009 年版，第 79 页。

实、吃苦耐劳的品质，持之以恒地为他人、为企业、为社会做出贡献。

（四）提升职业道德修养的途径

职业道德修养是指从事各种职业活动的人员，为了适应工作需要，按照职业道德的基本原则、规范、范畴的要求，在职业活动中进行自我锻炼、自我改造、自我完善、自我提高的活动，使自己形成良好的职业道德品质和达到一定的职业道德境界。这是一种自律的行为，关键在于自我锻炼、自我改造、自我完善、自我提高。职业道德素质的提高有两个方面：一是他律，即社会、组织、企业的培养与塑造；二是自律，即自己的主观努力。两者缺一不可，而且自律比他律更重要。提升职业道德修养的途径主要有以下三个方面。

1. 尽小者大，慎微者著[①]

优良的职业道德修养不是一蹴而就的，而是经过日积月累培养起来的，是一个积小善为大善的过程。因此，要从小事做起，从日常生活中做起，在细微处下功夫。我国古代思想家老子说过："合抱之木，生于毫末；九层之台，起于累土；千里之行，始于足下。"[②] 荀子也说过："积土成山，风雨兴焉；积水成渊，蛟龙生焉；积善成德，而神明自得。"[③] 所以个人应当从我做起，从当下做起，从一件件具体平凡的小事做起，加强职业道德修养，用社会主义职业道德规范要求自己、约束自己、磨炼自己，不断提高职业道德修养。

"莫见乎隐，莫见乎微，故君子慎其独也。"[④] 职业道德修养的突出特点是个人自觉性，因此，职业道德修养也同样讲求"慎独"。慎独，是指在无人监督之时，更须谨慎从事，自觉遵守各种道德准则。慎独是职业道德修养中一种特殊的必不可少的方法，是从古至今行之有效的道德修养方法，是人生崇高的道德境界。随着社会的发展，职业的分工越来越细，专业化程度也越来越高，许多行业和部门的职业活动相对的独立性越来越突出，有些职业任务和职业活动甚至完全需要个人独立操作完成。在这种情

---

① 曲铁华：《中国教育名著导读》，教育科学出版社2016年版，第167页。
② 李耳：《道德经》，陕西旅游出版社2004年版，第178页。
③ 荀况：《荀子》，祝鸿杰注释，浙江古籍出版社1999年版，第3页。
④ 吴根友点注：《四书五经》，中国友谊出版公司1993年版，第318页。

况下，尤其需要在"慎独"上下功夫。不要以为没有人看见，没有人知道就可以偷工减料、疏忽大意、忘乎所以，甚至以为做点错事也不要紧。

2. **自重、自省、自警、自励**

自重，即自我重视，自珍自爱。"濯清泉以自洁"①，自重是职业道德修养最基本的前提条件，是一种对自身的爱护与尊重。

自省，即自我反省，自我省悟。孔子曾说："吾日三省吾身，不为君子乎。"② 苏辙也曾说："扪必自省，事犹可追。"③ 扪心自问，人总会发现自己曾经的过失或不足，这就需要经过多次的自我反省，检讨自己的行为是否违背了道德规范，认真思考自己行为的动机、效果和影响。自省需要勇气，要敢于直面自己的过失或不足，从而修正自己的道德行为。

自警，即自己警示自己、告诫自己。这是一种来自内部的力量，通过内化，时刻警示自己的行为要按照道德规范去做。"见不贤而内自省"④，看见他人没有做好，自己就要反省是否有和他一样的错误。

自励，即不断激励自己、鼓励自己、鞭策自己。"活到老，学到老，改造到老"⑤ 是周恩来的名言，也是他一生自觉地进行道德修养的真实写照。新时代的发展之路也许坎坷不平、荆棘丛生，大学生进入职场也许会遇到挫折或处于沮丧的心境，但无论如何都要朝着既定的、理想的修养目标迈进。

3. **积极投身实践**

积极参加职业活动实践，在实践中进行自我锻炼、自我改造、自我完善、自我提高，是职业道德修养的基本方法。大学生应该在职业实践中不断锻炼和提高，并逐步形成自己与职业道德规范要求相一致的职业道德修养。当一个从业人员以高度的职业责任感，认真履行职业义务，并获得一定的职业荣誉时，就意味着社会对其职业行为给予了肯定的评价，他便从中获得了职业幸福感。这种道德情感体验又反过来促使他坚决遵守职业道

---

① 谢无量：《清末民初文献丛刊：中国六大文豪》，朝华出版社 2018 年版，第 416 页。
② 《中华经典国学读本：论语》，中山大学出版社 2015 年版。
③ 苏辙：《栾城集》（中），曾枣庄、马德富点校，上海古籍出版社 1987 年版。
④ 《中华经典国学读本：论语》，中山大学出版社 2015 年版。
⑤ 全国政协研究室、秘书局：《政协委员法律手册》，法律出版社 1990 年版，第 355 页。

德规范，内化为稳定的职业道德修养。相反，当一个从业人员因违反职业道德规范要求而受到谴责时，就会引起心理上的羞耻感、内疚感等不良的情绪。这种情绪情感体验，将促使他改变自己的认识和行为，使之符合职业道德标准。大学生需积极参与职业实践，从中获得真实的职业道德体验，提高职业道德修养，培养职业道德情操，磨炼职业道德意志，树立职业道德信念，养成良好的职业道德行为习惯。

二、担当青春使命，勇做时代新人

（一）新时代中国社会的特征

1. 新时代中国社会主要矛盾的转化

党的十九大报告指出："中国特色社会主义进入新时代，我国社会主要矛盾已经转化为人民日益增长的美好生活需要和不平衡不充分的发展之间的矛盾。"新时代中国社会主要矛盾中有三个关键词，分别是"美好生活需要""不平衡"和"不充分"。"人民日益增长的美好生活需要"体现了新时代矛盾主体的价值取向，"不平衡不充分的发展"体现了主要矛盾的客观规律。

新时代我国社会矛盾的转化体现了"一个变两个不变"。"变"是我国主要矛盾的变化，"不变"是"没有改变我们对我国社会主义所处历史阶段的判断，我国仍处于并将长期处于社会主义初级阶段的基本国情没有变，我国是世界最大发展中国家的国际地位没有变"。这个判断蕴含着辩证唯物主义和历史唯物主义科学方法论，我们需要认识到虽然新时代我国的社会主要矛盾发生了转变，但这并不意味着我国已经走出了社会主义初级阶段，也不意味着已经超越了发展中大国的国际地位。

改革开放40余年，中国特色社会主义取得了举世瞩目的成就，主要矛盾的转化标志着历史方位从"富起来"到"强起来"的转变，体现了社会主义初级阶段发展的阶段性和进步性。面对错综复杂的国际形势、艰巨繁重的国内任务，特别是新冠肺炎疫情的严重冲击，要解决不平衡问题，亟须全面深化改革，统筹推进"五位一体"总体布局，协调推进"四个全面"战略布局，进而为全面建成小康社会、实现第一个百年奋斗目标注入活力。

2. 新时代中国特色社会主义的四大特色

党的十九大报告中指出："经过长期努力，中国特色社会主义进入了新时代，这是我国发展新的历史方位。"① 改革开放以来，特别是党的十八大以来，"毫不动摇坚持、与时俱进发展中国特色社会主义，不断丰富中国特色社会主义的实践特色、理论特色、民族特色、时代特色"②，是坚持和发展中国特色社会主义的根本途径。

习近平同志提出的"社会主义是干出来的，新时代也是干出来的"③，指的就是新时代中国特色社会主义的实践特色。马克思主义揭示了自然界、人类社会、人类思维发展的一般规律，是立党立国的根本指导思想。正如习近平同志强调的："我们干事业不能忘本忘祖、忘记初心。我们共产党人的本，就是对马克思主义的信仰，对中国特色社会主义和共产主义的信念，对党和人民的忠诚。"④ 理论特色就是理论联系实际，不忘初心、牢记使命，创新马克思主义科学理论。新时代中国特色社会主义继承和弘扬了中华民族优秀传统文化，表现为具有民族风格、民族气派的话语体系，体现出鲜明的民族特色。当前的国际格局和秩序加速演变，新冠肺炎疫情全球大流行进一步加速其演进。虽然多元多样多变，但和平与发展仍然是时代主题。新时代中国特色社会主义是一个与时俱进、开放包容的理论和实践体系，具有时代特色。

（二）做有理想、有本领、有担当的新时代大学生

党的十九大报告指出，青年一代有理想、有本领、有担当，国家就有前途，民族就有希望。

1. 做有理想的新时代大学生

树立何种人生理想，选择哪种奋斗方向，决定着大学生的青春往何

---

① 习近平：《决胜全面建成小康社会 夺取新时代中国特色社会主义伟大胜利》，载《人民日报》2017 年 10 月 28 日。

② 胡锦涛：《坚定不移沿着中国特色社会主义道路前进 为全面建成小康社会而奋斗》，载《人民日报》2012 年 11 月 18 日。

③ 习近平：《决胜全面建成小康社会 夺取新时代中国特色社会主义伟大胜利》，载《人民日报》2017 年 10 月 28 日。

④ 习近平：《决胜全面建成小康社会 夺取新时代中国特色社会主义伟大胜利》，载《人民日报》2017 年 10 月 28 日。

处去。

随着新一轮经济全球化，新智能时代正向我们走来，新时代大学生的价值追求从多样化转向整合，大学生的社会责任感不断增强，主要体现在对社会责任的认知、认同和负责任的行动。但是，传统和现代、中西价值观的碰撞，会不同程度地导致大学生出现价值虚无、荣辱错位的问题。

华南农业大学2016—2017年面向1712名一年级本科学生进行了跟踪调查，分析大学生"个人—社会"和"认知—行为"两个维度的四个方面的社会责任感现状，以及基于职业生涯规划教育后学生社会责任感的培养效果。调查发现，学生的社会责任感主要存在"重个人、轻社会，重认知、轻践行"的现象，职业生涯规划教育的实施对学生社会责任感的培养具有积极的作用。实现当代大学生在"个人—社会""认知—践行"两个维度四个方面的均衡发展，可通过理念引导和实施途径两个层面开展课程思政。理念引导方面，包括引导建构认知体系、提倡教育行动化、倡导"三全育人"校园氛围建设进行理念引导。实施途径方面，包括以隐性方式融入职业生涯教育、竞争模式融入各类职业素养竞赛活动、教师的权威期待融入学生的生涯规划等途径来实施。

正如习近平总书记所说："中国梦是历史的、现实的，也是未来的；是我们这一代的，更是青年一代的。"有一代代青年大学生坚定理想信念接力奋斗，中华民族伟大复兴的中国梦终将变成现实。

2. 做有本领的新时代大学生

随着知识的日新月异、加速迭代，社会对青年大学生的评价从单独的技能评价向多元综合评价转变，更注重大学生的品德修为和终身学习的内驱力。

（1）培养内在的品德修为

人无德不立。品德，是指一个人的品质道德，是道德价值和道德规范在个体身上内化的产物。《大学》的开篇就谈到上大学的目标"三纲"，即"在明明德，在亲民，在止于至善"。

"在明明德"，意思是如何彰显高明的德行。在今天，高等教育的根本任务是立德树人，引导大学生扣好人生第一粒扣子。明德，需要树立正确的世界观、人生观、价值观和科学的历史观。

"在亲民"，对此，朱熹和王阳明有截然不同的观点，笔者更倾向王阳明的解释，如何亲近和照顾百姓，也就是心系人民。2002年，党的十六大明确了全面建设小康社会的奋斗目标。这个目标和以前的目标是不一样的，以前的目标主要是经济指标，十六大提出的是理想社会的目标。要看一个社会是否理想，根本的是看什么呢？看的是生活在这个社会里的人民是否幸福。党的十六大报告关注的是人民。2003年，中共十六届三中全会提出了科学发展观，核心就是以人为本。新时代大学生作为祖国未来的社会主义建设者、各条战线的生力军，无论在哪个工作岗位上实现自己的志业，都需要牢记心中有人民。

"止于至善"有两种说法：一是达到完美的境界；二是按照每个人的身份、角色，做该做的事，并为之奋斗。人无完人，我们做不到完美，"止于"就是要朝着这个方向努力，也就是朝着这个目标奋斗。奋斗需要吃苦耐劳，需要实干与拼搏，需要迎难而上，需要付出与奉献。

（2）保持终身学习的内驱力

随着信息社会、知识经济时代的全面到来，学习不仅是人们获取知识、应用知识的重要工具和手段，而且成为人们生活的第一需要。步入职场后，要想抓住时代的脉搏，不断地完善发展自我，就要保持终身学习。

学习是个体在一定情境下由于反复地积累经验而产生的行为或行为潜能的比较持久的变化。成人的学习具有学习目标的明确性、学习动机的内发性、个性化经验的丰富性、学习方式的自我导向性、学习形式的灵活性、学习阻力的多重性等多方面特点。保持终身学习的根本，就在于以人的发展为中心，以增长学习能力为导向，将学习与工作系统地、持续地结合起来，通过不断学习使自己不断自我超越、不断创新，从而促进自我完善、自我发展，赢得竞争优势。

很多人都希望成为一个终身学习者，持续不断地学习，但是似乎他们总也做不到，有趣的创意和学习机会总是擦肩而过。这其中有很多原因，其中重要的一点是缺乏学习意志。终身学习需要锲而不舍的顽强的学习意志。这种顽强的学习意志不是生来就有的，而是在长期的学习过程中培养出来的。该如何培养呢？一要从点滴做起，按照计划完成自己的各项学习任务。在自己的行动仍缺乏自觉性时，也可以采取适当的有意强制的方法，要求自己无条件服从。二要正确对待学习中的挫折和失败。三要持之以恒、百折不挠。学习意志的培养和锻炼不是一朝一夕的事，需要长期坚持不懈地努力，若没有坚持到底的恒心，则难以到达成功的彼岸。

3. 做有担当的新时代大学生

习近平总书记在纪念五四运动100周年大会上指出："新时代中国青年要珍惜这个时代、担负时代使命,在担当中历练,在尽责中成长,让青春在新时代改革开放的广阔天地中绽放,让人生在实现中国梦的奋进追逐中展现出勇敢奔跑的英姿,努力成为德智体美劳全面发展的社会主义建设者和接班人。"

五四运动开启了新民主主义革命,"一二·九"运动燃起了中华民族抗日救亡的烽火,"第二条战线"推动了解放战争的历史进程……青年学生一次次地用实际行动紧系时代脉搏,担负时代使命,推进时代的发展。

(三) 实现幸福人生

新时代为大学生提供了广阔的空间和机会。把握新时代,实现幸福人生的路径,结合第四章的"图4-1 职业发展要素及其结构",这里做进一步的"升级",见图5-2。

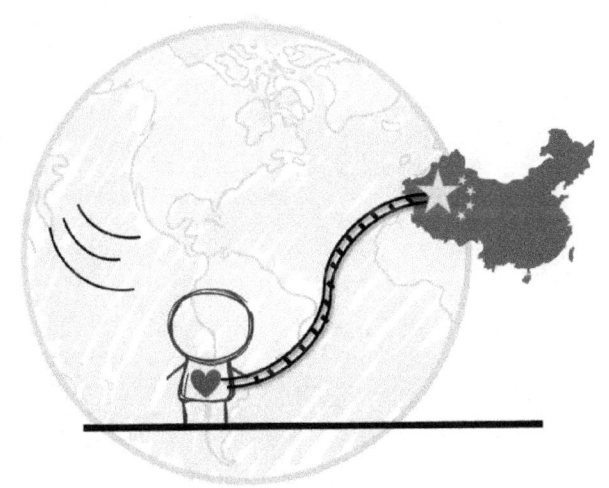

图5-2 实现幸福人生的路径

(朱钧陶,2020)

"星"是职业生涯目标,代表"脚踏实地、仰望星空"的职业理想。个人职业理想需与国情结合,与中国梦结合,深入领会中国特色社会主义进入新时代对时代新人提出的新要求,准确把握青春梦与中国梦融合的理论与实践路径。

"心"是自我认知，代表个人对自己性格、兴趣、核心竞争力、价值取向等的认知，是对自我职业发展的信心，更是坚定中国特色社会主义的理论自信、道路自信、制度自信和文化自信之"心"。

"绳梯"是各阶段职业目标，代表追求职业理想的过程需要分步走，一步一步往上爬。绳子是柔软的，表示实现目标的路径可以灵活变通。

"地球"和"风"是外部环境。个人置身于"地球"，需要有宏观的国际视野，树立正确的世界观、人生观、价值观和科学的历史观。"风"强调外部环境的不确定性。无论"风"怎么吹，只要"心"和"星"不变，让"绳梯"随风摆动，也能在奋斗中获得持续的职业幸福感，担负新时代使命。

奋斗新时代，需要大学生有力量地活出自己的样子，学会在成长中与他人乃至世界相处，树立远大抱负和脚踏实地的人生态度，担负新时代使命，实现幸福人生。

附录　生涯工具库

生涯工具一：我的生涯彩虹图

生涯彩虹图是一个综合阐述生涯发展阶段与角色彼此间的相互影响，描绘多重角色生涯发展的综合图形。通过下面的练习，你可以回顾过去角色分配的状态，以及对自身未来的各阶段进行调配，做出各种角色的计划和安排，见附图1。

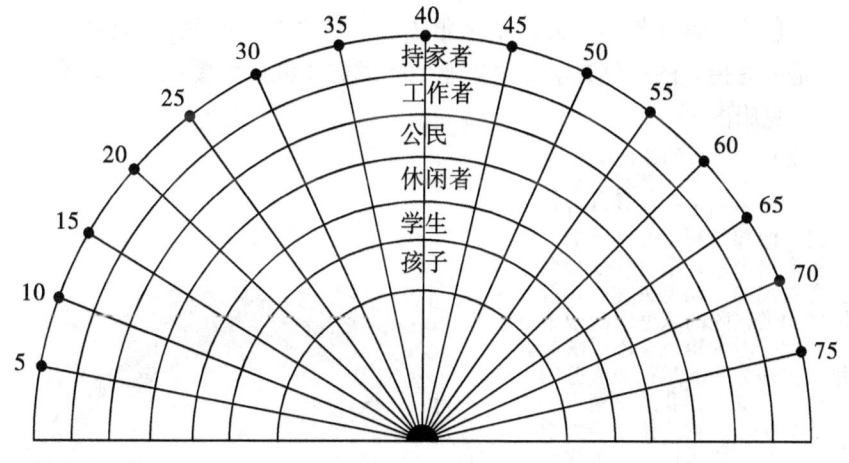

附图1　生涯彩虹图

第一步：找到你的年龄点，用一条直线连接年龄点和原点。假设你今年22岁，则在相应位置画一条直线，见附图2。

第二步：用彩笔画出你已经经历的角色分配情况，思考是否满意，存

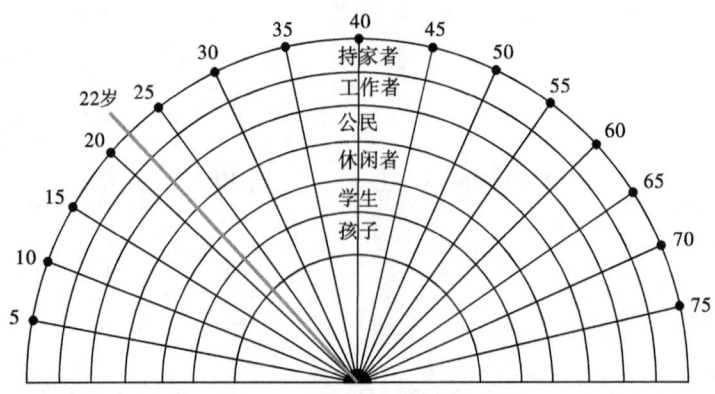

附图2　生涯彩虹图的年龄线

在什么问题。图中的六个角色可根据实际情况进行增减。如果你是第一次画生涯彩虹图，建议先用这几个角色，熟悉一遍后再做增减。

第三步：用彩笔画出你自己十年里期待的角色分配。

第四步：用彩笔画出余下的时间你期待的角色分配。

一个人在同一年龄阶段可能同时扮演数种角色，因此彼此会有所重叠，但其所占比例分量有所不同。颜色面积越大表示该角色投入的程度越高。角色之间是互相作用的，某个角色上的成功能带动其他角色的成功。以下是笔者指导的一位农学专业毕业生完成的生涯彩虹图练习，以及他的感悟，见附图3。

这是我在老师的帮助下，亲手画的一个彩虹图，看得出来，这个彩虹图跟别人的似乎没有什么不同，但却是我用心去画的，而我知道这个彩虹图有很多种颜色会在农民的土地上去完成，但我同样知道，我的家庭对我很重要，我持家者的角色是不可缺的。工作其实是为我的幸福而服务的。可能有人会觉得，我从事销售，我自己的快乐，就应该是挣到很多钱，但对于我来说，这个快乐一定是来自于能帮助农民。只有当我各方面的平衡好，角色定位合理清晰，才能达到我真正的幸福。

——2014年农学专业黄晓财

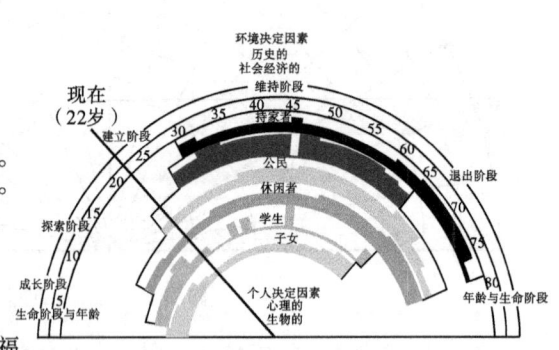

附图3　一位学生的生涯彩虹图

生涯工具二：我的鱼骨生命图

鱼骨生命图，是由日本管理大师石川馨所发展出来的。通过下面的练习，可以对过去的你、现在的你、未来的你做评估和展望，明确自我定位，界定自我形象，找到个人职业生涯发展的根本方向，见附图4。

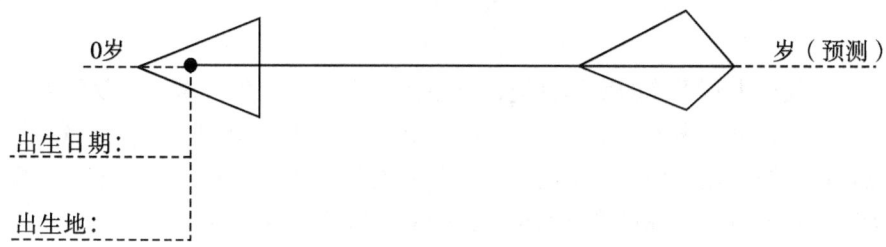

附图4　鱼骨生命图

鱼眼表示原点，在下方写上你的出生日期和出生地。

鱼头，呈现三角形，代表人出生后0～3岁发展迅速的阶段；鱼尾，表示职业生涯结束后，生命逐渐老去的部分；鱼尾尖，表示生命的终点。

第一步：请你在生命的圆点上写上出生日期和出生地。再请你根据自己的健康状况、家族的健康和你所生活地域的平均寿命来预测自己和世界说再见的时间，并标注在生命图的终点。

第二步：请找出今天你的位置，用一个自己喜欢的标记表示在生命线上，并写上今天的日期和年龄。

第三步：请你进一步仔细回忆过去，以生命线上的时间点为初始点，标出过去影响你最大或令你最难忘的五件事，用鱼刺表示，积极影响事件朝上，消极影响事件朝下，并以鱼刺线段的长短表示事件对自己影响的大小。

第四步：现在请你在生命线上标出今后你最想做的三件事或最新实现的三个目标，同样用鱼刺表示，能够由自己全权决定的鱼刺朝上，需要别人参与或者全部由别人定夺的鱼刺朝下，并以鱼刺的线段长短表示意愿的强弱。

第五步：请参考你的鱼骨生命图深入思考，并回答下面的问题：
1. 过去的事情对你有怎样的影响？你对这些事情的看法如何？
2. 对于现在的自己，你是否感觉满意？哪些人或事促成了现在的你？
3. 对于未来的自己，你的预期是什么？如果想要成为这样的人，你现在需要做什么？

生涯工具三：幸福日记

每天晚上写下你的幸福日记，记录当天发生的三件好事，以及发生好事的原因，见附表1。所谓"三"件，是虚指，如果你想起了更多的好事，就可以多写一点，如果想不起来，少写一两件也无妨，重要的是坚持。每天写一件好事，要胜过前三天写十件好事，后三天压根不写。

附表1　幸福日记

日期	好事简要描述	你觉得"好"的原因	好事发生的原因

第一步：每晚睡前10分钟记录下今天发生的三件好事。事件不一定要惊天动地，这三件事可以是发生在你自己身上的事，也可以是发生在你亲人、朋友身上的事，也可以是发生在别人身上而你真诚为此感动或开心的事。

第二步：记录下你觉得"好"的原因。

第三步：写出好事发生的原因。

坚持一周，看看有什么新变化吧！

生涯工具四：MBTI 职业性格探索

MBTI（Myers-Briggs Type Indicator）是测量性格倾向的心理学工具。MBTI 把性格分为四个维度八个倾向，好比四把标尺。每个人的性格都会落在标尺的某个点上，这个点靠近哪个端点，就意味着这个人就有哪方面的偏好。你的职业性格类型是什么呢？请通过下面的 MBTI 职业性格探索寻找你的 MBTI 代码吧！见附图 5。

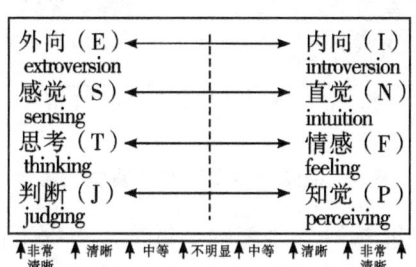

附图 5　MBTI 职业性格探索标尺

第一步：探索"外向"与"内向"维度。根据下面两种倾向的比较，你认为自己在这个维度中，更适合放在下方标尺的哪个位置呢？见附图 6。

附图 6　探索"外向"与"内向"维度

第二步：探索"感觉"与"直觉"维度。根据下面两种倾向的比较，你认为自己在这个维度中，更适合放在下方标尺的哪个位置呢？附图7。

感觉   直觉
sensing　　　　　　　　　intution

明确、可测量 —— 可发明、改革
细节、细致 —— 风格、方向
定向于现实 —— 定向于未来发展
看到、听到、闻到 —— 第六感
观察、记忆个别事物 —— 记忆整体模式
通过实践理解理念 —— 应用前弄清理论
基于事实、经验 —— 基于想象、灵感
谨慎、缜密地得出结论 —— 快速得出结论、相信预感

↑非常　↑清晰　↑中等　↑不明显　↑中等　↑清晰　↑非常
　清晰　　　　　　　　　　　　　　　　　　　　　清晰

附图7　探索"感觉"与"直觉"维度

第三步：探索"思考"与"情感"维度。根据下面两种倾向的比较，你认为自己在这个维度中，更适合放在下方标尺的哪个位置呢？见附图8。

思考  感情
thinking　　　　　　　　feeling

客观、头脑 —— 主观、心灵
理智 —— 富有同情心
原则、规范 —— 价值、人情
批评，不感情用事 —— 赏识，也喜欢被表扬
建立客观标准 —— 致力于和谐、积极的互动
关注事情和联系 —— 关注人和关系
用逻辑解决问题 —— 考虑决策对他人影响
公平：希望所有人相互平等 —— 公正：希望每个人都得到尊重
情有可原、法不容恕 —— 法不容恕、情有可原

↑非常　↑清晰　↑中等　↑不明显　↑中等　↑清晰　↑非常
　清晰　　　　　　　　　　　　　　　　　　　　　清晰

附图8　探索"思考"与"情感"维度

第四步：探索"判断"与"知觉"维度。根据下面两种倾向的比较，

你认为自己在这个维度中，更适合放在下方标尺的哪个位置呢？见附图9。

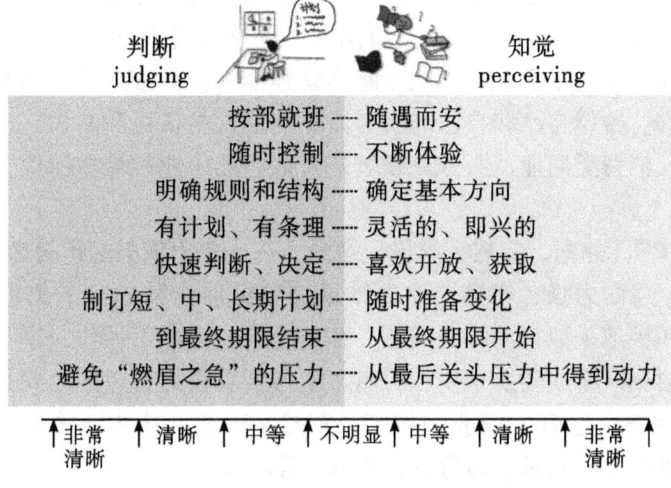

附图9　探索"判断"与"知觉"维度

第五步：把这四个维度的判断汇总到"附图5　MBTI职业性格探索标尺"，看看你的MBTI代码吧！比如，观察以下这位同学的探索情况，见附图10，可以判断他的MBTI代码为"ENTP"。

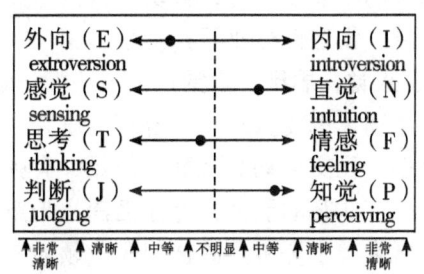

附图10　某位同学的职业性格探索

对16组MBTI代码的性格和适合职业的分析，以下列举了社会心理学家、斯坦福大学教授迈克尔·雷（Michael Ray）研究的主要观点供参考[①]：

[①] ［美］迈克尔·雷：《成功是道选择题：斯坦福大学人生规划课》，贺璇译，现代出版社2014年版，第180页。

"ESFJ"（外向、实感、情感、判断）——善于照顾人的主人型

有爱心、有责任心、愿与人合作。希望周边的环境温馨而和谐，并为此果断地营造这样的环境。喜欢和他人一起精确并及时地完成任务。忠诚，即使在细微的事情上也如此。能体察到他人在日常生活中的所需并竭尽全力帮助。希望自己和自己的所为能得到他人的认可和赏识。适合的职业领域有：消费类商业、服务业领域广告业、娱乐业领域旅游业、社区服务等。

"ESTP"（外向、实感、思维、知觉）——魅力四射的挑战者型

灵活、忍耐力强、实际、注重结果。觉得理论和抽象的解释非常无趣。喜欢积极地采取行动解决问题。注重当前，自然不做作，享受和他人在一起的时刻。喜欢物质享受和时尚。学习新事物最有效的方式是通过亲身感受和练习。适合的职业领域有：贸易、商业、某些特殊领域、服务业、金融证券业、娱乐、体育、艺术领域等。

"INTJ"（内向、直觉、思维、判断）——实事求是的专家型

在实现自己的想法和达成自己的目标时有创新的想法和非凡的动力。能很快洞察到外界事物间的规律并形成长期的远景计划。一旦决定做一件事就会开始规划直到完成为止。多疑、独立，对于自己和他人能力和表现的要求都非常高。适合的职业领域有：科研、科技应用、技术咨询、管理咨询、金融、投资领域、创造性行业等。

"INTP"（内向、直觉、思维、知觉）——一板一眼的学者型

对任何感兴趣的事物，都要探索一个合理的解释。喜欢理论和抽象的事情，喜欢理念思维多于社交活动。沉静、满足、有弹性、适应力强。在他们感兴趣的范畴内，有非凡的能力去专注而深入地解决问题。有怀疑精神，有时喜欢批判，常常善于分析。适合的职业领域有：计算机技术、理论研究、学术领域、专业领域、创造性领域等。

"ISTP"（内向、实感、思维、知觉）——求新求变的冒险家型

容忍，有弹性，是冷静的观察者，但当有问题出现时，便迅速行动，找出可行的解决方法。能够分析哪些东西可以使事情进行顺利，又能够从大量资料中，找出实际问题的中心。很重视事件的前因后果，能够以理性的原则把事实组织起来，重视效率。适合的职业领域有：技术领域证券、金融业、贸易、商业领域、户外、运动、艺术等。

"ISTJ"（内向、实感、思维、判断）——按部就班的公务员型

沉静、认真、贯彻始终、得人信赖而取得成功。讲求实际，注重事实和有责任感。能够合情合理地去决定应做的事情，而且坚定不移地把它完成，不会因外界事物而分散精神。以做事有次序、有条理为乐，不论在工作上、家庭上还是生活上。重视传统和忠诚。适合的职业领域有：工商业领域、政府机构、金融银行业、技术领域、医务领域。

"ISFP"（内向、实感、情感、知觉）——浪漫另类的艺术家型

沉静、友善、敏感和仁慈。欣赏目前和他们周遭所发生的事情。喜欢有自己的空间，做事又能把握自己的时间。忠于自己的价值观，忠于自己所重视的人。不喜欢争论和冲突，不会强迫别人接受自己的意见或价值观。适合的职业领域有：艺术领域、医护领域、商业领域、服务业领域等。

"INFP"（内向、直觉、情感、知觉）——知性特质的哲学家型

理想主义者，忠于自己的价值观及自己所重视的人。外在的生活与内在的价值观配合，有好奇心，很快看到事情的可能与否，能够加速对理念的实践。试图了解别人、协助别人发展潜能。适应力强，有弹性，如果和他人的价值观没有抵触，往往能包容他人。适合的职业领域有：创作、艺术类，教育、研究、咨询类等。

"ESTJ"（外向、实感、思维、判断）——卓越领导式的将军型

灵活、忍耐力强、实际、注重结果。觉得理论和抽象的解释非常无趣。喜欢积极地采取行动解决问题。注重当前，自然不做作，享受和他人在一起的时刻。喜欢物质享受和时尚。学习新事物最有效的方式是通过亲身感受和练习。适合的职业领域无明显领域特征。

"ESFP"（外向、实感、情感、知觉）——引人瞩目的表演者型

外向、友善、包容。热爱生活、人类和物质上的享受。喜欢与别人共事。在工作上，讲究常识和实用性，注意现实的情况，使工作富趣味性、富灵活性、即兴性，自然不做作，易接受新朋友和适应新环境。与别人一起学习新技能可以达到最佳的学习效果。适合的职业领域有：消费类商业、服务业领域广告业、娱乐业领域旅游业、社区服务等。

"ENTP"（外向、直觉、思维、知觉）——推陈出新的发明家型

反应快、睿智、有激励别人的能力、警觉性强、直言不讳。在解决新的具有挑战性的问题时机智而有策略。善于找出理论上的可能性，然后再用战略的眼光分析。善于理解别人。不喜欢例行公事，很少会用相同的方法做相同的事情，倾向于一个接一个地发展新的爱好。适合的职业领域有：投资顾问、项目策划、投资银行、自我创业、市场营销、创造性领域、公共关系、政治等。

"ENTJ"（外向、直觉、思维、判断）——外刚内柔的领袖型

坦诚、果断，有天生的领导能力。能很快看到公司/组织程序和政策中的不合理性和低效能性，发展并实施有效和全面的系统来解决问题。善于做长期的计划和目标的设定。通常见多识广，博览群书，喜欢拓宽自己的知识面并将此分享给他人。在陈述自己的想法时非常强而有力。适合的职业领域有：工商业、政界、金融和投资领域、管理咨询、培训、专业性领域。

"ENFP"（外向、直觉、情感、知觉）——冒险特质的记者型

热情洋溢、富有想象力。认为生活充满很多可能性。能很快地将事情和信息联系起来，然后很自信地根据自己的判断解决问题。很需要别人的肯定，又乐于欣赏和支持别人。灵活、自然、不做作，有很强的即兴发挥的能力，言语流畅。适合的职业领域未有明显的限定领域。

"ENFJ"（外向、直觉、情感、判断）——理性特质的教师型

温情、有同情心、反应敏捷、有责任感。非常关注别人的情绪、需要和动机。善于发现他人的潜能，并希望能帮助他们实现。能够成为个人或群体成长和进步的催化剂。忠诚，对赞美和批评都能做出积极的回应。友善、好社交。在团体中能很好地帮助他人，并有鼓舞他人的领导能力。适合的职业领域有：培训、咨询、教育、新闻传播、公共关系、文化艺术。

"ISFJ"（内向、实感、情感、判断）——让人依靠的照顾者型

沉静、友善、有责任感和谨慎。能坚定不移地承担责任。做事贯彻始终、不辞劳苦和准确无误。忠诚、替人着想、细心，往往记着他所重视的人的种种微小事情，关心别人的感受。努力创造一个有秩序、和谐的工作和家居环境。适合的领域特征不明显，较相关的如：医护领域、消费类商业、服务业领域。

"INFJ"（内向、直觉、情感、判断）——灵性特质的作者型

寻求思想、关系、物质等之间的意义和联系。希望了解什么能够激励人，对人有很强的洞察力。有责任心，坚持自己的价值观。对于怎样更好地服务大众有清晰的远景。在对目标的实现过程中有计划而且果断坚定。

适合的职业领域有：咨询、教育、科研、文化、艺术、设计等领域。

生涯工具五：霍兰德的职业兴趣测试

约翰·亨利·霍兰德（John Henry Holland）的职业兴趣理论认为人的人格类型、兴趣与职业密切相关，兴趣是人们行动的巨大动力，凡是具有职业兴趣的职业，都可以提高人们的积极性，促使人们积极地、愉快地从事该职业，且职业兴趣与人格之间存在很高的相关性。霍兰德认为人格可分为社会型、企业型、常规型、现实型、研究型和艺术型六种类型。你的职业兴趣类型是什么呢？请通过以下霍兰德的职业兴趣测试寻找你的霍兰德代码吧！

第一步：以下有60道题目，如果你认为自己属于这一类的人，便在序号上画圈，反之则不必做记号。

1. 我喜欢自己动手干一些具体的能直接看到效果的活。
2. 我喜欢弄清楚有关做一件事情的具体要求，以明确如何去做。
3. 我认为追求的目标应该尽量高些，这样才可能在实践中多获成功。
4. 我很看重人与人之间的友情。
5. 我常常想寻找独特的方式来表达自己的创造力。
6. 我喜欢阅读比较理性的书籍。
7. 我喜欢把生活和工作场所布置得朴实些、实用些。
8. 在开始做一件事情以前，我喜欢有条不紊地做好所有准备工作。
9. 我善于带动他人、影响他人。
10. 为了帮助他人，我愿意做一些自我牺牲。
11. 当我进入创造性工作时，我会忘却一切。
12. 在我找到解决困难的办法之前，通常我不会罢手。
13. 我喜欢直截了当，不喜欢说话婉转。
14. 我比较善于注意和检查细节。
15. 我乐于在所从事的工作中承担主要责任人。
16. 在解决我个人问题时，我喜欢找他人商量。

17. 我的情绪容易激动。
18. 一接触到有关新的发明、新发现的信息，我就会感到兴奋。
19. 我喜欢在户外工作与活动。
20. 我喜欢有规律、干净整洁。
21. 每当我要做重大决定之前，总觉得异常兴奋。
22. 当别人叙述个人烦恼时，我能做一个很好的倾听者。
23. 我喜欢观赏艺术展和好的戏剧与电影。
24. 我喜欢研究所有的细节，然后做出合乎逻辑的决定。
25. 我认为手工操作和体力劳动永远不会过时。
26. 我不太喜欢由我一个人负责来做重大决定。
27. 我善于和能给我提供好处的人来往。
28. 我善于调解他人之间的矛盾。
29. 我喜欢比较别致的着装，喜欢新颖的色彩与风格。
30. 我对各种大自然的奥秘充满好奇。
31. 我不怕干体力活，通常还知道如何巧干体力活。
32. 在做决定时，我喜欢保险系数比较高的方案，不喜欢冒险。
33. 我喜欢竞争与挑战。
34. 我喜欢与人交往，以丰富自己的阅历。
35. 我善于用自己的工作来体现自己的情感。
36. 在动手做一件事以前，我喜欢在脑中仔细思索几遍。
37. 我不喜欢购买现成的物品，希望能买到材料自己做。
38. 只要我按规则做了，心里就会踏实。
39. 只要成果大，我愿意冒险。
40. 我通常能比较敏感地察觉他人的需求。
41. 音乐、绘画、文字等任何美好的东西都特别容易给我带来好心情。
42. 我把受教育看成是不断被提高自我的一辈子的过程。
43. 我喜欢把东西拆开，然后使之复原。
44. 我喜欢每一分钟都花得要有名堂。
45. 我喜欢启动一项项工作，而具体细节让其他人负责。
46. 我喜欢帮助他人，提高他人的学习能力。
47. 我很善于想象。
48. 有时候我能独坐很长时间来阅读、思考或做一件难对付的事情。

49. 我不在乎干活时弄脏自己。
50. 如果能仔细地完整地做完一件事情，我会感到十分满足。
51. 我喜欢在团体中担当主角。
52. 如果我与他人有了矛盾，我喜欢采取平和的方式加以解决。
53. 我对环境布置比较讲究，哪怕是一般的色彩、图案都能赏心悦目。
54. 哪怕我明知结果会与我期盼相悖，我也要探究到底。
55. 我很看重有健壮灵活的身体。
56. 如果说了我来干，我就会把这件事彻底干好。
57. 我喜欢谈判，喜欢讨价还价。
58. 人们喜欢向我倾诉她们的烦恼。
59. 我喜欢尝试有创意的新主意。
60. 凡事我都喜欢问个为什么。

第二步：请根据你在上面自测过程中画圈的序号在附表2中相同的数字上同样画圈。

附表2 霍兰德的职业兴趣测试统计表

R	C	E	S	A	I	R	C	E	S	A	I
1	2	3	4	5	6	7	8	9	10	11	12
13	14	15	16	17	18	19	20	21	22	23	24
25	26	27	28	29	30	31	32	33	34	35	36
37	38	39	40	41	42	43	44	45	46	47	48
49	50	51	52	53	54	55	56	57	58	59	60

第三步：统计各类型的画圈的数量，每个圈计1分，把分数填入下图中，见附图11。

第四步：六个字母根据得分从高到低排序，最高分的字母为你的霍兰德职业兴趣类型，排前三位的字母组合为你的霍兰德职业兴趣代码。

第五步：霍兰德职业兴趣类型分析。

R 代表现实型（realistic）

这种类型的人具有顺从、坦率、谦虚、自然、坚毅、实际、有礼、害羞、稳健、节俭的特征。

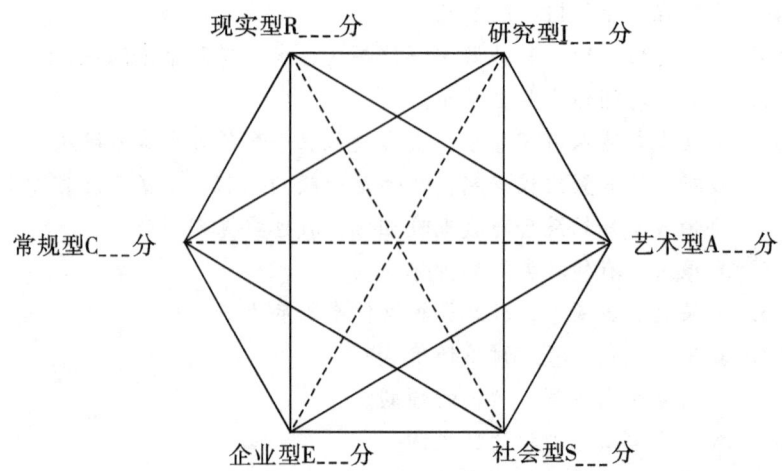

附图11　霍兰德的职业兴趣计分图

其行为表现为：喜爱实用性的职业或情境，避免社会性的职业或情境；用具体实际的能力解决工作及其他方面的问题，较缺乏人际关系方面的能力；重视具体事物，如金钱、权利、地位等。

这类个性的人适合从事的职业，包括商业操作、技术性的工作和一些服务型的职业。

I 代表研究型（investigative）

这种类型的人具有分析、谨慎、批评、好奇、独立、聪明、内向、条理、谦逊、精确、理性、保守的特征。

其行为表现为：喜爱研究型的职业或情境，避免企业型的职业或情境；用研究的能力解决工作及其他方面的问题，即自觉、好学、自信、重视科学，但缺乏领导方面的才能。

这类个性的人适合从事的行业，包括科学研究和一些技术性的工作。

A 代表艺术型（artistic）

这种类型的人具有爱好自由、独立、自觉、无秩序、情绪化、理想化、不顺从、有创意、富有表情、不重实际的特征。

其行为表现有：喜爱创意类的职业或情境，避免传统型的职业或情境；富有表达能力，具有艺术与音乐方面的能力（包括表演、写作、语言）并重视审美领域。

这类个性的人适合从事的职业，包括艺术、音乐和文化类的职业。

S 代表社会型（social）

这种类型的人具有合作、友善、慷慨、助人、仁慈、负责、圆滑、善交际、善解人意、说服他人、理想主义、富有洞察力等特征。

其行为表现为：喜爱社会性的职业和情景，避免实用型的职业或情境；以社会交往方面的能力解决工作和其他方面的问题，但缺乏机械能力和科学能力。喜欢帮助他人、了解他人，有教导别人的能力，且重视社会与伦理方面的活动和问题。

这类个性的人适合从事的职业，包括社会和服务类职业。

E 代表企业型（enterprising）

这种类型的人具有冒险、野心、独断、冲动、乐观、自信、追求享受、精力充沛、善于社交、获取注意、重视知名度等特性。

其行为表现为喜欢企业性质的职业和环境，避免研究性质的职业和情景。会以企业方面的能力解决工作及其他方面的问题；冲动、自信、善于社交、有领导与语言能力，缺乏科学能力，重视政治与经济上的成就。

这类个性的人适合从事的职业包括管理和销售类的职业。

C 代表常规型（conventional）

这种类型的人具有顺从、谨慎、保守、自控、服从、规律、坚毅、实际稳重、有效率、缺乏想象力等特征。

其行为表现为：喜欢传统的职业与情景，避免艺术性质的职业与情境。会以传统的能力来解决工作和生活中出现的问题；喜欢顺从、规律，有文学与数学能力并重视商业与经济上的成就。

这类个性的人适合从事的行业，包括办公室类和数据类的职业。

第六步：在网页搜索栏输入"霍兰德职业索引"查看霍兰德代码及其组合对应的职业表。

生涯工具六： 价值观探索

价值观是个人面对人生选择的时候，做出某个选择的原因，有时是一种需要的缺乏，更多时候是我们在生活和工作中所看重的原则、标准或品质。也就是说，在取舍的时候，在缺失的时候，在获得持续激励的时候，都能找到自己的价值观。下面的这个练习,是通过取舍的方式,帮助你探索个人的价值观。

第一步:做选择。参考附表3的价值观,用五张便笺纸,分别写出五个你非常重视的事物,每张纸写一个。

附表3 价值观参考表

人际关系	归属感	团队合作	高收入	稳定
安全	创造性	新鲜感	乐趣	自由独立
被认可	受尊重	帮助他人	发挥才能	成就感
成功	名誉	地位	有意义	成长机会
权力	有益社会	挑战性	冒险性	竞争
道德观	工作环境	工作地点	平衡	健康
家庭	朋友	亲情	爱	信仰
幸福	服务社会	和谐	平等	……

第二步:下定义。给你认为非常重视的这五个价值观下定义,并写在对应的便笺纸上。下定义,即要达到什么样的水平你才能满意。

第三步:排序。现在,如果你不得不放弃其中的一张,你会放弃哪一张?把放弃的便笺纸放到旁边。接下来,如果你不得不放弃剩下四张中的一张,你会放弃哪张?继续下去,直到最后一张。按照取舍的顺序进行排序,并依次写到附表4第二列"我的价值观"中。

附表4 价值观澄清

排序	我的价值观	珍视	选择	行动
1				
2				
3				
4				
5				

第四步:澄清。结合附表4的价值观逐一澄清。根据下面的提示,在符合的选项中打"☆"。

"珍视"的澄清：你是否珍爱你的价值观，或者为你的选择感到自豪？你愿意公开承认你的价值观吗？

"选择"的澄清：它是你自由选择的，没有来自任何人或者任何方面的压力吗？它是在你思考了所做选择的结果后被挑选出来的吗？

"行动"的澄清：你的行动是否与选择的价值观一致？你是否始终如一地根据价值观来行动？

第五步：思考。当你面临人生的重大决策时，这些选项是如何影响你的？

由于所处的生涯发展阶段、社会环境的不同，个人的需求会发生改变，从而可能导致价值观的变化；当今多元社会中多种价值观的冲击也会导致原有价值观体系的混乱乃至改变。因此，需要不断审视澄清真实的价值观。

生涯工具七：职业探索

大学生要对职业环境进行探索，首先就要了解清楚本专业的就业情况与对应行业的发展信息。下面的练习，将为你提供探索目标行业的思路。见附表5。

附表5 职业探索

探索的目标行业：

数据事实	我的分析
该行业的发展趋势如何？ 1. 2. 3.	该行业处于行业发展的哪个阶段（曙光、朝阳、成熟、夕阳）？

(续附表5)

探索的目标行业：	
数据事实	我的分析
该行业大概有哪几种分类？各自有什么特征？ 1. 2. 3.	我进入该行业的核心竞争力是什么？ 1. 2. 3.
该行业核心企业、新兴企业、发展速度最快的企业有哪些？ 1. 2. 3.	我更关注这些企业的哪些信息？ 1. 2. 3.

生涯工具八：职业生涯决策"PLACE法"

这种方法要求做职业生涯决策要考虑每个职业的五个要素，分别是：
P：职位（place）。一般责任、工作内容和有关单位。
L：位置（location）。工作的地理区域和物理环境。
A：晋升（advancement）。升迁机会和工作保障。
C：雇佣条件（condition）。薪酬、奖金、工作时间、着装规范等。
E：准入资格（entry）。相关的教育和培训经历等。
结合"职业评价清单"，见附表6，完成下述步骤：

附表6 职业评价清单

职业名称一：		
职业特点 （客观描述）	评价 （主观看法）	评分 （完全没有吸引力—有绝对的吸引力）
P（职位）		0　1　2　3　4　5

(续附表6)

职业特点		评分
L（位置）		0 1 2 3 4 5
A（晋升）		0 1 2 3 4 5
C（雇佣条件）		0 1 2 3 4 5
E（准入资格）		0 1 2 3 4 5

职业一得分：

职业名称二：

职业特点 （客观描述）	评价 （主观看法）	评分 （完全没有吸引力—有绝对的吸引力）
P（职位）		0 1 2 3 4 5
L（位置）		0 1 2 3 4 5
A（晋升）		0 1 2 3 4 5
C（雇佣条件）		0 1 2 3 4 5
E（准入资格）		0 1 2 3 4 5

职业二得分：

职业名称三：

职业特点 （客观描述）	评价 （主观看法）	评分 （完全没有吸引力—有绝对的吸引力）
P（职位）		0 1 2 3 4 5
L（位置）		0 1 2 3 4 5
A（晋升）		0 1 2 3 4 5
C（雇佣条件）		0 1 2 3 4 5
E（准入资格）		0 1 2 3 4 5

职业三得分：

得分最高的职业：

发展方向：

路径规划：

（备注：根据职业数量增减表格）

第一步：将正在考虑的职业填写在职业名称中。

第二步：按"PLACE 法"对该职业进行客观描述。

第三步：用文字表达自己对于该职业"PLACE"五要素的评价。

第四步：以 0～5 进行评分，从"完全没有吸引力"到"有绝对的吸引力"，表示各要素满足个人需要的程度。

第五步：算出该职业方案的总分。

第六步：依次对各个职业进行分析、评分，对总得分进行排序、比较。

第七步：对得分最高的目标职业进一步思考，制定这个职业的发展方向与路径规划。

生涯工具九：决策平衡单

决策平衡单（Balance Sheet）由詹尼斯和曼恩（Janis & Mann，1977）设计，常用于职业生涯的重大抉择。决策平衡单用于帮助决策者具体分析每一个可能的选择方案，评估各方案实施后的利弊得失，通过量化的方式列出优先级，最终确定选择。决策平衡单将重大事件的思考方向归纳到四个主题上，分别为自我物质方面的得失（utilitarian gains or losses for self）、他人物质方面的得失（utilitarian gains or losses for significant others）、自我赞许与否（self-approval or disapproval）、社会赞许与否（social approval or disapproval）。在本土化的过程中，我国台湾地区的生涯辅导专家金树人将"自我赞许与否"和"社会赞许与否"两项改为"自我精神方面的得失"和"他人精神方面的得失"，即从"自我—他人""物质—精神"所构成的四象限来量化分析，见附表 7。

附表7 决策平衡单的影响因素

影响因素参考	自我	他人
物质	工作的难度/收入待遇 工作稳定性/休闲时间 升迁的机会/生活方式 健康的影响/学历高低 经验的获得/知识增加 其他	家庭经济/家人相处时间 家庭地位/未来生活保障 就业机会/父母亲的健康 其他
精神	兴趣/能力/价值观 成就感/挑战性 社会声望/自我实现 时间分配/压力大小 其他	父母的期望/师长的期望 家庭的压力/同伴的支持 社会环境的压力 角色楷模的影响 其他

下面的练习，将帮助你一步一步分析选择方案的利弊得失，以量化的方式呈现优先级，为你做出最后的选择提供参考。见附表8。

附表8 决策平衡单

影响因素		选项一：	选项二：	选项三：
重要程度		分数（1～10）	分数（1～10）	分数（1～10）
5				+
4	+		+	
3				
2				−
1		−		

(续附表8)

影响因素		选项一:	选项二:	选项三:
重要程度		分数（1～10）	分数（1～10）	分数（1～10）
5				+
4	+		+	
3				
2	−		−	
1				
重要程度		分数（1～10）	分数（1～10）	分数（1～10）
5				+
4	+		+	
3				
2	−		−	
1				
重要程度		分数（1～10）	分数（1～10）	分数（1～10）
5				+
4	+		+	
3				
2	−		−	
1				
重要程度		分数（1～10）	分数（1～10）	分数（1～10）
5				+
4	+		+	
3				
2	−		−	
1				

(续附表8)

影响因素	选项一：	选项二：	选项三：
重要程度	分数（1～10）	分数（1～10）	分数（1～10）
5			+
4	+	+	
3			
2			-
1	-	-	
总分			

第一步：在附表8第一行根据个人情况分别写出2～3个备选项。

第二步：在第一列分别写出对你决策影响较大的因素，可使用附表7中的因素，也可以自己填写你认为重要的影响因素。可根据影响因素的数量增减表格。

第三步：在每一个影响因素的右边是一个五级重要度选项，根据自己对这些影响因素的重视程度在数字上打"√"，数字1～5表示重视程度由弱到强。

第四步：为每个备选项在每个影响因素上按你认为的符合程度打分，积极影响为"+"，消极影响为"-"，并把对应的"+"或"-"圈起来。

第五步：计算每个单项的分数，单项分数 = 重要度 × 符合度，同时别忘了填写正负号。

第六步：统计每个选项的总分并分析。

生涯工具十：核心竞争力探索

核心竞争力，指是个人能够长期获得竞争优势的能力。在职业发展过程中，综合性的核心竞争力主要有以下12种：

1. 健康力：健康是生涯中一切的基本，先从好的心态养成开始。

2. 志业力：调整好每个人心中职业与志业的天平。

3. 感恩力：激活每个人与生俱来的感恩天性。

4. 自主力：权利和权力是自己争取来的，时刻准备着。

5. 沟通力：学会高效的沟通，试着成为一个能把故事讲好的人。

6. 学习力：高效利用碎片化的时间也是另一种学习。

7. 抗挫力：被拒绝也是一种常态，何不调整后再尝试，攀上高山，方见平川。

8. 解决力：用"5W2H"来代替"不好意思"吧！

9. 适应力：不同环境、阶段调整不同的心态与角色方可适应生涯发展过程的变化。

10. 创新力：创新不是无中生有，是现有资源的重新组合，走出惯性的固定思维。

11. 科技力：在学习、生活、工作中运用数字科技提高传播力和影响力。

12. 格局力：处处可用放大镜和望远镜，既有点的经营又有面的收获。

通过以下的练习，可以帮助你分析个人的核心竞争力，并尝试找到提升和运用的方向。

第一步：把上述的核心竞争力根据重要程度排序，从1～12写在草稿纸上，尽可能不出现并列的情况。除了列举的这12种能力，还可以填写对你职业生涯发展起重要作用的其他能力。

第二步：想想为什么这样排序，把原因或你对这个能力的理解写在旁边。在这一步，可对排序进行调整或修改，但尽量不超过12个。

第三步：把12种核心竞争力根据你的实际情况划分为四类，即"非常擅长""比较擅长""有些费力""不能胜任"，以矩阵的方式写在草稿纸上，见附图12。

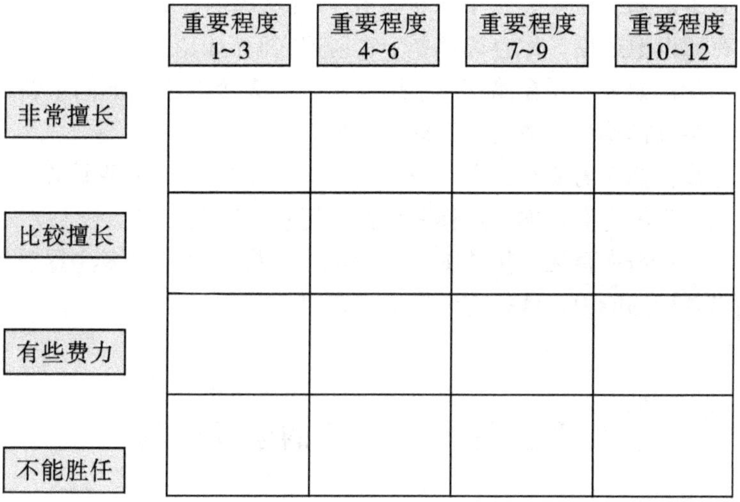

重要程度 1~3
重要程度 4~6
重要程度 7~9
重要程度 10~12
非常擅长
比较擅长
有些费力
不能胜任

附图 12　核心竞争力矩阵

第四步：结合自己的矩阵，将其划分为四个区域构成四个象限，见附图 13。

重要程度 1~3
重要程度 4~6
重要程度 7~9
重要程度 10~12
非常擅长
比较擅长
有些费力
不能胜任
核心区（优势）
储存区（退路）
提升区（潜能）
盲区（授权）

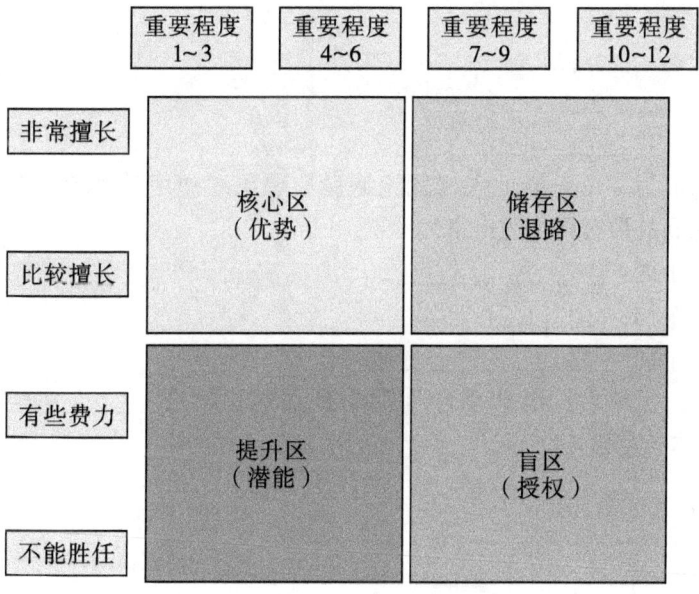

附图 13　核心竞争力四象限

第五步：如果需要在接下来的三个月内从核心区的能力中选出1～2个，并有意识地运用，你会选择哪个？请把它们标识出来。

第六步：如果需要在储存区中挑选出1～2个能力将他们重新组合与应用，你会选择哪个？请把它们标识出来。

第七步：如果需要在提升区中选出1～2个能力，在接下来的一年中有意投入、学习它们，你会选择哪个？请把它们标识出来。

第八步：请在盲区中挑选1～2个能力，提醒自己要多注意授权给他人或请求帮助的能力，请把它们标识出来。

生涯工具十一：我的学涯规划

建立时间：_____年_____月_____日。

这个计划为期_____年，实现期限是____年____月____日。

我生活中的优先级要素（参考：家庭、健康、事业、朋友、学习、旅行……）。

第一：_____。

第二：_____。

第三：_____。

我想成为一个怎样的人（闭上眼睛，想象理想中的你自己的人生状态，用想到的形容词描述出来）。

第一个词：_____。

第二个词：_____。

第三个词：_____。

_____年后，当这个计划期限到达时，我在_____岁要拥有：（尽量具体、量化）

第一：_____。

第二：_____。

第三：_____。

把学涯细分到大学的每一年，完成附表9。

附表9　我的学涯规划

课程目标	重点必修课	相关选修课	学习方式
1 年级	1. 2. 3	1. 2. 3.	
2 年级	1. 2. 3.	1. 2. 3	
3 年级	1. 2. 3.	1. 2. 3.	
4 年级	1. 2. 3.	1. 2. 3.	
5 年级 （仅五年制专业）	1. 2. 3	1. 2. 3.	
	列出证书名称	考证期限	学习方式或内容
二、职业资格目标	1. 2. 3.	第__学期 第__学期 第__学期	
	课外学生社团选择	参加竞赛项目选择	假期社会实践内容选择
三、职业素质目标	1. 2.	1. 2. 3.	1. 2. 3.
四、其他目标			

参 考 文 献

一、普通图书

敖四,张娜. 大学生职业生涯规划[M]. 武汉:武汉大学出版社,2017.

布赖恩·费瑟斯通豪. 远见:如何规划职业生涯三大阶段[M]. 苏健,译. 北京:北京联合出版公司,2018.

陈彩彦,兰冬蓉. 大学生职业生涯规划[M]. 北京:航空工业出版社,2018.

陈浩明,孙晓红,昌京宝. 大学生职业生涯规划[M]. 上海:复旦大学出版社,2012.

程卫国. 思想政治教育艺术论[M]. 长春:东北师范大学出版社,2018.

萨克尼克,班达特,若夫门. 职业指导——职业生涯规划教程[M]. 北京:中国劳动社会保障出版社,2005

戴维·艾伦. 尽管去做:无压工作的艺术[M]. 张静,译. 北京:中信出版社,2003.

范东亚,等. 大学生职业生涯规划与创新创业教育[M]. 重庆:重庆大学出版社,2019.

范翠莲,等. 思想政治教育与实践[M]. 北京:九州出版社,2018.

付鑫,等. 大学生思想政治教育[M]. 成都:电子科技大学出版社,2017.

高红霞,等. 大学生职业生涯导论[M]. 上海:复旦大学出版社,2015.

郭世德,等. 思想政治教育与职业素养[M]. 北京:经济日报出版社, 2018.

胡志方. 当代大学生职业生涯规划 [M]. 北京：现代教育出版社, 2013.

胡庭胜, 等. 大学生职业发展指导教程 [M]. 北京：商务印书馆, 2018.

侯士兵. 职业生涯发展与规划 [M]. 上海：上海交通大学出版社, 2018.

胡慧远, 等. 大学生职业生涯与发展规划 [M]. 北京：中国言实出版社, 2018.

胡永松. 新时代背景下大学生思想政治教育创新研究 [M]. 北京：国家行政学院出版社, 2018.

杰弗里·H. 格林豪斯. 职业生涯管理 [M]. 3版. 王伟, 译. 北京：清华大学出版社, 2010.

联合国教科文组织总部中文科. 教育——财富蕴藏其中 [M]. 北京：教育科学出版社, 1996.

李金亮, 杨芳, 周欣. 大学生职业生涯规划 [M]. 长沙：湖南教育出版社, 2019.

刘梅月, 等. 大学生职业生涯规划与发展 [M]. 济南：山东人民出版社, 2018.

李金亮, 等. 大学生职业生涯规划学生练习手册 [M]. 长沙：湖南教育出版社, 2019.

李可依, 等. 大学生职业生涯规划 [M]. 上海：上海交通大学出版社, 2017.

李培山. 大学生职业生涯规划与就业 [M]. 大连：辽宁师范大学出版社, 2017.

刘利峰. 思想政治教育与创新研究 [M]. 北京：北京理工大学出版社, 2019.

罗伯特 D. 洛克. 把握你的职业发展方向 [M]. 5版. 钟谷兰, 曾垂凯, 时勘, 等译. 北京：中国轻工业出版社, 2006.

马天威. 大学生职业生涯发展指导 [M]. 沈阳：东北大学出版社, 2017.

迈克尔·雷. 成功是道选择题：斯坦福大学人生规划课 [M]. 贺璇,

译. 北京：现代出版社，2014.

彼得·德鲁克. 管理的实践［M］. 北京：机械工业出版社，2009.

齐立石. 大学生思想政治教育［M］. 成都：电子科技大学出版社，2017.

孙爱春，等. 思想政治教育原理与方法［M］. 北京：光明日报出版社，2018.

习近平. 习近平谈治国理政：第三卷［M］. 北京：外文出版社，2020.

萧鸣政. 人员测评理论与方法［M］. 3版. 北京：中国劳动社会保障出版社，2015：123-124，144.

许勤，等. 大学生职业生涯规划与发展［M］. 西安：西安交通大学出版社，2017.

王兆明，顾坤华. 大学生职业生涯规划［M］. 苏州：苏州大学出版社，2018.

王炼，苏斌. 大学生职业生涯规划［M］. 成都：四川大学出版社，2018.

王宇波. 大学生职业生涯规划实训教程［M］. 西安：西北工业大学出版社，2014.

王晖慧，等. 新时代大学生思想政治教育发展探索［M］. 长春：吉林大学出版社，2018.

王刚，等. 大学生职业生涯发展与规划［M］. 成都：电子科技大学出版社，2017.

文武，等. 大学生职业生涯规划与发展［M］. 武汉：华中科技大学出版社，2017.

王林，等. 大学生职业生涯与就业指导［M］. 北京：中国铁道出版社，2018.

王来法. 思想政治教育新探索［M］. 杭州：浙江工商大学出版社，2018.

余凯，曹新宇. 大学生职业生涯规划［M］. 南昌：江西高校出版社，2017.

袁畅，等. 职业指导教程［M］. 武汉：湖北科学技术出版社，2006.

张林，等. 大学生职业生涯规划［M］. 成都：电子科技大学出版社, 2017.

张桂香, 等. 大学生职业生涯与发展规划 [M]. 上海: 复旦大学出版社, 2015.

周三多. 管理学原理与方法 [M]. 上海: 复旦大学出版社, 2005.

曾林, 等. 大学生职业生涯规划教程 [M]. 北京: 北京航空航天大学出版社, 2016.

中共中央文献编辑委员会. 邓小平文选: 第2卷 [M]. 北京: 人民出版社, 1994: 369.

中共中央马克思恩格斯列宁斯大林著作编译局. 马克思恩格斯选集: 第2卷 [M]. 北京: 人民出版社, 2012: 12.

中共中央文献研究室. 毛泽东文集: 第7卷 [M]. 北京: 人民出版社, 1999: 226.

二、学位论文

冯嘉慧. 美国生涯指导理论范式研究 [D]. 上海: 华东师范大学, 2019.

孔夏萌. 高校职业生涯教育课程研究 [D]. 重庆: 西南大学, 2013.

三、其他文献

蔡华俭, 朱臻雯, 杨治良. 心理类型量表 (MBTI) 的修订初步 [J]. 应用心理学, 2001, 7 (2): 33-34.

隋勇, 翟小满. 基于成就故事法的大学生个体就业技能集群分类实践探索 [J]. 重庆第二师范学院学报, 2016, 29 (1): 135-138, 176.

黄素菲. 以生涯兴趣小六码建置多元生涯发展路 [J]. 教育实践与研究, 2014 (2): 133-166

何国举. 试论明尼苏达工作适应论在职业指导中的运用 [J]. 时代教育, 2015 (11): 68.

教育部思想政治工作司. 加强和改进大学生思想政治教育重要文献选编 (1978—2014) [G]. 北京: 知识产权出版社, 2015.

李玲, 金盛华. Schwartz 价值观理论的发展历程与最新进展 [J]. 心理科学，2016，39（1）：191-199.

刘永贤. 大学生职业兴趣的量表编制及其特征分析［J］. 心理研究，2008（5）.

李建斌. 美国培训管理者素质技能要求综述及其启示［J］. 清华大学教育研究，2005（S1）.

吴静，周嘉南."中国合伙人"为何"分手"：创业团队冲突演化路径分析［J］. 管理评论，2020，32（10）：181-193.

王来顺. 霍兰德职业选择理论及其现实运用［J］. 求索，2009（7）.

习近平. 习近平在全国教育大会上强调坚持中国特色社会主义教育发展道路培养德智体美劳全面发展的社会主义建设者和接班人［N］. 人民日报，2018-09-11（1）.

习近平. 在北京大学师生座谈会上的讲话［N］. 人民日报，2018-05-03（2）.

杨玢. 对大学生时间管理的调研与分析［J］. 中国轻工教育，2010（5）：89-90.

杨晓玲. SMART原则在教学目标设计中对人才培养的应用［J］. 经济研究导刊，2017（11）：55-56，3.

朱钧陶. 大学生就业质量评价体系的实证研究——以华南农业大学为例［J］. 高教探索，2015（5）：109-112.

朱钧陶. 基于职业生涯规划教育的大学生社会责任感培养实证研究［J］. 中国成人教育，2018（11）：63-66.

朱钧陶. 毕业生，就业有更多的可能［J］. 中国大学生就业，2018（23）：14-16.

朱钧陶，等."课程思政"融入大学生职业生涯规划课程初探［J］. 淮北职业技术学院学报，2021，20（3）：46-48.

曾维希，张进辅. MBTI人格类型量表的理论研究与实践应用［J］. 心理科学进展，2016，14（2）：255-260.

张澜. 霍兰德职业人格与大学生职业选择新探［J］. 人民论坛，2012（36）.

张敏，邓希文. 基于动机的人类基础价值观理论研究——Schwartz价值观理论和研究述评［J］. 宁波大学学报（教育科学版），2012，34（1）：32-38.

EDGAR H S. Commentary from Edgar H. Schein on "complexity and safety" by Rosa Antonia Carrillo [J]. Elsevier Journal, 2011, 42 (4): 301-301.

REARDON R C, LENZ J G, SAMPSON J P, et al. Career development and planning: a comprehensive approach [M]. Australia, Belmont CA: Books/Cole Pub. Co, 2000.

SAVICKAS M L. The theory and practice of career construction [J]. Career Developmentand Counseling, 2005 (32): 45-70.

SUHAIROM N. The development of competency model and instrument for competency measurement: the research methods [J]. Elsevier Journal, 2014, 152: 1300-1308.

SAVICKAS M L, PORFELI E J. Career adapt-abilities scale, construction, reliability, and measurement equivalence across 13 countries [J]. Journal of Vocational Behavior, 2012 (50): 661-673.